교부 문헌 총서 3
참된 종교

AURELIUS AUGUSTINUS
*DE VERA RELIGIONE*

Translated with introduction and notes by
SEONG Youm.

© Benedict Press, Waegwan, Korea 2011

교부 문헌 총서 3
**참된 종교**
1989년 7월 초판
2011년 10월 개정판 1쇄
2022년 5월 개정판 3쇄
역주자 · 성염 | 펴낸이 · 박현동
펴낸곳 · 성 베네딕도회 왜관수도원 ⓒ 분도출판사
찍은곳 · 분도인쇄소
등록 · 1962년 5월 7일 라15호
04606 서울 중구 장충단로 188(분도출판사 편집부)
39889 경북 칠곡군 왜관읍 관문로 61(분도인쇄소)
분도출판사 · 전화 02-2266-3605 · 팩스 02-2271-3605
분도인쇄소 · 전화 054-970-2400 · 팩스 054-971-0179
www.bundobook.co.kr
ISBN 978-89-419-1116-6 94230
ISBN 978-89-419-9755-9 (세트)

* 신저작권법에 따라 보호를 받는 저작물이므로 무단 전재와 무단 복제를 금합니다.

교부 문헌 총서 3

아우구스티누스
# 참된 종교

성염 역주

분도출판사

**【일러두기】**

1. 교부 문헌은 워낙 방대하므로, 번역·간행할 책은 한국 실정을 고려하여 선정하되, 연대순이나 그리스 교부·라틴 교부의 구별을 두지 않고 준비되는 대로 일련번호를 매겨 출간해 나간다.
2. 교부 문헌은 학문적 연구에 기초 자료가 되므로, 본문의 번역은 되도록 원문에 충실하게 하며, 중요한 문헌의 원문은 전부 또는 일부를 역문과 나란히 싣는다.
3. 독자의 이해를 돕기 위해, 본문에 앞서 「해제」를 실어 저자의 생애와 당시의 문화적 배경 그리고 각 저술의 특징과 신학 등을 설명하고, 본문 아래에 약간의 각주를 단다.
4. 독자의 편의를 위해, 원문에 없어도 우리말 본문에는 소제목과 일련번호를 단다.
5. 성경 본문 인용은 원칙적으로 『성경』(한국 천주교 주교회의 2005)을 따르되, 문맥에 맞추어 대폭 다듬었다. 필요에 따라서는 『공동번역 성서』와 『200주년 성서』(분도출판사 2003)도 인용했고, 그것으로도 저자의 의도가 반영되지 않을 경우에는 더러 역자가 직접 번역하기도 했다. 다른 판본을 인용하더라도 성경 인명·지명의 우리말 표기는 『성경』에 따랐다.
6. 본문 중 (주로 성경) 인용문은 원문에서는 이탤릭체로, 각주를 제외한 역문에서는 굵은 서체로 표시하고, 성경 장·절의 표시는 각주 형식으로 다른 각주와 함께 일련번호를 매겨 처리했다.
7. 본 총서에 포함되지 않은 아우구스티누스 저작의 우리말 역어는 본 총서 18권, 포시디우스 『아우구스티누스의 생애』(이연학·최원오 역주, 분도출판사 2008) 170-81에 실린 '아우구스티누스 저술 목록'을 참조하라.

## '교부 문헌 총서'를 내면서

제2차 바티칸 공의회 「계시 헌장」*Dei Verbum* 7-10항에서 밝히고 있듯이, 하느님의 계시는 신구약 성경과 성전聖傳을 통해 우리에게 전달되는데, 이 둘은 하느님의 똑같은 원천에서 흘러나오므로 하나를 이룰 만큼 서로 밀접히 연결되어 있다. 바로 "교부들의 말씀은 믿고 기도하는 교회의 실생활 가운데 풍부히 흐르고 있는 이 성전의 생생한 현존을 입증한다"(8항). 즉, 교부들의 말씀은 성전의 주축을 이루고 있으므로 교부 문헌 연구는 하느님의 계시에 접근하는 데 중대하고 필요 불가결의 길이라 할 수 있다.

짧은 역사의 한국 교회는 그동안 성경 연구에 큰 관심을 가져 괄목할 만한 진전을 해 왔으나 교부 문헌 연구는 극히 미미하였다. 이에 우리는 분도출판사를 중심으로 '교부 문헌 총서 기획위원회'를 구성하여, 교부 문헌의 번역·간행을 계속해 나감으로써 교부 문헌 연구에 새로운 전기를 마련하기로 하였다.

우리는 이 '교부 문헌 총서'가 한국 교회의 신학 발전에 다음과 같은 도움이 되기를 바란다:

첫째, 성경 연구에 도움이 될 수 있다. 사도교부들(Patres apostolici)은 사도들의 직제자 혹은 그 직제자들의 제자들이었으므로 그들의 문헌은 신약성경(특히 사목서간들)에 나타나 있는 사도들의 가르침과 신학을 잘 반영하고 있을 뿐 아니라 신약성경에 표현되지 않은 초기 교회의 모습을 보여 주고 있기 때문이다. 또한 그 후의 교부들의 글에서도 성경은 그 기초가 되고 있으며, 때때로 성경 해설을 위한 강론(Homilia식 Tractatus)들과 본격적인 성경 주해서(Commentarium)들이 있다.

둘째, 이상하게 들릴지 모르지만, 한국 교회 신학의 토착화에 도움이 될 수 있다. 교부시대는 사도들로부터 전수받은 그리스도의 복음이 그리스·로마 문화에 정착되는 시기라 할 수 있다. 예수님과 사도들 그리고 복음서의 청중들은 모두 히브리인들이었으며, 그래서 복음은 먼저 히브리 문화권 안에서 선포되었다. 이 복음이 제자들의 선교 활동을 통해 히브리 문화와는 다른 그리스 문화권에 선포되면서 일종의 토착화 과정이 있었으며, 또 라틴 문화권에 선포될 때 또 다른 토착화 과정이 있어야 했다. 그리스도교의 신학은 이러한 토착화의 시도 과정에서 때로 많은 시행착오(이단과 열교)를 거치면서 발전되고 정착되어 왔다. 사실 교부들은 토착화 과정에서 그리스도의 복음이 변질되어서는 안 된다는 원칙 아래 해당 문화권에서 수용할 수 있는 것과 할 수 없는 것을 엄격히 구별하였던 것이다. 제2차 바티칸 공의회 이후 한국 교회 안에서도 토착화의 필요성이 자주 거론되고 있다. 우리는 교부들이 행했던 토착화의 시도 과정과 그 방법을 연구함으로써 우리의 토착화 작업에 도움을 받을 수 있을 것이다.

셋째, 한국 교회의 에큐메니즘 운동에 도움이 될 수 있다. 세계적으로 한국만큼 기독교의 종파가 많은 곳도 드물다. 가톨릭과 개신교 사이의 차이는 말할 것도 없지만 개신교 사이에서도 서로 극심한 차이가 있다. 사실 개신교의 종파는 성경의 자유 해석에서 기인하는 경우가 많은데, 자기의 해석을 고집하기에 앞서 성경시대와 가까웠던 교부시대에서 성경을 어떻게 이해하고 생활했는지 알아볼 필요가 있다. 또 잊어서는 안 될 점으로, 그 신도 수가 많지는 않지만 동방 정교회가 한국에도 있는데, 동방 교회는 교부시대의 전통을 잘 유지하고 있으므로 서방 교회(로마 가톨릭, 프로테스탄

트, 성공회)는 동방 교회 전승에서 많은 것을 배우고 보완할 수 있다. 따라서 우리는 각 교회 모두가 공동으로 소유하고 있는 성경 그리고 서로 갈리기 전 초세기 교회의 모습, 즉 교부 문헌을 같이 연구함으로써 서로의 차이점을 함께 좁혀 나갈 수 있을 것이다.

일반적으로 교부 문헌을 어렵고 고루한 전문 서적으로 생각하는 경향이 있다. 이러한 생각은 교부 문헌을 직접 접할 기회가 적었던 데서 오는 막연한 선입관에 불과하다. 대부분의 교부들은 사목자들이었으며 그들의 글은 당시의 수사학에서 나온 연설체·강론체적인 성격을 가진 것들이 많다. 그래서 때로는 설득을 위한 지나친 강조나 지루한 반복이 있는 것도 사실이나 글에 힘이 있으며 이해하는 데 그다지 어렵지 않다.

아무쪼록 앞으로 이 총서가 많은 이의 관심과 협력과 채찍질에 의하여 속속 간행되면서 더욱 많은 이의 연구와 생활에 도움이 되기를 바라 마지않는다.

1987년 6월 29일
이형우

# DE VERA RELIGIONE

|차례|

'교부 문헌 총서'를 내면서 ································································ 5

## 해제

1. 그리스도교 철학자 아우구스티누스 ········································· 13
2. 작품의 성격과 위치 ··································································· 14
3. 본서의 개관 ··············································································· 16
4. 번역 원본과 참고문헌 ······························································· 22

## 본문과 역주

**서론**(1,1-6,11)
  1. 철인들이 학원에서 가르친 바 다르고 신전에서 고백하는 바 다르다 ········ 29
  2. 소크라테스는 신들을 어떻게 생각하였는가? 세계를 신으로 여기다 ········ 31
  3. 그리스도 참종교는 플라톤이 설득하지 못한 바를 설득하였다 ············ 33
  4. 감각적 세계에 전적으로 의존하는 철인들은 무시되어야 한다 ············ 41
  5. 여러 종파 속의 참된 종교. 신적 비사와 성령 ································ 45
  6. 참된 종교는 가톨릭교회에 있으나 비그리스도인도 섭리의 경륜 속에 든다 49

I. 전권 개관(7,12-10,20)
　7. 가톨릭교회의 종교는 수용할 만하다 ·································· 53
　8. 먼저 권위로 믿고 그다음 이성으로 이해한다 ······················ 57
　9. 두 원리, 두 영혼을 거론한 마니교도들의 오류 ···················· 59
　10. 역사는 우리의 구원에 관한 신적 경륜을 서술한다 ············· 63

II. 악과 구제에 관하여(11,21-17,34)
　11. 모든 생명은 하느님에게서 오고 영혼의 죽음은 죄다 ·········· 67
　12. 인간 전체의 타락과 회복 ················································· 71
　13. 천사들의 차이 ································································ 75
　14. 자유의지에 의한 범죄 ····················································· 77
　15. 죄벌로 개과천선을 배운다 ··············································· 81
　16. 말씀이 육화하여 인간을 더 관대하게 교화하신다 ·············· 83
　17. 구약과 신약에는 참된 종교의 교화가 들어 있다 ················ 87

III. 창조의 선성. 죄악의 기원(18,35-23,44)
　18. 피조물은 왜 가변적인가? ················································ 91
　19. 사물은 선하지만 최고선이 아니므로 부패될 수 있다 ········· 95
　20. 영혼의 부패는 어디서 유래하는가? ·································· 97
　21. 영혼은 물체의 덧없는 아름다움을 붙좇다 기만당한다 ······· 103
　22. 변천하는 사물의 절제를 싫어하는 것은 불경스러운 사람들이다 ········ 105
　23. 모든 실체는 선하다 ························································ 109

IV. 구원에 이르는 두 길: 권위와 이성(24,45-36,67)
　24. 인간이 구원에 이르는 두 가지 길, 권위와 이성 ················ 111
　25. 사람들과 서책들의 권위에 의해 하느님 경배를 믿는다 ······ 113
　26. 새 인간과 묵은 인간의 여섯 연세를 통해 구원을 마련하는 하느님 섭리 117
　27. 인류의 역사에 드러나는 두 종류 인간의 행보 ·················· 121
　28. 어떤 가르침이 누구에게 어떤 방식으로 전수되는가? ········· 123
　29. 또 다른 구원의 수단인 이성은 어떻게 인간을 하느님께 이끄는가? ······ 125
　30. 판단의 규범이 되는 진리라는 영원법은 이성보다 월등하다 ········· 129
　31. 이성이 판단 규범으로 삼는 최고법은 하느님이시다 ·········· 135

32. 문체에도 통일성의 흔적이 있으나 통일성 자체는 지성으로 파악한다 … 141
33. 신체와 감관은 그르치지 않으며 판단이 그르친다 …………………… 145
34. 상상해 낸 표상에 관해서는 어떻게 판단할 것인가? ………………… 147
35. 하느님을 관조하려면 안돈安頓이 필요하다 …………………………… 151
36. 하느님의 말씀은 진리 자체. 하나가 하나 됨은 이 원리에서 기인한다 … 155

## V. 이성을 통하여 신에게 귀환(37,68-54,106)

37. 각종 우상숭배는 피조물에 대한 사랑에서 유래한다 ………………… 157
38. 죄인을 삼중의 욕정에 매이게 만드는 우상숭배 ……………………… 161
39. 악습도 인간이 원초적 아름다움을 추구하라는 자극이다 …………… 165
40. 물체의 아름다움과 육체의 쾌락 그리고 죄인이 느끼는 벌 ………… 171
41. 죄벌에도 아름다움이 있다 ……………………………………………… 175
42. 육체의 쾌락은 수의 조화를 추구하게 만든다 ………………………… 181
43. 물체와 시간을 판단하는 능력은 영원한 진리 속에 자리한 질서의 기준이다 183
44. 성자는 하느님의 모상. 모든 피조물은 이 모상에서 기인한다 ……… 187
45. 쾌락의 덧없음은 보다 숭고한 것을 향하도록 우리를 떠민다 ……… 189
46. 억지로 빼앗기지 않는 유일한 사랑은 하느님, 그리고 이웃 사랑 …… 193
47. 참된 이웃 사랑은 지장받지 않는다 …………………………………… 199
48. 완전한 정의란 어떤 것인가? …………………………………………… 205
49. 호기심은 진리를 관조하라는 권유이기도 하다 ……………………… 207
50. 성경 해석의 원리: 네 가지 우의 ……………………………………… 213
51. 성경 연구는 호기심의 치료제 …………………………………………… 217
52. 호기심과 다른 악습도 덕을 닦는 기회 ………………………………… 219
53. 어리석은 사람들과 지혜로운 사람들은 목표가 다르다 ……………… 221
54. 단죄받은 이들의 형벌은 저지른 악덕에 비례한다 …………………… 225

## 결론(55,107-113)

55. 거짓 종교를 버리고 참종교를 맞이하라는 권유 ……………………… 229

**재론고** ……………………………………………………………………………… 245

**성경 색인** ………………………………………………………………………… 259

# DE VERA RELIGIONE

## 해제

### 1. 그리스도교 철학자 아우구스티누스

아우구스티누스(354~430년)는 고대 그리스 철학과 오늘의 서구에서 전개되어 온 중세와 근대, 나아가서는 현대철학을 잇는 대교량이요 특히 그리스도교 철학을 창시한 인물이다. 『고백록』에 나오듯이, 그는 당대의 로마제국 말기, 문화사적으로는 그리스와 로마의 고대문화의 데카당스에 해당하는 시대에 풍미하던 사상계를 거의 섭렵한 끝에 그리스도교에 정착하였고, 그리스도교의 신앙적인 사유를 철학적인 틀 속에서 정립할 가능성을 시도하여 성공을 거두었다. 그리하여 그리스도교 사상사에서 바오로 사도에 버금가는 큰 산맥을 이루었다. 특히 중세기와 오늘의 신스콜라 철학에 이르는, 신앙의 철학적 해석 또는 철학적 신학을 이해하는 열쇠가 되었다.

그의 개종(회심)은 종교사의 전설이 되고 있지만, 어떤 면에서 그에게는 두 번의 회심이 있었다고 하겠다. 플로티누스의 작품(*Enneades*)을 읽고서 사상적 방황에서 로고스로 정착한 것과, "집어라, 읽어라!"(『고백록』 8,12)는 소리를 듣고서 진리요 빛이신 하느님께 안주한 일이다(sero te amavi!).

서구 문화의 두 기둥이 헬레니즘과 헤브라이즘, 또는 그리스 철학과 그리스도교라는 일반적인 견해를 우리가 받아들이기로 한다면, 인류 사상의 거대한 두 강이 합류한 지점인 아우구스티누스의 존재가 그만큼 크다. 그가 로마인 특유의 절충주의折衷主義를 응용하여 그리스도교 교리를 플라톤 철학으로 해설하였다거나 그리스 철학에 히브리적 요소를 가미하였다고 평가하기보다는, 두 사상의 합류에서 새로운 하나의 거대한 사상의 강, 곧 서구철학이 그에게서 시작되었다고 봄이 더 객관적인 판단이리라.

## 2. 작품의 성격과 위치

아우구스티누스가 타가스테Thagaste에서 『참된 종교』De vera religione를 쓴 것은 390년과 391년 사이다. 그러니까 그가 오랜 세월 이탈리아에 머문 뒤에 그리스도인이 되어 아프리카에 있는 고향으로 돌아온 직후였다. 그러나 그가 오랜 친구이자 그의 학구생활을 후원해 왔던 로마니아누스Romanianus에게 이 저술을 언약한 것은 그보다 여러 해 전인 것으로 보인다 (7,12: Contra Academicos 1,3,8).

『참된 종교』는 언뜻 듣기에 무슨 호교서 같지만 사실은 그의 철학서다. 아우구스티누스는 이미 『아카데미아 학파 반박』Contra Academicos에서 신앙 행위의 합리성을 이론적으로 제시하려 시도했지만, 본서에서부터 이 문제를 여러 각도에서 하나씩 다루어 나간다고도 볼 수 있다. 이 책은 '신앙의 귀의'가 하나의 '철학'·'참된 철학'임을 언명하고자 하였고 직후에 나온 『믿음의 유익』De utilitate credendi(391/392년)에서도 같은 주제를 같은 시각에서 취급하되 '신앙'을 그리스도인들의 '지혜'로 소개한다. 『보이지 않는 사물에 관한 믿음』De fide rerum invisibilium(400년)에서는 인간의 삶에서 자연적 차원이든 초자연적 차원이든 행위와 인식 모두가 어떤 '믿음', 즉 논증 이전에 우리가 순순히 받아들이는 공리 또는 전제에서 시작하고 있음을 자세히 취급한다. 그리고 『신앙과 실천』De fide et operibus(413년)에서는 인간이 신앙을 받아들이는 데 있어서 진리의 인식 못지않게 인간의 윤리적 자세dispositio가 중대함을 날카로운 심리적 관찰로 파헤친다.

철학서라 할지라도 그때까지 마니교도로 남아 있던 친구 로마니아누스에게 헌정한 책인만큼 마니교에 대한 논전서로 보이나, 악의 문제를 제외한다면 오히려 플라톤 철학과 그리스도교의 이론적이고 철학적인 대화와 조화를 최초로 시도한 사상서라 하겠다.

비교적 분량이 적은 책이지만 아우구스티누스 사상 소전(summarium)이라고 부를 만한 비중을 가진다. 사실상 신학적으로 접근하지 않는 철학도나 일반 독자들은 이 소책자와 『고백록』Confessiones(397/401년에 완성)과 『신국론』De civitate Dei(425/27년에 완성)을 그의 대표적인 작품으로 본다. 실제로 학자들은 이 작품을 『고백록』 이전의 가장 중요한 작품으로 여긴다. "당시까지의 아우구스티누스의 사상의 요약이며, 이후에 전개될 사상 체계의 백서"로 평가된다.

철학상의 중대한 소재들을 다룬 이 책에서 아우구스티누스는 훗날 여러 작품으로 다루게 될 주제들, 철학과 종교의 관계, (성서적) 권위와 이성의 관계, (로고스의 육화로 시작된) 역사에 대한 철학적인 해석, 인간의 두 부류(묵은 인간과 새 인간, 육적 인간과 영적 인간)에 관한 사고의 발상, 신의 삼위론적 본성, 오늘날 인식론의 근간이 되는 내적 조명과 진리로의 귀환, 영원하고 신적인 실재로 소급하는 인식 활동, 의심을 통한 의심의 극복, 그리고 그의 특유한 존재론을 전개한다.

어떤 면에서 이 책은 '참된 종교에 대하여'De vera religione보다는 '참된 철학에 대하여'De vera philosophia라는 제목이 더 걸맞다.

개종 직후부터 그는 철학적 위상 정립을 시작한다. 예컨대 『가톨릭교회의 관습과 마니교도의 관습』De moribus ecclesiae catholicae et de moribus Manichaeorum, 『마니교도 반박 창세기 해설』De Genesi contra Manichaeos 등에서는 한때 자신이 빠져 들었던 마니교를 이론적으로 반박한다. 『아카데미아 학파 반박』Contra Academicos에서는 소위 '믿음의 윤리성'을 정립하는데, 신아카데미아 학파가 회의론적 입장에서 내세우는 '판단 유보'suspensio iudicii를 배척하고, 신앙행위의 근거가 되는 (성경과 교회의) '권위'를 받아들이는 행위가 이성 자체를 부정하는, 지성인답지 못한 행동이 아님을 논증하였다. 그러므로 이제는 플라톤 사상에 대한 입장 정리가 필요했다.

초기 저서들에서 그는 벌써 신플라톤 철학의 관념들을 따르면서 문제에 하나씩 접근한다. 다만 이 책을 어느 정도까지 플로티누스의 눈으로 해독해야 하는가 하는 의문은 『엔네아데스』*Enneades*에 관한 독자들의 지식과 이해에 맡기겠다.

여하튼 『영혼 불멸』*De immortalitate animae*과 세례 직후에 쓴 『영혼의 위대함』*De quantitate animae*에서 철학적이고 인간학적인 문제들, 곧 인식의 확실성과 오류의 문제, 인간의 목적, 참된 행복, 조화와 척도, (인식 활동을 통한) 자기 귀환과 신으로의 상승 등에 단편적으로 접근했었지만, 이런 문제를 다시 본격적으로 거론한 것이 이 책자다.

### 3. 본서의 개관

베네딕도회 비판본 Editio Maurinorum(1679년) 이래로 본문을 분류하는 양식은 다음과 같다:

> 서론(Prooemium) 1,1-6,11
> I. 전권 개관(Conspectus totius operis) 7,12-10,20
> II. 악과 구제에 관하여(De malo et reparatione) 11,21-17,34
> III. 창조의 선성. 죄악의 기원(Creatio bona. Unde vitium) 18,35-23,44
> IV. 구원에 이르는 두 길: 권위와 이성(Duplici via saluti hominis consulitur) 24,45-36,67
> V. 이성을 통하여 신에게 귀환(De reditu ad Deum per rationem) 37,68-54,106
> 결론(Epilogus) 55,107-113

『참된 종교』는 그리스 철학의 지혜, 특히 플라톤 철학과의 대면에서부터 시작한다(1,1-4,7). 교부들의 개방적인 시각에 따르면, "이런 부류의 인간들과 표양을 하느님의 섭리는 영혼들의 치유와 영적 백성의 교화에 이용하시는 것이다"(6,11).

그런데 다만 글자 몇 개, 글귀 몇 구절만 바꾸면 고스란히 그리스도교의 가르침이 될 정도로 탁월한 철학도 앎과 삶을 하나로 합치시키지 못할 때는 일종의 지적인 유희遊戲나 지성의 오만에 그친다는 것을 한 예를 들어 제시한다. 철학적 사유에 입각하여 탁월한 신 인식神認識에 도달한 현자들이 구체적으로 범속한 대중과 하등 다를 바 없이 미신적이고 다신교적인 신전에서 종교 생활을 영위하고 있지 않으냐는 것이다. 그리하여 그는 "철학 곧 예지에 대한 사랑이 다르고 종교가 다르고 하지 않음"에서 '참된 철학'을 보고자 한다(5,8-6,11). 이것이 서론의 내용이다.

1. 7-10장은 책의 헌정과 방법론을 소개하면서 주요한 주제들을 미리 소개한다. 인간이 누구나, 손쉽게 진리의 깨달음에 이르지 못할 때 신은 '시간의 경륜'dispensatio temporis을 안배하여 권위에 의거한 신앙과 이성의 추구라는 두 길을 마련하였다. 이것은 인간 개개인과 인류 전체를 망라하는 경륜이다. 영혼이 불변하는 신을 등지고 잠시적인 사물에 집착해 버리는 것이 온갖 불행과 오류의 원인이다.

2. 그다음부터는 마니교도들이 상대가 된다. 생명과 죽음이라는 현상을 출발로 하여 마니교의 이원론과 플라톤-그리스도교의 일원론을 대비시킨다. 선악의 문제에서 아우구스티누스는 먼저 윤리적 성격의 악을 논하고 제4부(24,45-36,67)에서 형이상학적인 악을 논한다. 윤리악을 거론하면서 그는 신플라톤 사상을 극복한다(20,38-40). 신은 생명의 원천(또는 창조주)인 만큼 생명의 훼손인 부패와 죽음이 존재한다는 것은 신이 설정한 질서가 무너졌기 때문이다.

다시 말해서 사물 자체에 악이 있는 것이 아니라면 그것은 인간에게 있다. 사물들의 다양성 · 변화 · 부패는 유한한 사물로서의 결함defectus이다.

다만 인간이 그것을 최고유最高有처럼 사랑하는 것, 영원에서 얻을 안식을 순간에서, 잠시적 사물에서 취하려는 것, 존재론적 위계位階를 전도시키는 것이 윤리악(죄)이 된다. 이것은 최고의 진리에 불복종하는 행위이기도 하고, 구체적인 실정법의 위반이기도 하다. 이리하여 악의 근원이 물리세계에서 지향指向의 세계로 옮겨 간다.

따라서 의지意志(liberum voluntatis arbitrium)가 있어야만 죄악이 성립한다(14,27). 그리고 인간 편에서 저지르는 가치 서열의 전도에 대해서 피조계도 반발하며 여기서 질병과 자연재해의 온갖 불행이 나타난다. 절대선絶對善을 등지고 피조물에 애착하는 인간을 그 피조물이 저버리고 만다[12,23: 혹은 더 정확하게 creatura fit poenalis dilectori suo (20,40)]. 이것을 아우구스티누스는 죄벌poena peccati이라고 부른다(11,21-15,29).

그리스도의 지상 생애라든가 그의 가르침 또는 성경의 가르침은 다양하고 가변적인 사물로부터 불변의 일자—者에게 돌아가는 '길' 또는 '철학'이니, 그것을 저자는 윤리철학 · 자연철학 · 이성철학이라 나누어 칭한다(16,30-17,34).

3. 이어서(18,35-23,44) 악의 기원에 대한 본격적인 논술이 개진된다. 악의 문제는 불변하고 일자Unum인 신과 가변적이고 다양한 피조물들의 대비에서 발생한다. 플로티누스의 영향을 받은 아우구스티누스는 불변incommutabile을 신의 가장 대표적인 속성으로 보고 피조물과의 관계를 이 각도에서 정립하려고 한다.

그리고 존재와 선은 환치換置가 가능하다["그 어느 실체도 악이 아니다"(20,38)]. 따라서 악은 선의 결핍이고 실체가 아니다. 사물이 완전히 무화無化되지 않는 한, 그 부패가 절대적일 수도 없고 사물 자체가 악이 될 수도 없다.

모든 사물은 선하다. 존재하는 한 일체의 사물이 선하다. 바꾸어 말하면 "모든 선은 하느님 자신이거나 하느님에게서"(18,35) 온다. 창조의 동기마저 오직 신의 선성善性이기 때문에(필론의 착안), 선한 신에게서 온 피조물에게 불완전함이 가능하다면 그것은 '무에서'ex nihilo 창조된 사실, 선한 존재이면서도 절대 존재가 못 된다는 사실, 시간의 흐름을 타고 있어서 모든 것을 동시에 지니지simul habere omnia 못한다는 사실에서 기인한다. 그리하여 사물은 '변화'하며, 변함으로써 그 사물이 지니는 전일성全一性(integritas)을 상실하게 되고 부패vitium가 발생한다. 이렇게 하여 아우구스티누스는 사물 자체에 악을 돌리지 않으면서도 그 결함을 해설하였다.

4. 윤리악이든 형이상학적 악이든 간에, "인간은 자기가 넘어진 땅을 딛고 서 일어서야만 한다". 악을 이기고 선을 획득하여 행복해지는 것이 철학이다. 과연 선 자체인 신은 인간이 자력으로 그것을 해소하도록 보고만 있지 않았고, 존재의 전일성 회복salus과 지성의 조명illuminatio을 인간에게 제의한다. 그것을 일컬어 섭리라고 부른다. 이미 그리스도교에 몸담은 저자에게 그 섭리는 권위와 이성이라는 두 개념으로 요약된다(24,45-28,51). 권위 auctoritas라는 것은 철학적 사색에 이르지 못하는 평범한 인간과 인류 전체를 상대로 하여 신이 인생의 절대적 진리를 보여 주고서 자기의 선함과 진실함을 보아 (이해하지 못하더라도) 믿으라고 요청하는 것이다. 역사와 예언으로 대변되는, 신의 권위에 의거한 신앙은 "일시적인 처방"(24,45)으로서, 어디까지나 이성의 활용을 위해 준비하고 훈련시키는 '신의 교육학' paedagogia divina이다. 역시 인간다운 길은 지성의 반성으로, 영원한 진리가 오성을 비추어 주는 직관으로 신에게 도달하게 되어 있는 것이다. 신의 섭리가 인간을 집단으로 이끌어 온 (여섯 단계의) 종교사적 배경, 인류가 크게는 두 부류로 나뉘는 관점은 『신국론』에서 상론될 주제이기도 하다.

아우구스티누스의 시선은 지성(mens, 그리스어 νοῦς)에 있다. 이성으로 인간은 가시적인 것에서 불가시적 존재로, 잠시적인 것에서 영원한 존재로 상승하는 것이다. 본서의 핵심이라 할 수 있는 제4부 후반부(29,52-36,67)의 내용이 이것이다. 지성의 판단은 일정한 사물이 아름답다고, 그러나 완벽한 아름다움은 갖추지 못하였다는 평가를 내리는데, 이것은 그 사물을 조화와 미와 통일성의 최고 규범summa lex에 의거하여 관찰하기 때문에 가능하다. 그것이 단순히 하나의 범주範疇냐, 플라톤이 말하는, 실재實在하는 이데아냐는 저자가 문제 삼지 않는다. 다만 그 규범을 지성이 관조intueri하고 있기 때문에 감관에 들어오는 어떤 사물이 아름답고 조화 있는 것인지, 그것이 조화를 지녔다면 어느 정도 아름다운지 판단한다는 것이다. 사물에서 크기를 비교하고 미를 판별하고 진실을 판단하는 최고의 규범, 궁극적 존재를 아우구스티누스는, 플로티누스의 개념에 따라 진리 자체ipsa Veritas, 절대 일자Unum absolutum, 최고유summa Essentia라고 일컫는다(31,57-32,59). 그리고 진리와 일자가 동일 혹은 상합한다고 단언한다(36,66). 진리와 절대 일자는 감관에는 접근이 허용되지 않고 지성 또는 영spiritus에만 허용된다. 감관은 그 자체가 지각한 바를 '거짓 없이' 이성에 전달한다. 그리고 이성은 그 가변적이고 다양한 표상을 불변하는 일자에, 진리 자체에 '연결시켜서' 판단을 내리는 것이다.

진리(신)는 이성의 추론과는 상관없이 존재한다. "추론이 진실을 만들어내는 것이 아니라 오직 진실을 발견할 따름이다. 그러므로 발견되기 전에도 스스로 존재하고, 발견될 때에는 우리를 쇄신할 뿐이다"(39,73). 이것은 아카데미아 학파의 입장과는 달리, 진리를 판단적 명제로 보지 않고 존재론적으로 보는 시선이다. "진리 자체가 추론하면서 자기 자신에 이르는 것이 아니다. 그보다는 추론하는 인간들이 추구하는 대상이 곧 진리 자체다"(39,72).

존재와 진리는 환치된다. 모든 사물은 존재하는 한 진실하다. 존재는 일자와 환치된다. 모든 사물은 일자를 성취하는 한 진실하다. 유한한 사물이 일자를 지향하면서도 일자를 완전히 성취하지 못하는 데에 허위가 있다. 이것이 '허위'의 형이상학적 정체다(36,66). 인간에게는 지성이 있지 않은 것을 있는 것처럼 판단하는 데서 허위가 발생한다. 그러나 아우구스티누스는 허위를 더 깊은 의미에서, 곧 오성이 "진실verum을 찾으면서 [바로 그 행동으로] 진리 자체Veritas를 저버리고 멸시하는" 모순적 행위로 본다.

5. 그러나 진리를 포착하는 오성의 작용을 가로막는 조건들이 있다. '참된 철학'을 못 하게 방해하는 세 요소이니 "세상에 있는 모든 것은 육체의 정욕과 눈의 정욕과 세속의 야심이다"(38,70). 저급한 형태의 우상숭배라는 것 외에도, 인간은 이 세 가지 정신적 타락, 곧 정욕voluptas · 야심superbia과 지적 허세iactantia · 호기심curiositas과 지성의 유희로서의 철학이라는 멍에를 짊어지고 있는 것이다(38,69-71).

책의 후반부(37,68-54,106)는 인식론적이고 형이상학적인 주제를 전개하면서도 실은 이 세 가지를 선용하고 극복하여 순수한 진리에 이르는 사변적 가르침이라 해도 과언이 아니다. 자신의 체험에서 온 심리적 통찰에 따라서 아우구스티누스는 이 욕망들이 실은 궁극자를 향하여 용약하는 영혼의 깊은 충동이라고 생각하는 것이다.

본격적인 문제 접근에 앞서 "의심하는 자는 진리를 인식한다", 아니 더 나아가서는 "내가 속는다면 나는 존재한다"(si fallor, sum)는 명제로 회의론을 극복하는 유명한 대목이 나온다(39,72-73). "누구든지 자기가 의심하고 있음을 의식하는 자는 진실verum을 의식하고 있다. 그리고 자기가 의식하는 그 사실에 관해서는 확실하다certum. 따라서 그는 진실에 관해서 확실한 것이다"(39,73).

육체의 욕망이나 정욕은 사실상 아름다움과 조화를 추구하는 영혼의 본능적 충동이다. 그 충동이 저급한 사물을 탐닉하고 있을 따름이다. 그것을 올바로 다스리는 처방은 원초적이고 진정한 미pulchrum로, 진리verum로, 초월자transcendens에게로 돌아가는 것이다(39,72-44,82). 미의 개념, 미와 선을 환치시키는 플라톤의 사상을 따르면서 조화와 질서라는 요소가 그 감각적이고 현세적인 욕망에서 영원한 미로 상승하는 길임을 역설한다. 그래서 인간 기능의 분산을 중단하고 내면으로의 귀환을 촉구한다.

오만은 타자를 지배하는 권력, 행동을 용이하게 하는 일, 자유 그리고 일자를 찾는 본능이기도 하다. 넓은 의미의 사랑caritas은 오만을 이기는 길이다. 신의 모상을 내세워 오만을 발휘하기보다는 신과의 일치에서만 인간의 참가치가 드러난다. 가치 서열이 존중되어야 한다. 여기서 사물을 '향유'frui하는 것과 '이용'uti하는 것이 다르다는 그의 중심 개념이 등장한다. 신만이 인간이 향유할 유일한 대상이다(47,91). "더한 것은 더 사랑하고 덜한 것은 덜 사랑하는" 것이 "완전한 정의"perfecta iustitia라고 사랑을 정의하는 말도 나온다(45,83-48,93).

철학을 하나의 지적 유희로 전락시키는 지적 호기심, 자기 인식 능력에 대한 자부심은 인식, 곧 진리를 향하는 인간의 타고난 불꽃이다. 여기서 저자는 존재esse에 대한 훌륭한 학설을 전개한다. 오성의 인식 활동에서 파악되는 자기 귀존自己歸存(reditio completa ad se ipsum)으로 미루어 영원한 빛의 비추임에 의해서 우리가 진리를 인식하므로, 신앙의 권위에 의거해서도 그 빛 자체에 가까이 가는 일이 가능하고 때로는 더 안전할 때도 있다. 신앙의 '겸손'이 논의된다(49,94-52,101).

미래의 삶(부활 후)은 지상 생활에서 이미 사랑하였던 바를 완성하는 것 외에 다른 것이 아니다. 따라서 인간 자질, 그중에서도 진리를 탐구하여 끊임없이 초극해 앞으로 나아가는 이성의 능력을 활용할 의무가 그만큼 커진다. 그러나 인간 오성이 숭배의 대상으로까지 비약해서는 안 된다(54,104-55,113). 그의 결론은 다시 한번 참된 경신 또는 종교가 어떤 사변적 자세를 요구하는지 다루고 있다. 참된 철학vera philosophia은 우리 인간을 유일하고 전능한 신에게 결합시키는 참된 종교vera religio여야 한다(55,113)는 말로 아우구스티누스는 이 책을 닫는다.

## 4. 번역 원본과 참고문헌

1. 이 번역은 *Corpus Christianorum. Series Latina* [*CCL*] 제32권(Turnholti, 1962)에 수록된 K.-D. Dauer의 비판본 *Sancti Augustini De vera religione liber unus*를 텍스트로 삼았다(169-260쪽).

2. Dauer가 사용한 수사본들은 크게 φ 그룹, ψ 그룹, ζ 그룹으로 대별되는데, 각 그룹에 속하는 필사본 이름은 아래와 같다:

### Familia φ

F   Codex Londinensis Mus. Brit. Add. 10940 (10/11세기)
N   Codex Monacensis 17060 (12/13세기)
P   Codex Parisinus B.N. Lat. 2201 (11세기)
X   Codex Berolinensis Phill. 1696 (13세기)
K   Codex Mettensis 138 (11세기)

### Familia ψ

M   Codex Monacensis 14527 (9세기 및 12세기)
S   Codex Rotomagensis 476(A.137) (12세기)
G   Codex Londinensis Mus. Brit. Add. 11873 (10/11세기)
L   Codex Monacensis 13101(Rat. civ. 101) (13세기)
O   Codex Parisinus B.N. Lat. 1921 (Tellerianus) (12세기)

### Familia ζ

A   Codex Andegauensis 278(269) (10세기)
R   Codex Rotomagensis 1380(U 55) (10/11세기)
E   Codex Atrebatensis 616(548, 1628 B.19) (10/11세기)
Y   Codex Berolinensis Phill. 1713 (13세기)
Z   Codex Berolinensis Hamilton 60 (14세기)
H   Codex Londinensis Mus. Brit. Add. 43460 (8/9세기)
B   Codex Bernensis 540 (10세기)
C   Codex Casinensis 169 L(238) (10/11세기)
D   Codex Divionensis 152(119) (12세기)

μ Editio Maurinorum
Migne, *Cursus Patrologiae Latinae*: tomus XXXIV, colls. 121-172.

3. Dauer가 작성한 수사본 전수 도표는 아래와 같다:

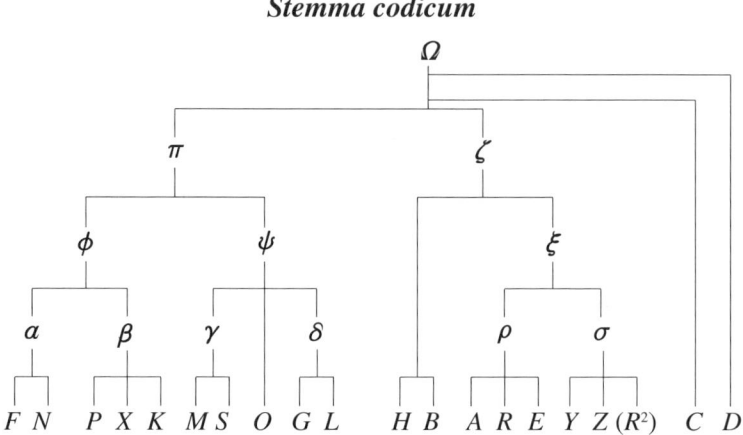

*Stemma codicum*

4. 본서의 현대어(1900년대 이후) 번역본들은 다음과 같다:

**영어**

W. PARSON, *On True Religion* in The Fathers of the Church, 3. Writings of Saint Augustine (New York 1952).

J.H.S. BURLEIGH, *On True Religion* in The Library of Christian Classics, Augustine, Early Writings (Philadelphia - London 1953).

**독일어**

C.J. PERL, *De vera religione* (Paderborn 1957).

Wilhelm THIMME, *De vera religione* in Bibliothek der Alten Welt. Reihe Antike und Christentum. Augustins Werke in Theoligische Frühschriften (Zürich 1962).

### 프랑스어

J. PÉGON, *De vera religione* in Bibliothèque Augustinienne (VIII La foi chrétienne) (Paris 1951).

### 스페인어

Victorino CAPÁNAGA, *La verdadera religion* in BAC, Obras completas de San Agustín IV (Madrid 1975).

C. BASEVI/L.F. BAUSA/A. CLAVERIA, *Por qué creer?* in San Agustín (Pamplona 1977).

### 포르투갈어

Assis OLIVIERA, *A verdadeira religiao* (Sao Paulo 2002).

### 이탈리아어

*La vera religione* 또는 *Della vera religione*라는 제명題名으로 번역본이 많이 나와 있다.

Settimo CARASSALI (Palermo 1925), S. COLOMBO(Torino 1925), Domenico BASSI (Firenze 1930), Filippo ALVARO (Siena 1931), P. ROTTA (Torino 1932), Adriano NENO (Firenze 1933), C. MARZIOLI (Firenze 1935), F.M. BUONGIOANNI (Milano 1938), Gaetano CAPASSO (Roma 1953), P. PORRO (Bari 1986), Marco VANNINI (Milano 1987), Onorato GRASSI (Milano 1997).

# AVRELIVS AVGVSTINVS

# DE VERA RELIGIONE

아우구스티누스

# 참된 종교

본문

# DE VERA RELIGIONE

**I 1.** Cum omnis uitae bonae ac beatae uia in uera religione sit constituta, qua unus deus colitur et purgatissima pietate cognoscitur principium naturarum omnium, a quo uniuersitas et incohatur et perficitur et continetur, hinc euidentius error deprehenditur eorum populorum, qui multos deos colere quam unum uerum deum et dominum omnium maluerunt, quod eorum sapientes, quos philosophos uocant, scholas habebant dissentientes et templa communia. Non enim uel populos uel sacerdotes latebat, de ipsorum deorum natura quam diuersa sentirent, cum suam quisque opinionem publice profiteri non formidaret atque omnibus si posset persuadere moliretur; omnes tamen cum sectatoribus suis diuersa et aduersa sentientibus ad sacra communia nullo prohibente ueniebant. Non nunc agitur, quis eorum senserit uerius, sed certe illud satis, quantum mihi uidetur, apparet aliud eos in religione suscepisse cum populo et aliud eodem ipso populo audiente defendisse priuatim.

---

[1] 필사본에는 Incipit liber Aurelii Augustini De vera religione(아우렐리우스 아우구스티누스의 책 『참된 종교』 시작)라는 서두가 붙어 있다.

[2] 이 책에 나타나는 아우구스티누스의 '종교관'은 로마인의 사고의 틀에서 본 것이다. 하느님을 섬김(servitus Deo)이고 하느님께 귀의함(cohaerere Deo)인데 그것이 곧 인간의 행복한 생활(vita beata)이라는 것이다. 물론 이 행복한 생활은 종교의 '목표'가 아니라 참된 종교의 판별 '기준'이 된다. 종교를 믿어 사람이 진정으로 행복해지면 그 종교는 참되다(De beata vita 참조).

## 참된 종교

**철인들이 학원에서 가르친 바 다르고 신전에서 고백하는 바 다르다**

**1.1.**[1] 참종교에 선하고 행복한 삶의 길이 있으며,[2] 그 참종교란 하나이신 하느님을 예배하고, 지극히 순수한 경외심으로 하느님을 자연 만물의 원천으로 인정함에 있다. 그분을 통해서 만유가 기원하고 발전되고 보존되므로, 어떤 백성들이 하나이신 참하느님이요 만물의 주인 대신에 여러 신을 섬기기를 더 좋아하였다거나, 그 백성들의 현자들, 소위 철학자라 일컫는 자들이 학파는 서로 다르면서도 공통된 신전神殿을 두고 있었다는 사실은 잘못임이 분명하게 드러난다. 백성들도 제관들도 (이 철학자들이) 그 신들의 본성을 두고 그 의견이 얼마나 천양지차인지 모르지 않으며, 각자가 자기 의견을 주저 없이 공공연히 퍼뜨리고, 할 수만 있으면 누구든지 설복시키려 든다는 것도 모르지 않는다. 그렇게 하면서도 (이 철학자들은) 각기 다르고 심지어 상반되는 자기네 학설을 따르는 추종자들을 거느리고서 아무런 거리낌 없이 동일한 제의祭儀에[3] 참석하러 다녔다. 지금 이 자리에서는 그들 중 누구의 주장이 더 진리에 가까운지 논하려는 것이 아니라, 철학자들이 대중과 더불어 종교에서 취하던 태도가 달랐고, 같은 대중이 듣는 데서 사사로이 주장하던 이론이 달랐다고 보는 그 점을 지적하는 것으로 족하다.[4]

---

[3] 본서에서 sacra communia, mysteria, sacramenta 등은 제의(祭儀)·비사(秘事)·성사(聖事) 등으로 혼용 번역된다. 그리스도교를 포함해서 당대의 거의 모든 종교가 새 신도의 입교나 기존 신도들만의 집회에서 가지던 비밀 의식[密儀]을 지칭하는 종교 용어였다.

[4] 그리스 사회처럼 사상가들이 구축해 놓은 탁월한 사상 체계와 그 사회의 미신에 가까운 공식 종교 사이의 현격한 거리, 철학자 개개인이 종교와 신들에 관해서 갖는 이론과 사회생활에서 공공연히 취하는 종교적 실천 사이의 모순이 이 책의 저술 동기가 된다. 그러나 호교론적인 논전보다는 '진정한 철학'을 모색하는 측면에서 접근한다.

**II 2.** Socrates tamen audacior ceteris fuisse perhibetur iurando per canem quemlibet et lapidem quemlibet et quidquid iuraturo esset in promptu et quasi ad manum occurrisset. Credo intellegebat qualiacumque opera naturae, quae administrante diuina prouidentia gignerentur, multo quam hominum et quorumlibet opificum esse meliora et ideo diuinis honoribus digniora quam ea, quae in templis colebantur. Non quo uere lapis et canis essent colenda sapientibus, sed ut hoc modo intellegerent qui possent tanta superstitione demersos esse homines, ut emergentibus hic esset tam turpis demonstrandus gradus, ad quem uenire si puderet uiderent, quanto magis pudendum esset in turpiore consistere. Simul et illos, qui mundum istum uisibilem summum deum esse opinabantur, admonebat turpitudinis suae docens esse consequens, ut quilibet lapis tamquam summi dei particula iure coleretur; quod si exsecrarentur, mutarent sententiam et unum deum quaererent. Quem solum supra mentes nostras esse et a quo omnem animam et totum istum mundum fabricatum postea suauius ad legendum quam potentius ad persuadendum scripsit Plato. Non enim sic isti nati erant, ut populorum suorum opinionem ad uerum cultum ueri dei a simulacrorum superstitione atque ab huius mundi uanitate conuerterent. Itaque et ipse Socrates cum populo simulacra uenerabatur, et post eius damnatio-

---

[5] 소크라테스 대화편들에 "개를 두고 맹세커니와"(νὴ τὸν κύνα)라는 문구가 자주 나온다 (*Apologia* 7; *Phaedo* 42; *Gorgias* 466c et 482b).

[6] 아우구스티누스는 혼(ψυχή)들이 지성(νοῦς)으로부터 발생하여 고등 사물로부터 저 하급 사물에 이른다는 플로티누스 관념에 따라서 이 책에서 anima를 식물·동물·인간에 구분 않고 사용한다. 그래서 '혼'·'생혼'·'영혼'으로 옮겨 본다. 좁은 의미의 (천사를 포함한) 영혼은 anima rationalis(이성적 영혼)라고 따로 지칭하기도 한다(3,3 참조).

**소크라테스는 신들을 어떻게 생각하였는가? 세계를 신으로 여기다**

**2.2.** 그중 누구보다도 대담한 사람은 소크라테스였다고 한다. 그는 아무 개나 아무 돌이나 걸어서 맹세를 하였고, 자기는 맹세하는 순간 손에 닿는 것이면 무엇이든지 걸어서 맹세할 수 있노라고 하였다.[5] 내가 믿기로 그는 자연의 작품이 다 신적 안배로 발생한다는 것과 그것이 인간들이나 여하한 장인匠人의 작품들보다 훌륭하다는 것, 따라서 신전에 모셔진 것들보다는 (자연의) 작품들이 신들에게 드리는 영예에 더 합당하다는 것을 이해하였던 것 같다. 이것은 돌이나 개가 현자들에게 숭상받아야 한다는 말이 아니라, 인간들이 그토록 속속들이 미신에 빠져 있음을 이런 식으로 깨치기 바랐다는 뜻이다. 그리하여 그 처지에서 빠져 나오는 사람들에게 자신이 얼마나 추루한 단계에까지 (가) 있었는지 보여 줌으로써, 그것이 부끄러운 짓이라 할진대, 그 단계에 버티고 있는 일이 더욱 추루함을 알아 부끄러워 하게 만들기 위함이었다. 동시에 가시적인 이 세계가 곧 최고신이라 여기는 자들을 일깨워 그들의 (생각이) 천박함을 가르쳐 주려는 뜻에서였다. 즉, (돌을 두고 맹세하여) 아무 돌이나 최고신의 분신分身이니 마땅히 공경해야 할 것이 아니냐는 식으로 (편잔하려는) 의도에서였다. 그리고 그 말에 혐오를 느낀다면 생각을 바꿀 것이고 유일신을 찾게 되리라는 것이다. 그 한 분만이 우리 지성 위에 계시고 그분에게서 모든 생혼生魂[6]과 저세상 전체가 조성되었다는 것을 (깨우치려는 것이었고) 후대에 플라톤은 (같은 주제를 두고) 글을 썼는데, 그 글은 설득력이 더 강하다기보다는 읽기가 더 부드럽다고 해야 할 것이다.[7] 그러니까 이 (철인들)은 우상을 섬기는 미신이나 이 세상의 헛됨으로부터 참된 하느님께 대한 예배로 자기 백성들을 회심시키기 위해 태어난 인물들이 아니었다. 그래서인지 소크라테스마저 자기 백성과 더불어 우상들을 섬겼으며, 그가 단죄받고 죽은 다음에

---

[7] 플라톤의 *Timaeus*를 지칭하는 듯하다. 플라톤의 문장은 유려하기 짝이 없으나 특히 이 작품이 그러하다.

nem mortemque nemo ausus est iurare per canem nec appellare quemcumque lapidem Iouem, sed haec tantummodo memoriae litterisque mandare. Quod utrum timore an aliqua cognitione temporum fecerint, iudicare non est meum.

**III 3.** Illud tamen fidentissime dixerim pace horum omnium, qui eorum libros peruicaciter diligunt, Christianis temporibus quaenam religio potissimum tenenda sit et quae ad ueritatem ac beatitudinem uia, non esse dubitandum. Si enim Plato ipse uiueret et me interrogantem non aspernaretur, uel potius si quis eius discipulus eo ipso tempore quo uiuebat, cum sibi ab illo persuaderetur non corporeis oculis, sed pura mente ueritatem uideri, cui quaecumque anima inhaesisset, eam beatam fieri atque perfectam, ad quam percipiendam nihil magis impedire quam uitam libidinibus deditam et falsas imagines rerum sensibilium, quae nobis ab hoc sensibili mundo per corpus impressae uarias opiniones erroresque generarent; quamobrem sanandum esse animum ad intuendam incommutabilem rerum formam et eodem modo semper se habentem atque undique sui similem pulchritudinem nec distentam locis nec tempore uariatam, sed unum atque idem omni ex parte seruantem, quam non crederent esse homines, cum ipsa uere summeque sit: *cetera nasci, occidere, fluere, labi*, et tamen, in quantum sunt, ab

---

[8] '순수 지성'(pura mens)은 플로티누스가 말하는 참다운 인식 능력, 감각과 그 표상에 의존하지 않는 능력인 νοῦς καθαρός를 번역한 것이다. 플로티누스를 통해서 신플라토니즘과 접하였던 아우구스티누스는 추론(ratiocinatio, λογισμός)을 통한 인식이 변증(διαλεκτική)에 의한 순수 지성의 직관보다 열등하다고 보았다(*Enneades* 1,3,20).

(그의 본뜻을 깨달아) 개를 두고 맹세하거나 아무 돌이나 유피텔이라고 부르는 사람은 하나도 없었고 다만 기억과 문학 속에서 그것이 전해져 올 따름이다. 그것이 두려움 때문인지 새 시대에 영합하느라 그랬는지는 내가 판단할 문제가 아니다.

**그리스도 참종교는 플라톤이 설득하지 못한 바를 설득하였다**

**3.3.** 하지만 그들의 책을 극진히 사랑하는 이들을 염두에 두고 확실히 말하거니와, 그리스도 시대에 와서는 어느 종교를 추종해야 하는지에 관해서나 진리와 행복에 이르는 길이 어느 것인지에 관해서는 의심의 여지가 없다. 만약 플라톤 자신이 살아 있었더라면 내가 묻거나 혹은 그와 동시대에 살았을지도 모르는 어느 제자가 질문을 하면 이를 경멸하지 않고 이렇게 설득력 있게 말했으리라고 본다: "육안으로가 아니라 순수 지성[8]으로 진리를 보는 법이다. 어떤 영혼이든 (진리에) 순응하면 행복하고 완전해진다. (진리를) 포착하는 데 가장 큰 장애는 욕정에 몰두하는 삶이요 이 감각적 사물들의 거짓된 영상[허상(虛像)]이니 그것들은 감각적 세계에 의해서 육체를 통하여 우리에게 각인(刻印)된 것들로서 다양한 억견(臆見)과 오류를 발생해 낸다. 그러므로 정신이 정화되어야만 사물의 불변하는 형상을 직관할 수 있으며, 아름다움, 즉 언제나 여일하게 존속하고 어느 면에서나 자체와 흡사하며 공간상으로 분리가 되지 않고 시간상으로 변하지 않고 일자—者[9] 이자 어느 면에서도 동일함을 보전하는 아름다움을 직관할 수 있다. 그 (아름다움)이 존재함을 사람들이 믿지 않는다 할지라도 그것은 참으로 또 최고도로 존재한다. **그 밖의 것들은 모두 나고 죽고 흘러가고 시드는데,**[10]

---

[9] 앞으로 빈번히 나오겠지만 최고유를 '일자'(Unum)로 명명한 것은 전적으로 플로티누스에게서 차용한 것이며, 신피타고라스 학파에서 기원하여 일체의 이원성(二元性)이 없다는 개념을 전제로 한다. 그것을 "어느 면에서도 여일함"으로 설명하는 것도 플라톤(*Symposium* 29)과 플로티누스(*Enneades* 6,1)의 것이다. 아름다움(pulchrum), 선(bonum)을 '일자'와 동일시하는 것도 마찬가지다(참조: *Enneades* 1,6; 5,8; 6,9).

[10] Cicero, *Orator* 10의 인용이다: cetera nasci, occidere, fluere, labi.

illo aeterno deo per eius ueritatem fabricata constare, in quibus animae tantum rationali et intellectuali datum, ut eius aeternitatis contemplatione perfruatur atque afficiatur ex ea aeternamque uitam possit mereri; sed dum nascentium atque transeuntium rerum amore ac dolore sauciatur et dedita consuetudini huius uitae atque sensibus corporis inanibus uanescit imaginibus, irridet eos, qui dicunt esse aliquid, quod neque istis uideatur oculis nec ullo phantasmate cogitetur, sed mente sola et intellegentia cerni queat: cum haec ergo sibi a magistro persuaderentur, si ex eo quaereret ille discipulus, utrum, si quisquam exsisteret uir magnus atque diuinus, qui talia populis persuaderet credenda saltem, si percipere non ualerent, aut, si qui possent percipere, non prauis opinionibus multitudinis implicati uulgaribus obruerentur erroribus, eum diuinis honoribus dignum iudicaret, responderet credo ille non posse hoc ab homine fieri, nisi quem forte ipsa dei uirtus atque sapientia ab ipsa rerum natura exceptum nec hominum magisterio, sed intima illuminatione ab incunabulis illustratum tanta honestaret gratia, tanta firmitate roboraret, tanta denique maiestate subueheret, ut omnia contemnendo, quae praui homines cupiunt, et omnia perpetiendo, quae horrescunt, et omnia faciendo, quae mirantur, genus humanum ad tam sa-

---

[11] 각주 6 참조. Anima rationalis et intellectualis: 이성(ratio)과 오성(intellectus)을 이 책에서는 뚜렷이 구분하는 바 없으나 오히려 인식의 주체는 '지성'(mens, νοῦς의 번역)이고, 이성·오성은 그 기능으로 묘사되고 있다.

[12] 이하의 인식론에서 반복되겠지만 감관으로 포착한 표상(phantasmata)은 지성의 '판단'이나 '진리의 직관'에 실제적 상관이 없고 단지 지성의 활동을 자극하고 궁극적 미와 진리를 향하여 기억을 일깨울 따름이다(*Enneades* 4,3,22-32; 4,4,17-25; 4,6; 3,6,1-5). 감관과 이성의 작용이 어떻게 연결되느냐라는 중대한 아리스토텔레스적인 문제가 아우구스티누스에게는 관심을 끌고 있지 못하다.

다만 존재하는 한에서는 저 영원하신 하느님에게서 그분의 진리를 통해서 조성되었다는 사실로 말미암아 존속하고 있다. 그 사물들 가운데서 이성과 오성을 갖춘 영혼에만[11] 그것의 영원성의 관조를 향유하고 그것에 영향을 입고 영원한 생명을 얻을 수 있도록 허용되어 있다. 그럼에도 불구하고 이 (영혼)은 태어나고 유전流轉하는 사물들에 대한 사랑과 고통에 상처를 입고서, 또 현세 생활의 습성에 매이고 육체의 감관에 몰두하다 보니 허황한 영상들에 사로잡혀서, 육안으로 볼 수 없고 표상表象으로 사유될 수 없으며 오로지 지성과 오성으로만 파악될 수 있는[12] 무엇이 존재한다고 말하는 사람들을 조소하기에 이르렀다." 만약 제자가 스승의 이런 말에 수긍하고서 (플라톤에게) 묻는다고 하자: 만일 아주 위대하고 신적인 인간이 있어서 이상에서 말한 바를 알아들을 능력이 없는 사람들에게는 적어도 믿게 설득하고, 만약 알아들을 수 있는 사람은 대중의 사악한 억견에 말려들지 않았을지라도 범상한 오류에 묻혀 사는 경우에 그들을 설득하여 믿게 만든다면, 그런 인물이 과연 신적인 영예를 입을 만하다고 여기느냐는 질문을 한다고 하자. 그러면 내 생각에, (플라톤은) 이렇게 답변할 것이다. "인간으로서는 그것이 안 될 것이다. 혹시라도 신의 능력과 예지가 그를 사물들의 본성으로부터 이탈시켜서 인간들의 가르침에 의해서가 아니라, 영아 시절부터 받은 내적 조명照明에 비추임을 받지 않는 한, 크나큰 은총으로[13] 그를 꾸며 주고, 위대한 강직함으로 그를 다져 주고, 탁월한 품위로 그를 고양시켜 주지 않는 한, 악인들이 탐욕하는 모든 것을 경멸하고, 그 자들이 두려워하는 바를 모두 감내하고, 그자들이 경탄하는 바를 모두 실행함으로써, 위대한 사랑과 권위로 인류를 구원의 신앙에로 전향시키는

---

[13] 신플라톤 학파들도 내적 조명이 위로부터의 특전으로 오는 것이라고 하였다(*Enneades* 5,5,8: "우리는 내적 조명을 얻으려고 따라갈 것이 아니라, 받기에 적합한 자세만 갖춘 채로 평온히 그 출현을 기다릴 것이다"). 문제는 평범한 사람들에게도 깨달음에 접근하는 길로서, 본서 주제의 하나인 '권위에 의한 믿음'을 상정하려는 저자의 의도다.

lubrem fidem summo amore atque auctoritate conuerteret. De honoribus uero eius frustra se consuli, cum facile possit existimari, quanti honores debeantur sapientiae dei, qua gestante ille et gubernante pro uera salute generis humani magnum aliquid proprium et quod supra homines esset mereretur.

**4.** Quae si facta sunt, si litteris monumentisque celebrantur, si ab una regione terrarum, in qua sola unus colebatur deus et ubi talem nasci oportebat, per totum orbem terrarum missi electi uiri uirtutibus atque sermonibus diuini amoris incendia concitarunt, si confirmata saluberrima disciplina illuminatas terras posteris reliquerunt et, ne de praeteritis loquar, quae potest quisque non credere, si hodie per gentes populosque praedicatur: *In principio erat uerbum et uerbum erat apud deum et deus erat uerbum. Hoc erat in principio apud deum. Omnia per ipsum facta sunt et sine ipso factum est nihil*; si ad hoc percipiendum, diligendum, perfruendum, ut anima sanetur et tantae luci hauriendae mentis acies conualescat, dicitur auaris: *Nolite uobis condere thesauros in terra, ubi tinea et robigo exterminat et ubi fures effodiunt et furantur, sed thesaurizate uobis thesauros in caelo, ubi neque tinea neque robigo exterminat neque*

---

[14] "그 시대로서는 지극히 현명하고 박학한 인물"(vir sapientissimus ac eruditissimus temporum suorum, *Contra Academicos* 3,17,37) 플라톤도 이루지 못한 바(비지성인에 속하는 대중의 구원)를 팔레스티나의 인물 나자렛 예수가 이루었다는 소식을 말하려는 것이다.

[15] 요한 1,1-3(본서 36,66; 55,113에 재인용). 오성이 추구하는 궁극적 진리(Veritas)를 이 말씀(Verbum, *Logos*: 플로티누스의 개념으로는 '일자' 바로 다음 존재인 *Noûs*)과 동일시한다는 점에서 아우구스티누스는 플로티누스의 제자로 머물지 않고 그리스도인이 될 수 있었다.

일을 하지는 못할 것이다." 그리고 그런 인물의 영예에 관해서는 굳이 (플라톤에게) 물을 필요가 없다. 하느님의 예지께 얼마나 큰 영예를 드려야 할지는 알기 쉬운 연고이니, 그의 역사하심과 통치하에서 그런 인물은 인류의 참다운 구원을 보아서 진정 위대한 무엇을, 인간들을 초월하기에 합당한 무엇을 획득할 것이기 때문이다.[14]

**3.4.** 만약 그런 일이 과연 이루어졌다면, 만약 글과 기념탑으로 이를 경축하고 있다면, 만약 이 땅의 한 지역, 곧 오직 유일신만을 섬기는 곳이자 그런 인물이 태어나기로 되어 있던 지역으로부터 온 세상으로 선발된 사람들이 파견되어서 권능과 말씀으로 신적인 사랑의 불을 질렀다면, 만약 구원에 지극히 유익한 교리로 밝히 비춰진 땅을 후손들에게 물려주었다면, 그리고 과거의 일만 내가 말한다면 안 믿겠다는 사람이 얼마든지 나올 터이므로, 만약 민족들과 백성들 사이에 오늘날에도 **한처음에 말씀이 계셨다. 말씀은 하느님과 함께 계셨는데 말씀은 하느님이셨다. 그분께서는 한 처음에 하느님과 함께 계셨다. 모든 것이 그분을 통하여 생겨났고 그분 없이 생겨난 것은 하나도 없다**[15]는 설교가 이루어지고 있다면, 만약 그분을 깨닫고 사랑하고 향유하여 영혼이 치유가 되고 지성의 정곡正鵠이[16] 강건해져서 참으로 위대한 빛을 수용할 수 있게 된다면, 드디어 이런 말을 할 수가 있다. 인색한 자들에게는 이렇게 말한다: **너희는 자신을 위하여 보물을 땅에 쌓아 두지 마라. 땅에서는 좀과 녹이 망가뜨리고 도둑들이 뚫고 들어와 훔쳐 간다. 그러므로 하늘에 보물을 쌓아라. 거기에서는 좀도 녹도 망가뜨리지 못하고, 도둑들이 뚫고 들어오지도 못하며 훔쳐 가지도**

---

[16] '지성의 정곡 또는 예봉(銳鋒)'(mentis acies vel apex mentis)은 고전 세계에서(Cicero, *De natura deorum* 2,17,45 et alibi) '날카로운 지성'을 가리켜 쓰여 왔으나, 그리스 철학은 근원적인 존재에게로 상승할 수 있게 만드는, 인간 내면의 중심 혹은 '오성의 상층부'를 뜻한다 (54,104와 106에 다시 나온다).

*fures effodiunt. Vbi enim est thesaurus tuus, ibi est et cor tuum*; dicitur luxuriosis: *Qui seminat in carne, de carne metet corruptionem, qui seminat in spiritu, de spiritu metet uitam aeternam*; dicitur superbis: *Qui se exaltat, humiliabitur, et qui se humiliat, exaltabitur*; dicitur iracundis: *Accepisti alapam, para alteram maxillam*; dicitur discordiosis: *Diligite inimicos uestros*; dicitur superstitiosis: *Regnum dei intra uos est*; dicitur curiosis: *Nolite quaerere, quae uidentur, sed quae non uidentur. Quae enim uidentur, temporalia sunt, quae autem non uidentur, aeterna*; postremo dicitur omnibus: *Nolite diligere mundum, quoniam ea, quae in mundo sunt, concupiscentia carnis est et concupiscentia oculorum et ambitio saeculi.*


5. Si haec per totum orbem iam populis leguntur et cum ueneratione libentissime audiuntur; si post tantum sanguinem, tantos ignes, tot cruces martyrum tanto fertilius et uberius usque ad barbaras nationes ecclesiae pullularunt; si tot iuuenum et uirginum milia contemnentium nuptias casteque uiuentium iam nemo miratur — quod cum fecisset Plato, usque adeo peruersam temporum suorum timuit opinionem, ut perhibeatur sacrificasse naturae, ut tamquam peccatum illud aboleretur; si haec sic accipiuntur, ut quomodo an-

---

[17] 마태 6,19-21.
[18] 갈라 6,8. 아우구스티누스가 육(caro)과 영(spiritus)을 대비시키기 때문에 직역했다. 이 책을 집필할 당시는 불가타본이 나오기 전이며 아우구스티누스는 비교적 자유롭게 인용을 하므로 본서에서는 그가 인용하는 대로 직역한다.
[19] 루카 14,11; 18,14.    [20] 마태 5,39.

못한다. 사실 너의 보물이 있는 곳에 너의 마음도 있다.[17] 향락을 일삼는 자들에게는 이런 말을 한다: 자기 육체에 심는 사람은 육체에게서 멸망을 거두겠지만, 영에 심는 사람은 영으로부터 영원한 생명을 거둡니다.[18] 오만한 사람들에게는 이렇게 말한다: 누구든지 자신을 높이는 이는 낮아지고 자신을 낮추는 이는 높아질 것이다.[19] 화를 잘 내는 사람에게는 이렇게 말한다: 누가 네 오른뺨을 치거든 다른 뺨마저 돌려 대어라.[20] 불화를 일삼는 사람들에게는 이런 말을 한다: 너희는 원수를 사랑하여라.[21] 미신에 젖은 사람에게는 하느님의 나라는 너희 가운데에 있다[22]고 한다. 그리고 호기심 많은 사람들에게는 보이는 것에 눈길을 돌리지 말고 보이지 않는 것에 눈길을 돌리십시오. 보이는 것은 잠시뿐이지만 보이지 않는 것은 영원하기 때문입니다[23]라고 한다. 끝으로 모든 이에게 하는 말이 있다: 여러분은 세상이나 세상에 속한 것들을 사랑하지 마십시오. … 세상에 있는 모든 것이란 육체의 정욕과 눈의 정욕과 세속의 야심입니다.[24]

**3.5.** 만약 이 모든 것이 전 세계에서 백성들에게 읽혀지고 자발적으로 경외심을 가지고서 경청된다면, 만약 순교자들의 저 많은 피와 (그들을 살라 죽이던) 저 많은 화형과 그 무수한 십자가들을 거친 다음에 심지어 야만국들에까지 교회들이 비옥하고 결실이 풍성하게 번창하기에 이르렀다면, 만약 수천수만의 총각 처녀들이 혼인을 마다하고 정결하게 사는 것을 이제는 아무도 이상하게 여기지 않게 되었다면, 플라톤도 같은 생활을 했으면서도 자기 시대의 도착된 세론이 두려워 자기의 그 행위가 죄나 되는 것처럼 여겨 그 죄를 지우기 위하여 자연에 제사를 올렸다는데,[25] 만약 한때는

---

[21] 마태 5,44.   [22] 루카 17,21.   [23] 2코린 4,18(직역).

[24] 1요한 2,15-16(직역). 이 주제의 채택도 플로티누스와 무관하지 않다: "결국 영혼이 겪게 된 불행의 시초는 불손함과 과도한 욕망, 그리고 단초적인 분열과 또한 아집에 사로잡힌 의지에서 비롯된 것이다"(*Enneades* 5,1,1).

[25] 전거는 불확실하다.

tea talia disputare, sic nunc contra disputare monstruosum sit; si tali pollicitationi atque sponsioni per omnes terrarum partes, quas homines incolunt, sacra Christiana traduntur; si haec cottidie leguntur in ecclesiis et a sacerdotibus exponuntur; si tundunt pectora, qui haec implere conantur; si tam innumerabiles aggrediuntur hanc uiam, ut desertis diuitiis et honoribus huius mundi ex omni hominum genere uni deo summo totam uitam dicare uolentium desertae quondam insulae ac multarum terrarum solitudo compleatur; si denique per urbes atque oppida, castella, uicos, agros etiam uillasque priuatas in tantum aperte suadetur et appetitur a terrenis auersio et in unum deum uerumque conuersio, ut cottidie per uniuersum orbem humanum genus una paene uoce respondeat; "Sursum cor habere se ad dominum", quid adhuc oscitamus crapulam hesternam et in mortuis pecudibus diuina eloquia perscrutamur, si quando autem ad disputationem uenitur, Platonico nomine ora crepantia quam pectus uero plenum magis habere gestimus?

**IV 6.** Qui ergo sensibilem istum mundum contemnere et animam uirtute purgandam summo deo subicere atque subiungere uanum aut malum putant, alia ratione refellendi sunt, si tamen cum his dignum est disputare. Qui autem bonum et appetendum fatentur, cognoscant deum et cedant deo, per quem populis iam omnibus

---

[26] 서원(pollicitatio)과 서약(sponsio)이 로마 종교 용어로 쓰일 때 전자는 어떤 봉헌물을 바치기로 약속하는 사적인 행동이고 후자는 어떤 행위를 하기로 엄숙히 선서하는 행사다. "독신과 동정 서약을 성사로 축성한다"는 의미다.

[27] '저버리고'(desertis)와 '광야'(desertae)가 수사학적 유희를 이루는 문장이다.

이런 (생활을) 받아들이는 것이 괴상한 일이었는 데 비해서, 지금은 이런 생활을 두고 시비를 거는 것이 오히려 괴상한 일이 될 정도로 널리 받아들이게 되었다면, 세상 어디서나 사람이 사는 곳이라면 이런 서원誓願과 서약誓約에[26] 그리스도교 비사秘事를 부여하고 있다면, 그리고 그런 (생활양식이) 매일같이 교회 안에서 낭독되고 사제들에 의해서 설교된다면, 만약 그것을 실천하고자 힘쓰는 사람들이 가슴을 친다면, 만약 이 세상의 부와 명예를 저버리고서 이 길에 들어선 사람들이 하도 많고 온갖 인간 부류에서 나오는 바람에, 전에는 무인도이던 섬이나 여러 광야가 유일하시고 지존하신 하느님을 섬기는 자들로 가득하다면,[27] 마지막으로, 만약 도회와 마을, 성채와 촌락, 들판과 농가에서 한결같이 동경하고 희구하는 바가 있으니 그것은 지상 사물을 등지고 유일하고 참되신 하느님께로 돌아서는 일로서, 전 세계에서 온 인류가 거의 한소리가 되어 "마음을 드높이, 주님을 향하여!"[28]라고 외친다고 하면, 도대체 무엇 때문에 우리는 어제 취한 술로 아직까지 비틀거려야 하며 죽은 짐승의 내장에서 신탁神託을 찾아야 한단 말인가? 무엇 때문에 토론에 이르러서도 가슴이 진리로 뿌듯해지기보다도 입에다 플라톤의 이름이나 가득 올려야 한단 말인가?

**감각적 세계에 전적으로 의존하는 철인들은 무시되어야 한다**

**4.6.** 그러므로 이 감각적 세계를 경멸함과 영혼을 덕으로 정화하여 지존하신 하느님께 복속服屬시킴을 만일 누가 공연한 일이라고 여기거나 심지어 나쁘다고 여긴다면, 다른 논증을 들어 반박해야 할 것이다. 물론 그런 사람들과 토론하는 일이 가치 있을 경우의 이야기지만, 그 대신에 이런 일이 선하고 바람직하다고 말하는 사람들은 하느님을 인정할 것이며 하느님께 머리를 숙여야 할 것이니, 하느님(의 권위를) 보아서 모든 민족이 이 모

---

[28] 오늘날까지도 가톨릭교회의 미사 '감사송'에 나오는 응답기도다. 그러나 일자를 향하는 지성의 도약 자체를 일종의 찬가로 여긴 플로티누스의 문장도 배경에 깔려 있다(*Enneades* 5,3,17).

haec credenda persuasa sunt. Quod utique ab ipsis fieret, si tantum ualerent, aut si non fieret, crimen inuidentiae uitare non possent. Ergo cedant ei, a quo factum est, nec curiositate aut inani iactantia impediantur, quominus agnoscant, quid intersit inter paucorum timidas coniecturas et manifestam salutem correctionemque populorum. Illi enim si reuiuiscerent, quorum isti nominibus gloriantur, et inuenirent refertas ecclesias, templa deserta, a cupiditate bonorum temporalium atque affluentium ad spem uitae aeternae et bona spiritalia et intellegibilia uocari et currere humanum genus, dicerent fortasse, si tales essent, quales fuisse memorantur: Haec sunt, quae nos persuadere populis non ausi sumus, et eorum potius consuetudini cessimus quam illos in nostram fidem uoluntatemque traduximus.

7. Ita si hanc uitam illi uiri nobiscum rursus agere potuissent, uiderent profecto, cuius auctoritate facilius consuleretur hominibus, et paucis mutatis uerbis atque sententiis Christiani fierent, sicut

---

[29] 이 책이 '철학하는 윤리'를 논하고 있다면, 뒤에 길게 나오겠지만(37,68-55,107), 상식에 근거한 참진리를 무시하거나 실행과 거리가 먼 '철학'을 아우구스티누스는 "호기심과 허황된 자만"(curiositas aut inanis iactantia)에 불과하다고 비난한다.

[30] 개종 초기에는 아우구스티누스의 구원관이 퍽 낙관적이지만 세월이 가고 펠라기우스 논쟁을 거치고 무너져 가는 로마제국을 바라보면서 그 시각은 바뀐다. 적어도 그리스도교의 보급 확산에서 그는 '초자연'과 '초월'의 관념이 사상계와 일반인들에게 보급되는 것을 흡족히 여기고 있다.

든 말을 믿어야 할 것으로 이미 확신하기에 이르렀기 때문이다. (일반 사람들이 그렇게 하는 이상) 철학자들도 그렇게 할 능력이 있다면 마땅히 할 것이며, 만일 그렇게 하지 않는다면 악의에서 행동한다는 혐의를 벗어날 길이 없을 것이다. 그러므로 (철학자들은) 이 일을 이루신 분에게 승복할 것이며, 자신들의 호기심과 혹은 허황된 자만으로[29] 눈이 가려져 소수 인간들(이 만든) 취약한 가설假說들과 만민들(에게서 보는) 뚜렷한 구원과 개과천선의 차이를 못 보는 일이 있어서는 안 될 것이다. 명성을 떨치는 저 철학자들이 만일 환생한다면, 그리하여 교회들이 사람으로 가득하고 신전들이 폐허가 되어 있음을 본다면, 또 인생들이[30] 지상적이고 지나가는 사물에 대한 욕망을 등지고 영원한 생명에 대한 희망으로, 영적이고 가지적可知的인 선善으로 부름 받고 그리로 달려가는 모습을 본다면, 그들은 — 정말 그들이 우리가 들어 아는 그런 인물들이라면 — 정녕 이렇게 말하리라고 본다: "이것이야말로 우리가 감히 백성들에게 설득시키려 나서지 못하였던 가르침이었으며,[31] 우리는 백성을 우리의 신념과 결의決意에로 인도해 들이는 대신에 그들의 습속에 영합하고 말았던 것이다."

**4.7.** 그들이 만일에라도 이승의 삶을 우리와 함께 다시 산다고 하면, 어떤 권위[32]가 있어 훨씬 용이하게 사람들을 가르치고 있음과 자기네 (학설에서) 몇몇 말마디나 문장 몇 개만 바꾸면 자기네가 그대로 그리스도인이

---

[31] 저자는 그리스도교가 플라톤 사상의 정당한 계승자라는 주장을 하고 싶은 것이다. 당대의 소위 '아카데미아 학파'가 그 계승자로 주장하고 있었는데, 아우구스티누스는 *Contra Academicos*(386)에서 그들의 회의론을 이미 반박한 바 있다. "사람들이 이야기한 진리는 모두 우리 그리스도교에 속한다"는 유스티누스(Iustinus, *Apologia* 2: 13,4)의 발언도 염두에 두고 이해할 만하다.

[32] *Contra Academicos*의 주제가, 이해하지 못한 바를 어떤 권위(신의 권위라 하더라도)에 의거해서 신앙하는 일이 지성인다운 행동인가를 논한 바 있다. 뒤에서(24,45-29,52) 길게 다루겠지만, 이성의 권리를 보전하려 노력하면서도, 적어도 사변에 익숙지 못한 평범한 사람들을 위해서라도 권위가 훌륭한 역할을 한다고 본다. 다만 오성에 의한 진리의 직관에 이르기까지만이다(24,45 참조).

plerique recentiorum nostrorumque temporum Platonici fecerunt. Aut si hoc non faterentur nec facerent in superbia et inuidia remanentes, nescio utrum possent ad ea ipsa, quae appetenda et desideranda esse dixerant, cum istis sordibus uiscoque reuolare. Nam tertio uitio curiositatis in percontandis daemonibus, quo isti maxime, cum quibus nunc agitur, pagani a Christiana salute reuocantur, quia nimis puerile est, nescio utrum tales illi praepedirentur uiri.

**V 8.** Sed quoquomodo se habeat philosophorum iactantia, illud cuiuis intellegere facile est religionem ab eis non esse quaerendam, qui eadem sacra suscipiebant cum populis et de suorum deorum natura ac summo bono diuersas contrariasque sententias in scholis suis eadem teste multitudine personabant. Quod si hoc unum tantum uitium Christiana disciplina sanatum uideremus, ineffabili laude praedicandam esse neminem negare oporteret. Haereses namque tam innumerabiles a regula Christianitatis auersae testes sunt non admitti ad communicanda sacramenta eos, qui de patre deo et sapientia eius et munere diuino aliter sentiunt et hominibus persua-

---

[33] 플라톤 사상에 대한 저자의 경애심이 가장 잘 표현된 문장이다. 『신국론』 22,27 참조 (8,8; 10,19,1은 그의 아쉬움을 표현한다).

[34] 『고백록』(8,2)을 보면 심플리키아누스(Simplicianus)와 마리우스 빅토리누스(Marius Victorinus)를 꼽는다. 빅토리누스의 라틴어 역 덕분에 아우구스티누스는 플로티누스(*Enneades*)와 포르피리우스(Porphyrius, *Isagoge*)의 사상에 접할 수 있었다.

됨을³³ 알게 될 것이니, 근자에 와서 플라톤 학파의 다수 인사들이 행한 바가 바로 그것이다.³⁴ 만일 그들로 말미암아 그런 말도 하지 않고 그런 행동도 취하지 않고서 오만과 시기로 버틴다면, 그런 타성에 젖은 상태에서, 일찍이 인간이면 마땅히 추구하고 열망해야 한다고 자기 입으로 말하던 그런 가치를 향해서 스스로 움직여 나갈 수나 있는지 모르겠다. 또한 모를 일은 그들이 제3의 악덕,³⁵ 다시 말해서 귀신들에게³⁶ 점을 치는 호기심의 악덕으로 말미암아 그렇게 처신하는 것이 아닐까 하는 점이다. 오늘날 우리가 상대하는 이교도들이 그리스도교 구원에서 멀어지는 가장 심한 악덕, 그렇게나 유치한 악덕으로 저 (고명한) 인사들이 기만을 당하고 있지나 않은지 모른다는 말이다.

### 여러 종파 속의 참된 종교. 신적 비사와 성령

5.8. 그렇지만, 철학자들의 허세가 여하튼 상관없이, 누구나 한 가지 쉽사리 이해할 수 있는 것은 참된 종교를 찾되, 백성과 더불어 동일한 제의祭儀를 받으면서 같은 청중을 상대로 하여 자기가 논하는 신들의 속성이나 최고선最高善에 관해서는 서로 다르거나 반대되는 학설을 학교에서 주창하는 사람들에게서 참된 종교를 발견하려고 하지 말라는 것이다. 그리스도교설敎說이 이 악덕 하나를 치유하였다는 사실만으로도, 내가 보기에는, 이 교설이 형언할 수 없는 찬사로 칭송을 받아야 함을 어느 누구도 부인해서는 안 될 것이다. 그리스도교의 규범에서 이탈한 헤아릴 수 없이 많은 이단異端들을 보면, 하느님 아버지께 관해서든 그분의 지혜에 관해서든 신적인 선물에 관해서든, 진리가 요구하는 바와는 달리 주장하고 달리 사람

---

³⁵ 3,4 끝에 인용했듯이 지성인들이 빠지는 세 가지 악덕, 육체의 정욕(시기), 세속의 야심(오만)을 여기서도 꼽은 만큼, 눈의 정욕(호기심)은 세 번째 악덕이 된다.

³⁶ 아우구스티누스는 다른 것보다도 신플라톤 철학에까지 전승되어 오는 daemon($\delta\alpha i\mu\omega\nu$)을 연상시킨다. 소크라테스 이래로(*Symposium* 23) 신들과 인간들 사이의 중간 존재들이 차츰 신탁과 숭배의 대상으로 바뀌어져 온 사실을 암시하는 듯하다. 그리스도교적 의미로는 '악한 천사' 또는 '악마'(diabolus)로 쓴다(13,26).

dere conantur quam ueritas postulat. Sic enim creditur et docetur, quod est humanae salutis caput, non aliam esse philosophiam, id est sapientiae studium, et aliam religionem, cum hi, quorum doctrinam non approbamus, nec sacramenta nobiscum communicant.

9. Quod in illis minus mirandum est, qui eorum quoque sacramentorum ritu dispares esse uoluerunt, sicut nescio qui Serpentini qui appellantur, sicut Manichaei, sicut alii nonnulli. Sed in illis magis animaduertendum hoc magisque praecauendum, qui paria sacramenta celebrantes tamen, quia sententia dispares sunt et errores suos animosius defendere quam cautius corrigere maluerunt, exclusi a catholica communione et a participatione quamuis parium sacramentorum propria uocabula propriosque conuentus non in sermone tantum, sed etiam in superstitione meruerunt, ut Photiniani et Ariani multique praeterea. Nam de his, qui schismata fecerunt, alia quaestio est. Posset enim eos area dominica usque ad tempus ulti-

---

[37] 이단자들을 교회의 공식 예배와 성사(聖事)에서 제외시키는 가톨릭교회의 입장은 학문적인 입장과 실천적인 종교를 각기 다른 것으로 보던 그리스 철인들의 자세와 대조적이다.

[38] 본서의 중심 사상이다. 철학이 하나의 지적 유희(知的遊戲)로 빠지지 않고 종교가 일종의 미신으로 전락하지 않으려면, 예지의 연구가 곧 하느님 사랑의 추구가 되고 또 그 역이 되어야 한다: Deum et animam scire cupio[내가 바라는 것은 오직 하나, 하느님을 알고 영혼을 앎이니(*Soliloquia* 1,2,7)].

[39] Serpentini(그리스어로는 ὀφίται): 요한 3,14에 근거하고 창세기에서 뱀이 선악을 알게 하였다는 설에 근거해서 뱀의 상징으로 그리스도를 섬긴 영지주의 일파. 아우구스티누스의 언급[*De Genesi contra Manichaeos* 2,26,40; *De haeresibus* (ad Quodvultdeum) 17] 외에도 그 이전의 교부들의 논박이 있다.

들을 설득하려고 꾀하는 자들은, (그리스도교의) 비사秘事에 참여하도록 허용되지 않음을 보여 주는 증인들이라고 하겠다.[37] 여기서 인간 구원의 중추가 되는 가르침이 하나 있으니, 철학 곧 예지에 대한 사랑이 다르고 종교가 다르고 하지 않음을 우리는 믿고 가르친다.[38] 그리고 어떤 사람들의 철학을 우리가 승인하지 않을 경우에는 그들도 비사에 우리와 함께 참여하지 않는다.

**5.9.** 비사의 의식儀式에 있어서도 우리와 다르기를 바랐던 사람들, 예를 들면 사상숭배자蛇像崇拜者[39]라고 부르는 사람들이나 마니교도들이나[40] 그 밖의 다른 사람들에게는 이것이 조금도 이상하지 않다. 오히려 이보다 더욱 관심을 쏟고 더욱 조심할 사람들은 (우리와) 동일한 비사를 거행하면서도 주장이 다르고 자기네 오류를 조심스럽게 수정하기보다는 완강하게 비호하기를 좋아하는 사람들이다. 이들은 가톨릭 친교親交로부터, 또 동일한 성사이면서도 그 성사들의 참여로부터 배제당하였고, 자기네 고유한 이름과 고유한 집회를 가지고 있으니, 그런 점 때문에 말로만 아니고 미신에 가까운 의식 때문에도 포티누스파,[41] 아리우스파,[42] 그 밖의 다른 많은 분파를 이룬다. 열교裂敎[43]를 만드는 사람들에 관해서는 문제가 다르다. 그들은 너무 가벼워서 오만의 바람에 (날려) 떨어지거나 스스로 우리에게서 아

---

[40] 이 책의 사실상 논박 대상은 마니교도들이다. 빛과 어둠(선과 악)의 이원론이며, 물질 세계를 죄악시하는 견해를 공격하는 아우구스티누스의 입장은 그들을 염두에 둔 것이다.

[41] Photiniani: 스미르나의 주교요 마르켈루스의 제자인 포티누스(Photinus, †376)에게서 기원한 이단. 삼위의 구분을 너무 철저히 하다가(사모사타의 바오로 참조) 그리스도의 신성을 부정하기에 이른다. 역사적 비중은 크지 않으나 아우구스티누스는 그를 중시하였다[*De haeresibus* (ad Quodvultdeum) 45 et 49].

[42] 아우구스티누스는 후기에 이들을 공격하는 소책자 세 권을 썼다.

[43] 이단(異端, haeresis)과 열교(裂敎, schisma)를 구분한 것은 아우구스티누스부터다(*De fide et symbolo* 10,21; *Contra Gaudentium Donatistarum episcopum* 2,9,10). 전자는 신앙 조문에 대한 이견으로 교회의 친교를 포기한 사람들이나 파당을, 후자는 신앙 조문이 같고 때로는 전례(典禮)마저 같으나 교계(敎階)와의 친교를 포기한 파당을 뜻하게 된다.

mae uentilationis uelut paleas sustinere, nisi uento superbiae nimia leuitate cessissent et sese a nobis ultro separassent. Iudaei uero quamuis uni omnipotenti deo supplicent, sola tamen temporalia et uisibilia bona de illo exspectantes rudimenta noui populi ab humilitate surgentia in ipsis suis scripturis nimia securitate noluerunt aduertere atque ita in uetere homine remanserunt. Quae cum ita sint, neque in confusione paganorum neque in purgamentis haereticorum neque in languore schismaticorum neque in caecitate Iudaeorum quaerenda religio est, sed apud eos solos, qui Christiani catholici uel orthodoxi nominantur, id est integritatis custodes et recta sectantes.

**VI 10.** Haec enim ecclesia catholica per totum orbem ualide lateque diffusa omnibus errantibus utitur ad prouectus suos et ad eorum correctionem, cum euigilare uoluerint. Vtitur enim gentibus ad materiam operationis suae, haereticis ad probationem doctrinae suae, schismaticis ad documentum stabilitatis suae, Iudaeis ad comparationem pulchritudinis suae. Alios ergo inuitat, alios excludit, alios relinquit, alios antecedit, omnibus tamen gratiae dei participandae dat potestatem, siue illi formandi sint adhuc siue reformandi siue recolligendi siue admittendi. Carnales autem suos, id est ui-

---

[44] 참조: 마태 3,12; 루카 3,17(본서 6,10에서 상론된다).

[45] '묵은 인간'(vetus homo)은 바오로의 개념으로(로마 6,6; 에페 4,20-24; 콜로 3,9-10) 본서 26,48-27,50에 좀 더 자세히 전개된다.

[46] '가톨릭'(catholici, 전일성을 보존한 사람들), '정교도'(orthodoxi, 정도를 따르는 사람들)를 낱말 풀이하였다.

주 떨어져 나가지 않는 한, 최후의 키질이 일어날 시기까지는 그들도 주님의 키에 검불처럼 그대로 얹혀 있기는 할 것이다.[44] 유대인들은 비록 유일하고 전능하신 하느님께 기도를 올리기는 하지만, 하느님에게서 현세적이고 가시적인 선익만을 바라고, 너무도 자신만만하다 보니 비천한 바탕에서 새 백성의 기반이 일어나리라는 (말씀이) 성경에 있음을 알아보려고 하지 않았고 그 때문에 묵은 인간[45]으로 머물고 말았다. 그러므로 참종교를 찾으려면, 이교도들의 (사상적) 혼동 속에서도 찾지 말고 이단자들의 쓰레기 더미에서도 찾지 말고 열교자들의 검불 속에서도 찾지 말고 유대인들의 맹목에서도 찾지 말 것이며, 오직 가톨릭 또는 정교도正敎徒 그리스도인이라고 부르는 사람들에게서, 다시 말해서 전일성全一性을 보존하고 정도正道를 따르는 사람들에게서[46] 찾아야만 한다.

**참된 종교는 가톨릭교회에 있으나 비그리스도인도 섭리의 경륜 속에 든다**

**6.10.** 그렇게 해서 가톨릭교회는 전 세계에 막강하고 넓게 퍼져 있어서 오류에 빠진 사람들까지도 (교회) 자체의 이익을 위해 이용하고, 당사자들이 깨어나기를 원하는 경우에는 그들의 교정矯正에도 이용한다. 교회는 이방인들을 자기 활동의 영역으로 이용하고 이단자들은 자기 교리를 시험試驗하는 데 쓰며 열교자들은 자기의 공고함을 증빙하는 데 이용하고 유대인들을 써서 자기의 아름다움을 비교해 보인다. 그래서 교회는 어떤 이는 초대하고 어떤 이는 배제하고 어떤 이는 뒤에 남겨 두고 어떤 이는 앞질러 가는데,[47] 그들이 아직껏 교육을 받아야 할 사람이든 재교육을 받아야 할 사람이든, 다시 불러들일 사람이든 (품안에) 받아들일 사람이든, 결국은 모든 이에게 하느님의 은총에 참여할 권리를 부여하는 것이다. 교회는 자기 육적인 성원들, 즉 육에 따라서 살거나 듣는 사람들도 쭉정이처럼 키에

---

[47] 이방인들은 교회로 초대하고, 이단자들은 교회에서 배제하고, 열교자들은 뒤에 남겨 두고, 유대인들은 교회가 앞질러 간다(『신국론』 18,51 et alibi).

uentes aut sentientes carnaliter tamquam paleas tolerat, quibus in area frumenta tutiora sunt, donec talibus tegminibus exuantur. Sed quia in hac area pro uoluntate quisque uel palea uel frumentum est, tamdiu sustinetur peccatum aut error cuiuslibet, donec aut accusatorem inueniat aut prauam opinionem pertinaci animositate defendat. Exclusi autem aut paenitendo redeunt aut in nequitiam male liberi defluunt ad admonitionem nostrae diligentiae aut schisma faciunt ad exercitationem nostrae patientiae aut haeresim aliquam gignunt ad examen siue occasionem nostrae intellegentiae. Hi sunt exitus Christianorum carnalium, qui non potuerunt corrigi aut sustineri.

**11.** Saepe etiam sinit diuina prouidentia per nonnullas nimium turbulentas carnalium hominum seditiones expelli de populo Christiano etiam bonos uiros. Quam contumeliam uel iniuriam suam cum patientissime pro ecclesiae pace tulerint neque ullas nouitates uel schismatis uel haeresis moliti fuerint, docebunt homines, quam uero affectu et quanta sinceritate caritatis deo seruiendum sit. Talium igitur uirorum propositum est aut sedatis remeare turbinibus aut, si id non sinantur — uel eadem tempestate perseuerante uel ne suo reditu talis aut saeuior oriatur — tenent uoluntatem consulendi etiam eis ipsis, quorum motibus perturbationibusque cesserunt sine ulla conuenticulorum segregatione usque ad mortem defendentes et testimonio iuuantes eam fidem, quam in ecclesia catholica prae-

다 잠자코 얹어 두며, 쭉정이에서 벗겨낼 때까지는 마치 그 쭉정이 덕분에 알곡이 키 속에서 더 안전하다는 듯이 처신한다. 그리고 이 키 속에서는 누구든지 자기 원의대로 검불이나 알곡이 되는 것이며, 각자의 죄도 오류도 그대로 참아 주는 것이니, 어떤 고발자가 나타나거나 자신의 도착倒錯된 의견을 집요하게 옹호하기까지는 그대로 지나간다. 제외당한 사람들도 혹은 뉘우쳐서 돌아오거나, 혹은 자유인을 빙자하여 사악에로 미끄러져 들어가 우리에게 깨어 경계하라는 교훈을 남기거나, 열교를 만들어 우리의 인내를 단련시키거나, 혹은 어떤 이단을 낳아 우리의 이해력을 시험한다든가 이해를 돕는 기회를 제공하거나 한다. 육적인 그리스도인들[48]이 스스로 바로잡지 못하거나 용납되지 못할 때 나오는 결말이 이런 것이다.

**6.11.** 하느님의 섭리는 때때로 육적인 (인간들의) 지나치게 혼잡한 소요로 말미암아 선량한 사람들까지도 그리스도 백성에서 쫓겨나게 용납하신다. 만일 그들이 교회의 평화를 위하여 그 같은 수모나 불의를 극히 인내롭게 견뎌내고 또 열교나 이단의 솔깃한 교설에 흔들리지 않는다면, 얼마나 진실한 애정과 얼마나 솔직한 사랑으로 하느님을 섬겨야 하는가를 사람들에게 깨우쳐 줄 것이다. 그러한 인물들은 돌풍이 가라앉으면 (교회로) 복귀하려는 뜻이 분명하며, 만일 그것이 용납되지 않는다면, 같은 폭풍이 아직 지속되고 있기 때문이거나 자기의 복귀로 같은 폭풍이나 더 심한 풍파가 일어날 염려가 있기 때문일 것이다. 아울러 그들은 자기를 소동과 혼란에 말려들게 만든 사람들에게도 유익한 충고를 해 줄 의사를 견지하고 있으며, 가톨릭교회 안에서 설교됨을 잘 아는 그 같은 신앙을 죽음으로 옹호하고 증언으로 북돋우는 일을 할 것이며, 그러면서도 그 (분파 속에서)

---

[48] 각주 45대로 바오로 사도의 인간학을 따른 것이다: Christiani carnales란 신조를 믿으면서도 영(spiritus)에 따라 살지 않고 육(caro)에 따라 사는 신자들을 말한다. 본서에서 caro(육)와 corpus(육체)를 구분 않고 사용한 경우가 많다.

dicari sciunt. Hos coronat in occulto pater in occulto uidens. Rarum hoc uidetur genus, sed tamen exempla non desunt; immo plura sunt, quam credi potest. Ita omnibus generibus hominum et exemplorum ad animarum curationem et ad institutionem spiritalis populi utitur diuina prouidentia.

**VII 12.** Quamobrem cum ante paucos annos promiserim tibi scribere, carissime mihi Romaniane, quid de uera religione sentirem, tempus nunc esse arbitratus sum, postquam tuas acerrimas interrogationes sine ullo certo fine fluctuare ea caritate, qua tibi obstrictus sum, diutius sustinere non possem. Repudiatis igitur omnibus, qui neque in sacris philosophantur nec in philosophia consecrantur, et his, qui uel praua opinione uel aliqua simultate superbientes a regula et communione ecclesiae catholicae deuiarunt, et his, qui suarum scripturarum lumen et spiritalis populi gratiam, quod nouum testamentum uocatur, habere noluerunt, quos quanta potui breuitate perstrinxi. Tenenda est nobis Christiana religio et eius ecclesiae communicatio, quae catholica est et catholica nominatur, non so-

---

[49] 참조: 시편 5,3; 마태 6,4.6.18.
[50] 1코린 2,10-17에서 나온 착안이며 본서 8,15에는 1코린 11,19가 인용된다.
[51] Romanianus: 이 책의 헌정 대상이며 대화자로 등장한다. 어릴 때부터 아우구스티누스의 공부를 (특히 아우구스티누스의 부친이 사망한 뒤부터) 후원해 왔고 아우구스티누스의 사상적 편력을 뒤따라 다닌 추종자이기도 한 기묘한 인연의 인물이다. 다른 저서(*Contra Academicos* 2,2,3; 『고백록』 6,14)에 둘의 관계가 비교적 상세히 나온다.
[52] 개종을 준비하던 카시키아쿰 시절(386년)을 말한다. 그 자리에는 로마니아누스의 아들 리켄티우스(Licentius)도 있었다(*Contra Academicos* 2,3,8).

또 다른 파당을 만들지는 않을 것이다. (하느님) 아버지께서는 숨은 일도 보시는 분이므로 남모르게 그들에게 (보상의) 화관을 씌워 주신다.⁴⁹ 이런 부류의 사람들은 드물기는 하지만 예가 없는 것은 아니며, 우리가 생각하는 것보다 그 숫자가 많다. 이런 부류의 인간들과 표양을 하느님의 섭리는 영혼들의 치유와 영적 백성의 교화에 이용하시는 것이다.⁵⁰

**가톨릭교회의 종교는 수용할 만하다**

**7.12.** 나의 사랑하는 로마니아누스,⁵¹ 여러 해 전에 나는 참된 종교에 관한 나의 사상을 그대에게 써 보내기로 약속하였는데,⁵² 이제 그 때가 되었다고 여긴다. 우리 사이에 맺어진 그 애덕이, 그대의 간곡한 질문들을 아무런 답변을 내어놓지 않은 채로 무작정 남겨 두게 허용하지를 않는다. 그러므로 우선 이 모든 사람은 제외하기로 한다. 즉, 종교 문제에서 철학을 개진할 줄 모르거나 철학에서 종교적인 처신을 할 줄 모르는 사람들,⁵³ 비뚤어진 억견이나 어떤 원한 때문에 우쭐해져서 가톨릭교회의 (신앙의) 규범이나 친교로부터 이탈해 나간 사람들, 자기네 성경들의 빛도 외면하고 영적인 백성의 은총, 다시 말해서 신약이라⁵⁴ 부르는 것을 받아들이기 싫어한 사람들은 제외하고 이야기를 하자. 그런 사람들에 관해서는 (앞에서) 할 수 있는 대로 간결하게 말을 간추려 보았다. 그렇다면 우리에게 남는 것은 그리스도 종교이며 그의 교회의 친교라고 하겠으니, 이 교회는 가톨릭이며 가톨릭이라 일컬어지고 있으니 그것도 자기 신도들에게서만 아니

---

⁵³ "거룩한 사물에서 철학을 할 줄 모르는 사람들과 철학에서 거룩히 성별될 줄 모르는 사람들"(직역); "종교 문제를 철학적으로 대면할 줄 모르고, 철학으로 경건해질 줄 모르는 사람들"(Porro) 등은 앞의 5,8(각주 38 참조)을 염두에 둔 번역이다. 뒤에(24,45-29,52) 주제가 되는 '권위와 이성' 혹은 '신앙과 이성'의 상호 보완성을 미리 시사한다.

⁵⁴ 신약성경 저자들이나 모든 교부에게 그러했듯이 아우구스티누스에게도 성경(sacrae scripturae)은 구약성경을 말한다. 구약(vetus testamentum)과 대조시켜 신약(novum testamentum)이라는 단어를 쓰기 시작한 것은 겨우 테르툴리아누스(†c.240)에게서 비롯되었다. 여기서 아우구스티누스는 신약성경을 두고는 '영적인 백성의 은총'이라 하였다.

lum a suis, uerum etiam ab omnibus inimicis. Velint nolint enim ipsi quoque haeretici et schismatum alumni, quando non cum suis, sed cum extraneis loquuntur, catholicam nihil aliud quam catholicam uocant. Non enim possunt intellegi, nisi hoc eam nomine discernant, quo ab uniuerso orbe nuncupatur.

13. Huius religionis sectandae caput est historia et prophetia dispensationis temporalis diuinae prouidentiae pro salute generis humani in aeternam uitam reformandi atque reparandi. Quae cum credita fuerit, mentem purgabit uitae modus diuinis praeceptis conciliatus et idoneam faciet spiritalibus percipiendis, quae nec praeterita sunt nec futura, sed eodem modo semper manentia nulli mutabilitati obnoxia, id est unum ipsum deum patrem et filium et spiritum sanctum, qua trinitate, quantum in hac uita datum est cognita omnis intellectualis et animalis et corporalis creatura ab eadem trinitate creatrice esse, in quantum est, et speciem suam habere et ordinatissime administrari sine ulla dubitatione perspicitur. Non ut

---

[55] 각주 46 참조. '가톨릭'(catholica)이라는 단어는 καθ'ὅλου(전반적으로, 보편적으로)라는 부사어에서 파생된 단어(καθολικός)로 그리스도교가 모든 민족과 시대를 망라하는 종교임을 가리키는 표현이 되었다. 그리스도교 내의 종파들 간에는 로마 주교를 수장(首長)으로 하는 교회 공동체를 지칭하는 용어로 쓰이며 아우구스티누스는 이 사실을 지적하고 있다.

[56] 그리스도교의 역사성(歷史性)을 사상적으로 확립한 인물은 아우구스티누스다(『신국론』). 그는 신이 인류 구원이라는 측면에서 인류에게 사실적(史實的)으로 개입해 온 사실(역사)과 그 개입이 특정한 시대에, 특정한 지역에서, 특정한 민족의 특정 인물들에게 가시화(可視化)된 사실(예언)을 논하고 있는 것이다. 따라서 '역사와 예언'은 바로 다음에 나오는 '시간적인 경륜'을 하나로 지칭하는 표현이기도 하다.

[57] 하느님의 섭리의 시간적 경륜(dispensatio temporalis divinae providentiae). '경륜': 알렉산드리아의 클레멘스와 오리게네스 이래로 쓰여온 οἰκονομία(구원 경륜)의 번역어로서 좁게는 구약 전체(역사와 예언)를, 넓게는 창조로부터 우주의 종말에 이르기까지 은총과 구원을

고 모든 적에게서도 그렇게 불린다. 좋든 싫든 간에, 이단자든 열교 추종자든 자기네끼리 말하는 경우가 아니고 외부 인사들과 말하는 경우에는 가톨릭교회를 가톨릭이라 부르는 수밖에 없다.[55] 온 세상에 이 이름으로 불리는 이상, 이 이름이 아니고서는 달리 구분할 수 없는 까닭이다.

**7.13.** 우리가 추종해야 마땅한 이 종교의 초석礎石은 역사歷史와 예언豫言이며,[56] 영원한 생명에로 재생되고 회복되어야 할 인류의 구원을 위해서 하느님의 섭리가 (마련하신) 시간적인 경륜經綸[57]이 바로 이것들이다. 일단 이것을 믿게 되면, 신적인 계명에 부합한 생활양식(을 영위하게 되어 그것이) 지성을 정화시키고, 영적인 것들을 파악하는 데 적합하게 만드는데,[58] 이 (영적인 사물이야말로) 과거의 것도 아니고 미래의 것도 아니며 오직 항상 여일한 모습으로 존속하고 여하한 변화도 입지 않는 것이다. (우리가 말하는 이 사물이) 곧 하나이신 하느님, 성부와 성자와 성령이시다. 현세에서 알아낼 수 있는 한에서, 이 삼위일체를 인식함으로써 오성과 생혼과 몸체를 갖춘 피조물[59]은 어느 것이나, 그것이 존재하는 한, 바로 창조하시는 이 삼위일체에 의해서 존재하고 자기 형상形象을 갖추고 질서 정연하게 지배를 당한다[60]▶는 것은 의심의 여지가 없이 파악된다. 삼라만상의 일부

---

베푸시는 신의 섭리 총체를 일컫는 표현이다. 이 구절에서는 구약을 이 '섭리의 경륜'의 일부로 여긴다. '시간'(tempus): 섭리가 일어나는 '무대'로보다는 하나의 '도구'로 여긴다. 인간에게만 맡겨진 시간은 세대(saeculum)라고 부른다. '시간의 경륜': 구약의 역사나 예언처럼, 그리스도의 육화와 생애처럼 신의 섭리의 경륜에서도 절정을 이루는 사건들이 일어나는 시간을 가리킨다. 플로티누스에게 있어서(*Enneades* 3,2; 3,3; 3,7), 시간은 운동의 척도가 아니라 일정한 간격(으로 일어나는 사건)이었다.

[58] 성경(권위)과 신앙이라는 것이 아우구스티누스에게는 (직관에 의한) '인식'에 이르는 준비과정(praepaedagogus)으로만 간주되고 있음을 유의하기 바란다(24,45). 영의 삶 또는 영적인 사물(신)을 향유하는 삶은 직관적인 인식의 세계에만 있다고 본다. 단, 그 '인식'이 지성에만 그치는 것이 아니라 인간 전체를 변혁시키는, 신과의 합일이다(39,73).

[59] 인간의 정의: intellectualis et animalis et corporalis creatura.

aliam partem totius creaturae fecisse intellegatur pater et aliam filius et aliam spiritus sanctus, sed et simul omnia et unamquamque naturam patrem fecisse per filium in dono spiritus sancti. Omnis enim res uel substantia uel essentia uel natura uel si quo alio uerbo melius enuntiatur, simul habet haec tria: ut et unum aliquid sit et specie propria discernatur a ceteris et rerum ordinem non excedat.

**VIII 14.** Quo cognito satis apparebit, quantum homo assequi potest, quam necessariis et inuictis et iustis legibus deo et domino suo cuncta subiecta sint, ex quo illa omnia, quae primo credidimus nihil nisi auctoritatem secuti, partim sic intelleguntur, ut uideamus esse certissima, partim sic, ut uideamus fieri posse atque ita fieri oportuisse doleamusque adhuc illos haec non credentes, qui nos antea credentes irridere quam nobiscum credere maluerunt. Non enim iam illa hominis sacrosancta susceptio et uirginis partus et mors filii dei pro nobis et resurrectio a mortuis et in caelum ascensio et

---

◀60 삼위일체가 존재론적-실존적 모형(母型)으로서 삼라만상에 각인되어 있다는 것이 아우구스티누스의 『삼위일체론』(*De Trinitate*) 전체; 『신국론』 11,24)의 핵심이기도 하다. 만유가 존재를 소유하고 하나의 단일체(unum aliquid 또는 unitas)를 이룬다는 점에서는 일자(Unum)이신 성부를, 형상(species)을 갖추고 그것으로 타자에게서 구분되는 것은 성부의 형상이신 성자를, 그것이 우주 질서 안에 자리 잡고 있음은 성령을 보여 주는 흔적이라는 것이다(*Enneades* 5권 참조). 인식 행위에 있어서 삼위의 흔적은 39,72-73에 재론된다.

61 이 책에서는 사물(res), 실체(substantia), 본질(essentia), 본성(natura) 등의 용어를 구분하지 않고 쓴다. 퀸틸리아누스 이래로 그리스어 οὐσία의 번역으로 substantia, essentia, ens, esse 등이 쓰였다(『신국론』 12,2에서 이 문제를 언급한다. 5,2,3 등에서는 substantia와 essentia를 구분하기도 한다). 본서 11,22에서는 하느님을 essentia라고 부르면서 esse facit omne quod est(존재하는 모든 것을 존재하게 만드는 자)라고 정의하기 때문에, '존재자'(存在者)라고 하여도 무리가 없을 것이다.

는 성부께서 만드셨고 일부는 성자께서 만드셨고 일부는 성령께서 만드신 것으로 이해할 것이 아니라, 성부께서 성자를 통하여 성령의 선물에 의해서 동시에 모든 것과 개개 사물 본성을 만드신 것으로 이해해야 한다. 모든 사물·실체實體·본질本質·본성本性,[61] 또는 그 밖에 더 적절한 명칭으로 부를 수가 있다면 그것은 다음 세 가지 (성격을) 동시에 갖추고 있으니, 그것이 하나의 일자一者라는 것과, 고유한 형상形象에 의해서 타자로부터 구분된다는 것과, 우주의 질서를 벗어나지 않는다는 것이다.

### 먼저 권위로 믿고 그다음 이성으로 이해한다

**8.14.** 이것을 알면, 우리에게 확실히 드러나는 일이 하나 있으니, 필연적이고 그르침 없고 정의로운 법에 의해 모든 것이 자기 하느님이요 주님께 매여 있는 이상, 인간에게 허락된 범위 내에서 (이런 일이 일어난다는 것이다). 즉, 우리가 전에 믿게 된 것이 오로지 (하느님의) 권위를 따라 믿었지만, 그중 일부는 우리가 확실하다고 여길 정도로 (지성에 의해) 이해되는가 하면, 일부는 우리가 내용이 그렇게 될 수도 있거나 의당히 그렇게 되어야 한다고 여기는 데 (그친다는 것이다).[62] 그러므로 이런 것들을 아직 믿지 않을뿐더러, 우리와 더불어 믿기보다는 우리가 먼저 믿는 것을 오히려 조롱하는 사람들에 대해서 우리는 애석함을 금치 못한다. 일단 우리가 성삼위의 영원하심과 피조물의 무상함을 인식하기에 이른다면,[63] 하느님 아들의 거룩한 수육受肉, 동정녀에게서 태어나심, 우리를 위한 죽으심, 죽은 이들 가운데서 부활하심, 하늘에 오르심과 성부 오른편에 좌정하심, 죄

---

[62] 신앙의 대상이 지성에 의해서 '확실한 것'(certum)과 '개연적인 것'(probabile)으로 나뉘는 문제는 그의 초기 저서 *Contra Academicos*(386년) 전체의 내용이기도 하다.

[63] *Contra Academicos*와 본서 직후에 쓴 *De utilitate credendi*(391년)는 신의 영원성과 피조물 인간의 무상함이 다른 모든 신앙 개조의 신빙성의 토대가 되는 것으로 논증한다. "영원한 것만이 (참)존재다"라는 플라톤의 명제대로(*Parmenides* 155e-157b), 사물이 영원하지 못함이 자존자(自存者)가 아니고 타자에 의존한다는 논거가 된다.

consessus ad dexteram patris et peccatorum abolitio et iudicii dies et corporum resuscitatio cognita aeternitate trinitatis et mutabilitate creaturae creduntur tantum et non etiam iudicantur ad summi dei misericordiam, quam generi humano exhibet, pertinere.

**15.** Sed quoniam uerissime dictum est: *Oportet multas haereses esse, ut probati manifesti fiant inter uos*, utamur etiam isto diuinae prouidentiae beneficio. Ex his enim hominibus haeretici fiunt, qui etiamsi essent in ecclesia, nihilominus errarent, cum autem foris sunt, plurimum prosunt non uerum docendo quod nesciunt, sed ad uerum quaerendum carnales et ad uerum aperiendum spiritales catholicos excitando. Sunt enim innumerabiles in sancta ecclesia deo probati uiri, sed manifesti non fiunt inter nos, quamdiu imperitiae nostrae tenebris delectati dormire malumus, quam lucem ueritatis intueri. Quapropter multi, ut diem dei uideant et gaudeant, per haereticos de somno excitantur. Vtamur ergo etiam haereticis, non ut eorum approbemus errores, sed ut catholicam disciplinam aduersus eorum insidias asserentes uigilantiores et cautiores simus, etiamsi eos ad salutem reuocare non possumus.

**IX 16.** Credo autem affuturum deum, ut ista scriptura praecedente pietate legentibus bonis non aduersus unam aliquam, sed aduersus omnes prauas et falsas opiniones possit ualere. Contra eos tamen

---

[64] 1코린 11,19(직역). 각주 50 참조.

[65] Lucem veritatis intueri: 본서에서 신플라톤 사상에 의거한 인식론의 열쇠가 되는 표현이다(*Enneades* 4,3,27; 5,3 등 참조).

의 사함과 심판의 날과 육신의 부활도 믿게 된다. 믿게 될뿐더러 그것들이 지존하신 하느님이 인류에게 쏟으시는 자비와 연관된 것으로 판단하기에 이른다.

**8.15.** 그렇지만 **하기야 여러분 가운데서 진실한 사람이 드러나려면 많은 이단이 있어야 할 것입니다**[64]라고 하는 말씀이 참으로 옳은 이상, 하느님 섭리의 저 혜택도 우리가 이용해야 한다. 이단자들은 교회 안에 있기는 하지만 오류를 고집할 때 이단자가 되는데, 그들이 (교회) 밖에 있을 때에는 더욱 (우리에게) 이로운 것이 그들이 진리를 말해서가 아니라 — 그들은 진리를 알지 못한다 —, 육적인 가톨릭으로 하여금 진리를 찾게 자극하고 영적인 가톨릭들로 하여금 진리를 펴게 자극하는 연고이다. 거룩한 교회 안에는 하느님께 (시험을 받아) 용납된 인물들이 무수히 많은데 우리 가운데 드러나지는 않는다. 그것은 우리가 진리의 빛을 관조하는 일보다는[65] 우리 어둠의 몽매함에 흡족한 채로 잠자기를 더 좋아하기 때문이다. 그리하여 많은 수가 하느님의 날을 보고 기뻐하자면[66] 이단자들이 흔들어 잠에서 깨어나야만 한다. 그러니 우리는 이단자들도 이용하자. 그들의 오류를 인정하자는 말이 아니고 그들의 기만에 대항해서 가톨릭 교의를 주장하다 보면, 비록 그들을 구원에로 다시 불러들이지는 못한다 하더라도 적어도 우리가 깨어 경계하고 더욱 조심스러운 사람이 되자는 것이다.

**두 원리, 두 영혼을 거론한 마니교도들의 오류**

**9.16.** 하느님의 도우심을 입어 나는 이 글로써, 호의로 이 글을 읽어 줄 선량한 사람들을 위해서라도, 사악하고 거짓된 어느 주장 하나만 아니라 그런 주장 모두를 반박할 수 있었으면 한다. 그러나 이 책은 누구보다도,

---

[66] 참조: 요한 3,19-21; 8,56.

potissimum est instituta, qui duas naturas uel substantias singulis principiis aduersus inuicem rebelles esse arbitrantur. Offensi enim quibusdam rebus et rursus quibusdam delectati non earum quibus offenduntur, sed earum quibus delectantur uolunt esse auctorem deum, et cum consuetudinem suam uincere nequeunt iam carnalibus laqueis irretiti, duas animas esse in uno corpore existimant, unam de deo, quae naturaliter hoc sit quod ipse, alteram de gente tenebrarum, quam deus nec genuerit nec fecerit nec protulerit nec abiecerit, sed quae suam uitam, suam terram, suos fetus et animalia, suum postremo regnum habuerit ingenitumque principium, sed quodam tempore aduersus deum rebellasse, deum autem, qui aliud quod faceret non haberet et, quomodo aliter posset hosti resistere, non inueniret, necessitate oppressum misisse huc animam bonam et quandam particulam substantiae suae, cuius commixtione [atque miseria] hostem temperatum esse somniant et mundum fabricatum.

17. Neque nunc eorum opiniones refellimus, quod partim iam fecimus, partim quantum deus siuerit faciemus, sed in hoc opere, quomodo aduersus eos fides catholica tuta sit, et quomodo non perturbent animum ea, quibus commoti homines in eorum cedunt sen-

---

[67] 마니교도들의 선악 이원론(善惡二元論)이 전반부(11,21-24,45)의 중심 테마를 이룬다.

[68] 악의 문제가 신학상으로는 변신론(辯神論)의 소재임을 아우구스티누스도 인정하지만 바로 이어서 심리적으로는 악을 하나의 절대 원리로 설정함으로써 악은 불가피한 것이요, 따라서 우리의 악한 행위에 책임을 면하려는 수작임을 그는 간파하고 있다. 그가 마니교 반박에 자주 쓰는 논법이다.

[69] '어둠의 군주(archon)들'이라고 불렀다.

두 본성 혹은 실체가 존재하여 각각의 원리를 지니고서 서로 충돌한다고 여기는 사람들을 상대로 구상되었다.[67] 그들은 어떤 사물들에는 혐오를 느끼고 어떤 사물들에는 쾌락을 느끼면서, 혐오를 느끼는 사물들이 아니라 쾌감을 느끼는 그 사물들에 대해서만 하느님이 창조주이시기를 바라는 것이다.[68] 그리고 육적인 그물에 사로잡혀서 자기의 습성을 이겨내지 못할 경우에는, 한 육체 안에 두 영혼이 있다고 보면서, 하나는 하느님에게서 오는 것으로서 하느님과 같은 본성을 지니고, 하나는 어둠의 족속에게서 오는 것이라고 한다.[69] 이 (족속은) 하느님이 낳으시지도 않았고 만드시지도 않았고 이끌어들이시지도 않았고 배척하시지도 않았으며, 제 나름의 생명과 제 나름의 땅과 제 나름의 소생所生과 동물들 그리고 마지막으로 제 나름의 왕국을 가지고 있으며, 출생한 바가 없는 제 나름의 원리를 가지고 있다는 것이다. 그러다가 어느 시점에서 하느님께 반역하였고, 하느님은 달리 만드실 것이 없고 이 원수에게 달리 저항할 길이 없으셨으므로, 어쩔 수 없이 이 땅에 선하고 또 당신 실체의 한 분자分子이기도 한 영혼을 하나 보내실 수밖에 없었다.[70] 그 영혼과 뒤섞임으로써 [그리고 비참도 섞임으로써] (하느님의) 원수가 어느 정도 제어되었고 아울러 세상이 조성되었다고 꿈꾸는 소리를 한다.

**9.17.** 지금은 그들의 이런 의견들을 논박할 의사가 없다. 그 일은 일부는 이미 하였고[71] 일부는 하느님이 허락하시면 앞으로 계속해서 할 생각이다. 이 저서에서 하려는 바는 그들에 비해서 가톨릭 신앙이 얼마나 온건한 것인지를 논증하고, 사람들을 그들의 주장에 넘어가게 만드는 것들 때문에

---

[70] '살리는 영'이라고도 하고 '조물주'(δημιουργός)라고도 하는 것으로 어둠의 왕자가 내놓은 소생들과 어우러져 동식물이 생긴 것으로 설명한다.

[71] 387/388년에 쓴 *De moribus ecclesiae catholicae et de moribus Manichaeorum*(『가톨릭 교회의 관습과 마니교도의 관습』)과 388/389년에 쓴 *De Genesi contra Manichaeos*(『마니교도 반박 창세기 해설』)를 가리킨다. 그 뒤로도 그는 토론서를 일곱 권이나 더 집필한다.

tentiam, rationibus, quas dominus dare dignatur, quantum possumus demonstramus. Illud sane imprimis tenere te uolo, qui bene nosti animum meum, non hoc me fugiendae arrogantiae gratia quasi solemniter dicere: quidquid in his litteris erroris inueniri poterit, hoc solum mihi esse tribuendum, quidquid autem uerum et conuenienter expositum uni omnium bonorum munerum largitori deo.


X 18. Quamobrem sit tibi manifestum atque perceptum nullum errorem in religione esse potuisse, si anima pro deo suo non coleret animam aut corpus aut phantasmata sua aut horum aliqua duo coniuncta aut certe simul omnia, sed in hac uita societati generis humani sine dolo temporaliter congruens aeterna meditaretur unum deum colens, qui nisi permaneret incommutabilis, nulla mutabilis natura remaneret. Mutari autem animam posse non quidem localiter, sed tamen temporaliter suis affectionibus quisque cognoscit. Corpus uero et temporibus et locis esse mutabile cuiuis aduertere facile est. Phantasmata porro nihil sunt aliud quam de specie cor-

---

[72] 본서에서 '영혼'의 제반 기능을 가리키는 용어들이 다양하게 쓰이므로 대략이나마 그 뜻들을 구분해 본다[E. Gilson, *Introduction à l'étude de saint Augustin* (Paris 1929) 56-57, n.1 참조]:

anima(혼·생혼·영혼): 생명체에 생명을 주는 원리. 인간과 동물에 공통; animus(정신): 인간의 이성적 기능을 포함한 생명 원리. anima의 최고 단계이자 mens와 혼용된다; spiritus(영·혼령): 인간의 구성 요소인 육(σάρξ) – 혼(ψυχή) – 영(νοῦς) 중의 둘째로 감각적 표상을 처리하는 능력이다. 성서적 개념으로는 영(spiritus)과 육(caro)의 대비로 지성과 신의 은총으로 사는 실존 양식; mens(지성): 이성적 영혼의 상부로서, 가지적 사물과 하느님을 대상으로 하는 인식 능력의 주체다; ratio(이성): 인식을 연합하고 분리하는 능력; intellegentia 또는 intellectus(오성): 인간에게 고유한 영혼의 능력으로, 신적인 광명에게 조명을 받는 부분이 이 기능이다.

우리 심경이 흔들려서는 안 된다는 것을 논증하는 일이다. 그것도 주님께서 우리에게 주시는 명분을 가지고서, 우리 힘이 미치는 데까지 논증해 보려는 것이다. 내 심경을 잘 아는 그대로서는, 무엇보다도 이 책에서 틀린 것이 발견되면 그것은 전적으로 내게만 돌려야 할 것이요, 무엇인가 참되고 합당한 말이 나온다면 그것은 모든 선을 베푸시는 한 분 하느님께 돌려야 마땅하다는 것부터 엄숙히 선언하는바, 이것이 교만하다는 인상을 벗어나기 위해서만 하는 말이 아님을 알아주었으면 한다.

**역사는 우리의 구원에 관한 신적 경륜을 서술한다**

**10.18.** 그러므로 우선 그대에게 확연하게 납득이 가는 것은, 영혼이[72] 하느님 대신 어떤 신령체[73]나 어떤 물체나 그 표상表象이나 이 두 가지를 혼합한 것이나 아니면 이 모든 것을 한꺼번에 합친 것을 예배하는 일이 없는 한, 종교 문제에 아무런 잘못이 없으리라는 점이다. 그리고 술수를 부리지 않고서 현세에서 인류의 공존사회에 잠시 맞추어 가면서 영원한 것을 명상하고 하나이신 하느님을 경배하며 산다면 (종교 문제에 잘못이 없으리라는 것이다). 이 하느님이 불변하는 분으로 영속하지 않으신다면, 그 본성이 가변적인 사물이 하나도 존속하지 못할 것이다. 영혼이라는 것이 공간적으로는 아니지만 시간적으로 변한다는 것은 사람마다 자기의 감정으로 미루어 알게 된다.[74] 그 대신에 육체는 시간적으로도 공간적으로도 변하는 것임을 누구나 쉽사리 감지할 수 있다. 그리고 표상이라는 것은 사실

---

[73] Anima: 『재론고』(Retractationes) 1,13,2(본서 245-7쪽 참조)에서 이 대목을 이렇게 수정한다: "여기서 anima라는 단어를 비육체적 피조물 전반을 가리키는 의미로 사용하였다. 이것은 성경 용법과는 다른 것이었다. 성경이 이 단어를 전의적(轉義的) 용법으로 구사하지 않을 경우에 인간이 사멸할 존재라는 점에서, 인간을 포함하여 사멸할 동물들을 살리는 [원리를] 가리키는 것 외에 다른 뜻으로 알아들으려고 한 적이 있는지 나는 알지 못한다. … 나로서는 피조물이라는 한 단어로 양편 다, 즉 영적 피조물과 물체적 피조물을 의미했던 것이다."

[74] 영혼이 불변하고 무한한 것을 모색하면서도, 알다가도 모르고, 기억하다가도 망각하고, 원하다가 원치 않다가 하는 이 가변성을 아우구스티누스는 영혼이 피조물이라는 증거로 삼고 있다.

poris corporeo sensu attracta figmenta, quae memoriae mandare, ut accepta sunt, uel partiri uel multiplicare uel contrahere uel distendere uel ordinare uel perturbare uel quolibet modo figurare cogitando facillimum est, sed cum uerum quaeritur cauere et uitare difficile.

**19.** Non ergo creaturae potius quam creatori seruiamus nec euanescamus in cogitationibus nostris et perfecta religio est. Aeterno enim creatori adhaerentes et nos aeternitate afficiamur necesse est. Sed quia hoc anima peccatis suis obruta et implicata per se ipsam uidere ac tenere non posset, nullo in rebus humanis ad diuina capessenda interposito gradu, per quem ad dei similitudinem a terrena uita homo niteretur, ineffabili misericordia dei temporali dispensatione per creaturam mutabilem, sed tamen aeternis legibus seruientem, ad commemorationem primae suae perfectaeque naturae partim singulis hominibus partim uero ipsi hominum generi subuenitur. Ea est nostris temporibus Christiana religio, quam cognoscere ac sequi securissima ac certissima salus est.

---

[75] 후대에 감각상(species sensibilis)이라고 불릴 이 표상(phantasmata)의 정의에 해당한다: "물체의 형상(species)으로부터 육체적 감관을 통하여 추출해 낸 영상(figmenta)으로서 기억에 전달되는 것."

[76] 플로티누스의 사상을 따르고 있는 아우구스티누스로서는 표상은 감관에 전적으로 매이고, 사물에 좌우되며, 우리 심리상태에 완전히 좌우되므로 (분해되고 …) 영혼이 진리를 인식하는 것과는 아무 상관 없을뿐더러 오히려 방해가 된다는 것이다(Enneades 2,1,4-5).

[77] 로마 1,21-25 참조.

[78] 동사 affici는 '…의 영향을 받아 …한 상태가 되다'는 단순한 의미임에 비해서 대부분의 번역본들이 J. Pégon을 따라서 "영원성에 의해서 각인된다"는 표현을 따르고 있다.

[79] 신플라톤주의(Enneades 3,8,4-6)와 달리 아우구스티누스는 악의 기원을 물질 자체에 두지 않는다. 영혼은 물질이나 감관 아닌 죄로 인해 참된 본질, 빛을 접할 수 없게 된다.

물체의 형상으로부터 육체적 감관을 통해서 추출抽出해 낸 영상[75] 외에 아무것도 아니며 (감관으로) 받아들여진 그대로 기억에 전달되는 것으로서, 우리 사유를 통해서 마음대로 분해하고 증폭시키며, 단축시키고 확대하며, 재조립하고 혼합시키고 변형시킬 수도 있다. 그럼에도 불구하고 진리를 탐색할 때에는 이 (표상들의 영향을) 벗어나고 피하기가 매우 어렵다.[76]

**10.19.** 그러니 창조주 대신에 피조물을 섬기는 일을 삼갈 것이요, 우리 자신의 사고思考 속에 함몰되어 버리는 일이 없도록 할 것이니,[77] 그렇게 하는 것이 완전한 종교다. 영원하신 창조주께 귀의하면 필히 우리도 영원으로부터 각인刻印을 받게 마련이다.[78] 하나 여기서는 영혼이 자기 죄로 덮여 싸이고[79] 짓눌려 있어서 자력으로는 영원성을 보지도 못하고 얻지도 못한다. 인간적 사물에는 신적인 사물을 향해서 딛고 오를 층계가 없는데도 지상 생활에서부터 하느님과의 유사성類似性에 도달하기 위해서 인간이 노력하고 있으므로, 형언할 수 없는 하느님의 자비는 시간의 경륜 속에서 인간 개개인에게도 인류 전체에게도 도우심을 내린다.[80] 다만 가변적인 피조물이로되 영원한 법에 복속하는 피조물을 이 일에 쓰심으로써, 원초의 완전무결한 그 본성을 인간들에게 상기시키신다. 바로 그 (피조물이) 우리 시대에는 그리스도 종교이며,[81] 그것을 알고 따르는 것이 가장 안전하고 가장 확실한 구원(의 길)이다.

---

[80] 도나투스파와 논쟁을 치르면서 그의 입장은 수정된다: "하느님이 오로지 그런 사람들만 도우신다는 뜻으로 알아들어서는 안 된다. 하느님은 그렇지 못한 사람들도 그런 사람이 되도록, 다시 말해서 근면하고도 경건하게 (진리를) 추구하도록 도우시고 이미 그런 사람들은 (진리를) 발견하도록 도우시는 까닭이다"(『재론고』 1,13,4) 개인과 인류 집단을 '구원 경륜'에 포함시킬 때에 '신앙'이라는 것이 합리화된다.

[81] 그는 '우리 시대'의 뜻을 『재론고』(1,13,3)에서 이렇게 다듬는다: "지금 그리스도 종교라고 일컫는 그 사물은 옛사람들에게도 엄존하였고, 심지어 인류 초창기부터 그리스도 친히 육으로 오실 때까지 없던 적이 없었다. 그렇게 이미 존재하던 저 참된 종교가 (그리스도께서 육으로 오신 다음) 드디어 그리스도 종교라는 이름으로 불리기 시작하였다." 그러므로 '우리 시대에는 그리스도 종교이며'라는 말을 "(이 종교가) 선대에는 존재하지 않았기 때문이 아니라 후대에 그 명칭을 얻었기 때문이다"(『재론고』 1,13,3)라고 설명한다.

**20.** Defendi autem aduersus loquaces et aperiri quaerentibus multis modis potest omnipotente ipso deo per se ipsum demonstrante, quae uera sunt, et ad haec intuenda et percipienda bonas uoluntates per bonos angelos et quoslibet homines adiuuante. Eo modo autem quisque utitur, quem uidet congruere his, cum quibus agit. Ego itaque diu multumque considerans, quales oblatrantes et quales quaerentes expertus sim uel qualis ipse siue cum latrarem siue cum quaererem fuerim, hoc modo mihi utendum putaui. Quae uera esse perspexeris tene et ecclesiae catholicae tribue, quae falsa respue et mihi qui homo sum ignosce, quae dubia crede, donec aut respuenda esse aut uera esse aut semper credenda esse uel ratio doceat uel praecipiat auctoritas. Intende igitur in haec quae sequuntur diligenter et pie, quantum potes. Tales enim adiuuat deus.

**XI 21.** Nulla uita est, quae non sit ex deo, quia deus utique summa uita est et ipse fons uitae, nec aliqua uita, in quantum uita est, malum est, sed in quantum uergit ad mortem. Mors autem uitae non est nisi nequitia, quae ab eo quod nequiquam sit dicta est, et ideo nequissimi homines nihili homines appellantur. Vita ergo uol-

---

[82] 『재론고』(1,13,4)에서 그는 하느님의 도움이 이미 참종교를 찾아낸 사람들에게만 내리는 것이 아니라 그 길을 찾아 나서게 되는 것도 하느님의 도우심이라고 하였다. 도나투스파와 논쟁하면서 얻은 결론이었다.

**10.20.** (그리스도 종교)는 전능하신 하느님께서 친히 증명하셔서 말 많은 험구가들에게서 변호해 주시고 참된 것을 찾는 사람들에게는 열어 주기도 하시며, 선의를 가진 사람들이라면 선한 천사들을 통해서나 일반 사람들을 통해서 이 참된 것을 통찰하고 파악하게 도움을 주신다. 그리고 각 사람은 자기가 상대하는 사람들에게 적절하다고 보는 방식을 사용하게 마련이다. 나는 오랫동안 심사숙고하여 누가 (진리를 향해서) 짖어 대는 사람이고 누가 (진정으로 진리를) 탐구하는 사람인지를 살핀 끝에 — 나 자신도 (진리를 향해서) 짖을 때가 있었고 (진심으로 진리를) 탐구하던 때가 있었다 —, 이 방법을 사용해야 할 것으로 생각하였다: 그대가 진리라고 파악한 바는 견지하고 그것을 가톨릭교회에 돌려라. 그 대신에 허위는 배척하며, 나도 일개 인간임을 생각하여 용서하라. 그리고 의심스러운 것은, 배격해야 한다거나 진리라거나 반드시 믿어야 한다고 이성理性이 가르치거나 권위權威가 명령하기까지는 그냥 믿으라. 그리고 그에 뒤따라오는 바에 대해서는 그대의 힘이 미치는 데까지 근면하고도 경건한 주의를 기울이라. 그렇게 하는 사람들에게는 하느님의 도우심이 있다.[82]

### 모든 생명은 하느님에게서 오고 영혼의 죽음은 죄다

**11.21.** 무릇 생명이라면 하느님에게서 말미암지 않은 것이 없으니, 하느님이 곧 최고의 생명이시고 당신이 생명의 원천이시다. 그 어느 생명도, 그것이 생명인 한에는, 악惡이 아니며, 그것이 악이라면 죽음을 향한다는 면에서만 악이다. 그러나 "생명의 죽음은 사악邪惡 외에 다른 것이 아니며, 이렇게 말하는 것은 그것이 무無이기 때문이다."[83] 따라서 악한 인간들은 무無의 인간들이라고 불린다. 그러므로 생명을 만드신 분, 그분의 유有를

---

[83] 키케로의 글(*Tusculanae disputationes* 3,18)을 인용했는데 여기서는 nequitia(사악)라는 단어를 ne quidquam(아무것도 아니다, 아무것도 없다, 허무다)에서 끌어내는 수사학적 유희를 원용하여 '악인'(nequissimi homines)은 '무의 인간'(nihili homines)으로 비약하는 수법을 구사한다. 원래 nequitia는 nequam(ne-aequam)[불공평하게, 악하게]에 어원이 있다.

untario defectu deficiens ab illo, qui eam fecit et cuius essentia fruebatur, et uolens contra dei legem frui corporibus, quibus eam deus praefecit, uergit ad nihilum. Et haec est nequitia, non quia corpus iam nihil est; nam et ipsum habet aliquam concordiam partium suarum, sine qua omnino esse non posset. Ergo ab eo factum est et corpus, qui omnis concordiae caput est. Habet corpus quandam pacem suae formae, sine qua prorsus nihil esset. Ergo ille est et corporis conditor, a quo pax omnis est et qui forma est infabricata atque omnium formosissima. Habet aliquam speciem, sine qua corpus non est corpus. Si ergo quaeritur, quis instituerit corpus, ille quaeratur, qui est omnium speciosissimus. Omnis enim species ab illo est. Quis est autem hic nisi unus deus, una ueritas, una salus omnium et prima atque summa essentia, ex qua est omne quidquid est, in quantum est, quia in quantum est quidquid est bonum est?


22. Et ideo ex deo non est mors. Non enim deus mortem fecit nec laetatur in perditione uiuorum, quoniam summa essentia esse facit omne quod est, unde et essentia dicitur. Mors autem non esse cogit quidquid moritur, in quantum moritur. Nam si ea, quae moriuntur,

---

[84] '하느님의 향유'(frui Deo)가 인생 최고 목적이고 다른 피조물은 '사용의 대상'(uti creatura)인데 이를 뒤바꾸는 데에 모든 악이 있다는 사상이 지금부터 나오는 '악의 신학' 기조사상이며 특히 그의 『그리스도교 교양』(De doctrina christiana)의 주제이기도 하다.

[85] Species(형태·형용)와 그 파생 형용사 speciosissimus(가장 미려하다), forma(형상)와 그 파생 형용사 formosissima(가장 곱다)로 수사학을 과시한다. 두 어휘의 의미상의 구분은 선명하지 않다. 둘 다 존재나 미의 원천이 되시는 하느님(18,35: summa species, summum bonum; 43,81: forma omnium, unum)도 되고 플라톤의 εἶδος도 되며(7,13; 18,36) 사물의 외적인 면모나 감각의 대상이 되는가 하면 사물의 가지적 구조가 되기도(11,21) 한다.

(우리가) 향유하는 분에게서 고의적 행위로 이탈해 갈 때, 그리고 하느님이 육체들보다 앞세우신 하느님의 법을 어겨 가면서 육체들을 향유하려고 할 때, 그 생명은 허무를 지향해 가는 것이다.[84] 그리고 이것이 바로 사악이다. 육체 자체가 허무이기 때문이 아니다. 육체는 나름대로 지체들의 조화造化를 지니고 있으며 그 조화 없이는 아예 존재하지 못한다. 그뿐 아니라 육체도, 모든 조화의 원리이신 분에게서 창조되었다. 육체도 자기 형상에 있어 어떤 균형[평화]을 간직하고 있으며 그 균형 없이는 아무것도 아닐지 모른다. 그분에게서 모든 평화가 오고 조성되지 않은 형상이시면서 모든 사물 중에 가장 고우신 분, 바로 그분이 육체의 창조자이시다. 육체는 어떤 형용形容[85]을 가지고 있으며 그것 없이는 육체가 육체가 아닐 것이다. 따라서 누가 이 (육체를) 빚으셨을까 묻는 자가 있다면 그는 만유 중에 가장 미려하신 분을 찾는 셈이다. 그러면 이분이 누구시겠는가? 유일하신 하느님, 유일하신 진리, 만인의 유일하신 구원, 최초이자 최고의 유有이신 분 말고 누구시겠는가? 존재하는 모든 것이, 존재하는 한에서, 그분에게서 존재하고, 또 존재한다는 사실에서 존재하는 모든 것은 선하다.[86]

**11.22.** 그러므로 죽음은 하느님에게서 유래하지 않는다. "하느님께서는 죽음을 만들지 않으셨고 산 이들의 멸망을 기뻐하지 않으신다."[87] 왜냐하면 최고의 존재자가 존재하는 모든 것을 존재하게 만드시고, 바로 그런 이유에서 존재자[88]라고 불리신다. 그런데 죽음은 죽는 자를, 그것이 죽어 간다는 점에서는, 비존재非存在에로 떠밀려 간다. 왜냐하면 죽어 가는 것들

---

[86] 신플라톤 사상의 골자(*Enneades* 3권과 6권의 주제)이며, 아우구스티누스 신학의 근간이다(『고백록』 7,12에 아름답게 서술되어 있다).

[87] 지혜 1,13.

[88] 여기서는 essentia가 존재를 이루어 주는 자, 능동적 의미인 '존재자'로 정의된다. 앞의 각주 61 참조.

penitus morerentur, ad nihilum sine dubio peruenirent; sed tantum moriuntur, quantum minus essentiae participant, quod breuius ita dici potest: Tanto magis moriuntur, quanto minus sunt. Corpus autem minus est quam uita quaelibet, quoniam quantulumcumque manet in specie, per uitam manet, siue qua unumquodque animal siue qua uniuersa natura mundi administratur. Corpus ergo magis subiacet morti et ideo uicinius est nihilo. Quapropter uita, quae fructu corporis delectata neglegit deum, inclinatur ad nihilum, et ista est nequitia.

**XII 23.** Hoc pacto autem uita carnalis et terrena efficitur et ob hoc etiam caro et terra nominatur, et quamdiu ita est, regnum dei non possidebit et eripitur ei quod amat. Id enim amat, quod et minus est quam uita, quia corpus est. Et propter ipsum peccatum, quod amatur, fit corruptibile, ut fluendo deserat amatorem suum, quia et ille hoc amando deseruit deum. Praecepta enim eius neglexit dicentis: Hoc manduca et hoc noli. Trahitur ergo ad poenas, quia diligendo inferiora in egestate uoluptatum suarum et in doloribus apud inferos ordinatur. Quid est enim dolor qui dicitur corporis, nisi corrup-

---

[89] 그는 생명을 개개 육체의 생명 외에도 스토아적 의미의 '자연 전체'(universa natura mundi)를 지배하는 원리도 가리키는 의미로 차용하고 있다.

[90] 각주 84 참조.

[91] 1코린 15,50 참조.

[92] 아우구스티누스는 육체와 생명 (또는 영혼) 사이의 형이상학적 차등을 본다. 아무리 완전한 육체라도 영혼과, 극히 죄 많은 영혼과도 감히 견줄 수 없다는 말까지 있다[『자유의지론』(*De libero arbitrio*) 3,5,16]. 로마 8,10 참조.

은, 완전히 죽는 한 의심 없이 허무에 도달할 것이기 때문이다. 그러나 존재자에 덜 참여하는 그만큼 (사물은) 죽어 가는 것이므로, 간단히 말하자면, 덜 존재하는 그만큼 더 죽는다. 무릇 육체는 어느 생명보다도 못하다. 왜냐하면, 잠시나마 형용을 갖추어 존속한다면 그것은 어디까지나 생명에 힘입어서 존속하는 까닭이다. (물론 지금 말하는 생명은) 개개의 생물이 지배받는 생명이거나 자연 전체가 지배받는 생명이거나 같다.[89] 육체는 죽음에 더 종속되어 있고 따라서 그만큼 무에 더 가깝다. 생명 또한 육체의 향유에 탐닉하고 하느님을 등한시하는 경우에는 허무에 기울며, 바로 이것이 사악이다.[90]

### 인간 전체의 타락과 회복

**12.23.** 이런 경위로 생명이 육체적인 생명, 지상적인 생명이 되고, 심지어는 아예 (그 삶을) 육(肉)이라 부르고 땅이라 부르기까지 한다. 그럴 경우에는 하느님의 나라를 차지하지 못할 것이고 사랑하는 것을 빼앗기고 말 것이다.[91] 그것이 육체이기 때문에 생명보다 못한 것을 사랑하는 셈이다.[92] 그리고 다름 아닌 죄 때문에 사랑의 대상이 부패하는 것이 되어 버린다. 육체는 쇠하면서 자기를 사랑하는 사람을 저버리고 만다.[93] 왜냐하면 그 사람도 자기[육체]를 사랑하면서 하느님을 저버린 까닭이다. 그 이유는 '이것은 먹고 저것은 먹지 마라'[94] 하시는 분의 계명을 어긴 탓이다. 그래서 그는 벌에 처해지는 것이니, (자신보다) 열등한 것을 사랑함으로써 인간은 자기의 탐욕도 채워지지 않고 고통에 시달리게 될 지옥으로 향하는 것이다. 실상 육체의 고통이란 다름 아닌 건강의 급작스런 악화, 영혼이 악용

---

[93] Corpus fluendo deserat amatorem suum은 뒤에 나오는 "피조물은 (자기를) 사랑하는 자에게 일종의 벌이 된다"(creatura fit poenalis dilectori suo: 20,40)는 구절과 더불어 (윤리악의 형이상학적 근저가) 사랑의 위계(位階)의 훼손이라는 그의 사상을 나타내는 전형적인 문장이다. 각주 84 참조.

[94] 창세 2,16-17 참조.

tio repentina salutis eius rei, quam male utendo anima corruptioni obnoxiauit? Quid autem dolor qui dicitur animi, nisi carere mutabilibus rebus, quibus fruebatur aut frui se posse sperauerat? Et hoc est totum quod dicitur malum, id est peccatum et poena peccati.

**24.** Si autem, dum in hoc stadio uitae humanae anima degit, uincat eas, quas aduersum se nutriuit, cupiditates fruendo mortalibus et ad eas uincendas gratia dei se adiuuari credat mente illi seruiens et bona uoluntate, sine dubitatione reparabitur et a multis mutabilibus ad unum incommutabile reuertetur reformata per sapientiam non formatam, sed per quam formantur uniuersa, frueturque deo per spiritum sanctum, quod est donum dei. Ita fit homo spiritalis omnia iudicans, ut ipse a nemine iudicetur, diligens dominum deum suum in toto corde, in tota anima, in tota mente et diligens proximum suum non carnaliter, sed tamquam se ipsum. Se autem spiritaliter diligit, qui ex toto quod in eo uiuit deum diligit. In his enim duobus praeceptis tota lex pendet et prophetae.

**25.** Inde iam erit consequens, ut post mortem corporalem, quam debemus primo peccato, tempore suo atque ordine suo hoc corpus

---

[95] 이것은 플로티누스에게서 차용한 것이다(*Enneades* 1,4,6). Defectus를 고통 또는 물리적인 악의 근원으로 본다. 본서에서 윤리적 악의 성격을 띠고 당사자의 책임을 묻는 죄(peccatum)와 그것이 외형적으로 드러나는 고통·질병·죽음 같은 물리적 악에 해당하는 죄벌(poena peccati)을 합쳐서 악이라고 부르기 때문에 이 둘이 혼동되는 경우가 있다(14,27-28).

[96] Stadium vitae humanae(인생의 경주)는 1코린 9,24(경기장에서 달음질하는 사람들이 …)에서 취한 용어인데, stadium은 한 마장의 8분의 1의 거리일 수도 있고(이때는 "인생의 현 단계"라고 번역할 수 있다) 경주의 트랙이나 시합 자체일 수도 있다('이기다'라는 동사가 이 의미를 강조한다).

을 해서 부패에로 파탄시키는 그 사물(육체)의 급작스런 악화가 아니고 무엇인가? 사실 또 정신의 고통이란 자기가 향유해 왔거나 향유할 수 있기 바라던 사물, 덧없는 사물의 결핍이 아니고 무엇인가?[95] 그리고 이 모든 것이 악이라는 것이니, 이를 죄罪 및 죄벌罪罰이라고도 일컫는다.

**12.24.** 그 대신에 만일 인생의 경주에서,[96] 사멸할 것들을 향락함으로써 자기 자신에 해롭게 보양하던 욕망들을 영혼이 이겨낸다면, 그리고 만일 자기가 그 (욕망들을) 이겨내는 경우 어디까지나 하느님의 은총에 힘입어서 그렇게 된다는 것을 믿는다면, 지성과 선한 의지로 하느님을 섬기는 가운데 그 영혼은 의심 없이 재생을 볼 것이며, 다수의 가변적인 사물들에서 불변의 일자—者에로 돌아서게 되며, 예지께로부터, 형성을 입지 않으셨으나 만유가 그분을 통해서 형성된 예지께로부터 재형성을 입음으로써, 하느님의 선물이신 성령을 통해서 하느님을 향유하기에 이를 것이다.[97] 그러면 그는 영적 인간이 되어 무엇이나 판단할 수 있지만 그 사람 자신은 아무에게서 판단받지 않는다.[98] 그는 마음을 다하고 영혼을 다하고 지성을 다하여 주님이신 자기 하느님을 사랑하고 자기 이웃을 육적으로 사랑하는 것이 아니라 자기 몸같이 사랑하는 연고이다.[99] (하느님) 안에 살아가는 모든 것에 근거를 두고 하느님을 사랑하는 사람은 자기 자신도 영적으로 사랑하는 까닭이다. 이 두 계명이 모든 율법과 예언서의 골자다.[100]

**12.25.** 여기서 나오는 결과는, 우리가 첫 범죄 때문에 무릅써야 하는 육체적 죽음 이후에는, 제 때와 제 순서가 오면, 이 육체가 원초의 (영속적)

---

[97] 아우구스티누스가 플로티누스의 용어와 개념으로 파악하는 구원의 구체적인 표현들이 한데 모여 있다: 구원은 영혼의 재생(reparatio), 일자에로의 전향(aversio)이며, 지혜에 힘입어 재형성(reformatio)되는 것이며, 하느님을 향유(frui Deo)하는 것이다.

[98] 1코린 2,15 참조.   [99] 마태 22,37-40 참조.
[100] 마태 22,40 참조.

restituatur pristinae stabilitati, quam non per se habebit, sed per animam stabilitam in deo. Quae rursus non per se stabilitur, sed per deum, quo fruitur ideoque amplius quam corpus uigebit. Corpus enim per ipsam uigebit et ipsa per incommutabilem ueritatem, qui filius dei unicus est, atque ita et corpus per ipsum filium dei uigebit, quia omnia per ipsum. Dono etiam eius, quod animae datur, id est sancto spiritu, non solum anima cui datur salua et paccata et sancta fit, sed ipsum etiam corpus uiuificabitur eritque in natura sua mundissimum. Ille enim dicit: *Mundate quae intus sunt, et quae foris sunt munda erunt.* Dicit et apostolus: *Viuificabit et mortalia corpora uestra propter spiritum manentem in uobis.* Ablato ergo peccato auferetur poena peccati; et ubi est malum? *Vbi est, mors, contentio tua? Vbi est, mors, aculeus tuus?* Vincit enim essentia nihilum et sic *absorbetur mors in uictoria.*


**XIII 26.** Nec aliquid sanctificatis malus angelus oberit, qui diabolus dicitur, quia et ipse in quantum angelus est non est malum, sed in quantum peruersus est propria uoluntate. Fatendum est enim et

---

[101] 『재론고』 1,13,4에서 이 '원초의 영속적 상태(stabilitas)'를 "노쇠의 결함을 겪지 않을 만큼 행복을 갖추고 있다"는 뜻으로 풀이한다. 부활한 뒤에는 혼으로(anima vivificans) 사는 몸이 아니고 영으로(spiritus vivificans) 사는 몸, 영적인 몸(corpus spiritale)임을 강조한다(『신국론』 13,22-23).

[102] '영적인 몸'을 강조하는 아우구스티누스로서는 "육체의 생명은 혼(anima)이고 영혼의 생명은 하느님(Deus)"[*Sermones* 180,8] 또는 여기처럼 하느님의 외아드님이시라는 바오로 사도의 인간론을 수립한다.

[103] 마태 23,26.    [104] 로마 8,11(직역).    [105] 1코린 15,55와 54(직역).

상태를 되찾을 것인데[101] 그것도 자기 힘으로가 아니라 하느님 안에 안정된 (자기) 영혼 덕택에 그렇게 된다. 또 영혼도 자기 힘으로 그렇게 되는 것이 아니라, 자기가 향유하는 하느님 덕분에 그렇게 되는 것이며 따라서 육체보다 훨씬 더 많은 기력을 지닐 것이다. 육체는 영혼을 통해서 기력을 얻고 영혼은 불변하는 진리, 다름 아닌 하느님의 외아드님이신 진리를 통해서 기력을 얻으며,[102] 결국은 육체도 하느님의 아들을 통해서 기력을 얻는 것이니, 만유가 그분을 통해서 있기 때문이다. 그리고 그분이 영혼에 주시는 선물, 즉 성령으로 말미암아 단지 그 선물을 받는 영혼만 구원되고 평정되고 거룩해지는 것이 아니라 육체까지도 생기를 얻을 것이며 그 천성이 지극히 정결한 육체가 될 것이다. 그분께서 **먼저 잔 속을 깨끗이 하여라. 그러면 겉도 깨끗해질 것이다**라고 하신다.[103] 사도도 **여러분 안에 있는 영을 통하여 여러분의 죽을 몸도 살리실 것입니다**라고 한다.[104] 죄가 치워지면 죄의 벌도 치워지는 법이다. 그러면 어디에 악이 있겠는가? **죽음아, 네 위력은 어디 있느냐? 죽음아, 네 독침은 어디 있느냐?** 유有가 무無를 이기고 드디어 **죽음이 승리에 삼켜지고 말 것이다**.[105]

### 천사들의 차이

**13.26.** 성별된 사람들에게는 악한 천사도 아무 악을 끼치지 못할 것이다. 그는 악마라고 불리는데,[106] 천사라는 점에서는 악 자체가 아니지만 자기의 의지로 타락한 점에서는 (악 자체가 된다).[107] 하느님 홀로 불변하는

---

[106] 묵시 12,9 참조. Malus angelus는 앞의 daemonium(귀신: 각주 36 참조)과는 어감이 다소 다르다.

[107] 악의 형이상학 개념에, perversitas propria voluntate(자신의 의지에 의한 타락)를 추가한 것이 아우구스티누스의 공로다. Ex defectu(이탈에서), 그것도 고의적인 이탈에서(14,27: peccatum voluntarium est malum) 윤리악(죄악)은 유래한다. 죄악은 자유의지(liberum voluntatis arbitrium)가 있는 인간의 행위이며(20,39: vitum animae est quod fecit), 각자의 고의적 잘못이다(23,44: sua cuique culpa fit malum). 죄악은 떨어지는 그 지점보다는 떨어지는 행위에 있고, 사악한 본성을 향해서 떨어진다기보다도 사악한 양상으로 떨어지는 데에 있다(『신국론』 12,7-8 참조).

angelos natura esse mutabiles, si solus deus est incommutabilis. Sed ea uoluntate, qua magis deum quam se diligunt, firmi et stabiles manent in illo et fruuntur maiestate ipsius ei uni libentissime subditi. Ille autem angelus magis se ipsum quam deum diligendo subditus ei esse noluit et intumuit per superbiam et a summa essentia defecit et lapsus est. Et ob hoc minus est quam fuit, quia eo quod minus erat frui uoluit, cum magis uoluit sua potentia frui quam dei. Quamquam enim non summe, tamen amplius erat, quando eo quod summe est fruebatur, quoniam deus solus summe est. Quidquid autem minus est quam erat, non in quantum est, sed in quantum minus est malum est. Eo enim, quo minus est quam erat, tendit ad mortem. Quid autem mirum, si ex defectu inopia et ex inopia inuidentia, qua diabolus utique dialobus est?

**XIV 27.** Defectus autem iste, quod peccatum uocatur, si tamquam febris inuitum occuparet, recte iniusta poena uideretur, quae peccantem consequitur et quae damnatio nuncupatur. Nunc uero usque adeo peccatum uoluntarium malum est, ut nullo modo sit peccatum, si non sit uoluntarium. Et hoc quidem ita manifestum est, ut

---

[108] 앞의 summa essentia(최고의 존재자)와 이 id quod summe est(최고의 존재) [라틴어는 구상어(具象語)다!] 사이의 구분은 없다.

[109] 아우구스티누스가 내리는 악의 형이상학적 정의다: quidquid autem minus est quam erat, malum est. 존재하는 모든 것이 하느님에게서 유래하므로 선함에도 불구하고 피조물이 완전하지 못한 것은 '동시에 모든 것을 소유하지 못한다는 사실'(본서 21,41: nam ideo extrema est, quia simul non potest habere omnia)에서 기인하는 것이다(*Enneades* 3,7,11).

분이시라면, 천사들까지도 본성이 가변적이라고 해야만 한다. 그러나 자신보다 하느님을 더 사랑하는 한에서는 하느님 안에서 확고하고 안정된 존재로 남고 하나이신 하느님께 흔쾌히 복종하는 가운데 하느님의 엄위를 향유하게 된다. 그런데 저 천사는 하느님보다도 제 자신을 더 사랑하여 하느님께 복속하기를 싫어하였으며 오만에 날뛰었고, 그렇게 하다 최고의 유有로부터 멀어져서 타락하게 되었다. 그리고 이 일로 그자는 전에 있던 것보다 덜한 존재가 되었으니, 하느님의 권능보다도 자기의 권능을 향유하고자 함으로써 사실상 존재가 덜한 것을 향유하기 바랐기 때문이다. 그자가 최고의 존재를 향유하는 동안은, 하느님 홀로 최고의 존재108이시므로, 자신이 비록 최고의 존재는 아니었지만 그래도 더없이 광범한 존재였음은 사실이다. 그전에 있던 것보다 덜한 존재는 곧 악이다.109 그 이유는 그것이 존재한다는 점에서가 아니라 (본디 갖추어야 할 존재보다) 덜한 존재라는 점에서다. 그리고 전에 있던 것보다 덜한 존재라는 이유에서 그것은 죽음을 향하게 된다. 이런 (존재의) 결함에서110 빈약함이 오고, 빈약함에서 시기猜忌가 오며, 그 시기 때문에 악마가 다름 아닌 악마가 된다고 해서 이상할 것이 없지 않은가?

**자유의지에 의한 범죄**

14.27. 방금 말한 (존재의) 결함을 죄라고 부르는데, 가령 열병이 사람을 덮치는 경우처럼, 본인의 의사와는 반대로 사람을 덮친다면, 죄인에게 따라오는 벌이라든가 단죄斷罪라고 하는 것이 불의한 벌罰이라고 보아야 옳다. 그러나 이제는 죄라는 것은 고의적 악이기 때문에, 고의적이 아닌 것은 결코 죄가 되지 않는다.111▶ 이 점은 너무 자명한 일이라서 소수의 식자

---

110 '(존재의) 결함'은 defectus의 번역이며, deficio라는 동사가 '부족'(자동)과 '이탈'(능동)을 둘 다 가리키는 양의성을 가지기 때문에 13,26(각주 107)에서처럼 윤리적 의미도 띠고(본서 14,27: defectus autem iste, quod peccatum vocatur) 여기서처럼 존재론적 한계도 의미한다.

nulla hinc doctorum paucitas, nulla indoctorum turba dissentiat. Quare aut negandum est peccatum committi aut fatendum uoluntate committi. Non autem recte negat peccasse animam, qui et paenitendo eam corrigi fatetur et ueniam paenitenti dari et perseuerantem in peccatis iusta dei lege damnari. Postremo si non uoluntate male facimus, nemo obiurgandus omnino aut monendus est. Quibus sublatis Christiana lex et disciplina omnis religionis auferatur necesse est. Voluntate ergo peccatur et, quoniam peccari non dubium est, ne hoc quidem dubitandum uideo habere animas liberum uoluntatis arbitrium. Tales enim seruos suos meliores esse deus iudicauit, si ei seruirent liberaliter, quod nullo modo fieri posset, si non uoluntate, sed necessitate seruirent.

**28.** Liberaliter igitur deo angeli seruiunt neque hoc deo, sed ipsis prodest. Deus enim bono alterius non indiget, quoniam a se ipso est. Quod autem ab eo genitum est, id ipsum est, quia non est factum, sed genitum. Illa uero quae facta sunt eius bono indigent, summo scilicet bono, id est summa essentia. Minus autem sunt quam erant, cum per animae peccatum minus ad illum mouentur, nec tamen penitus separantur, nam omnino nulla essent. Quod au-

---

◀111 『재론고』 1,13,5에서 죄를 '고의적 악'(voluntarium malum)이라고 정의한 것은, 각주 95에서 밝혔듯이, 죄(peccatum)와 죄벌(poena peccati)을 구분한 데서 기인함을 다시 언명하고, 곧이어 소위 '불고의적 죄'(non voluntaria peccata)를 논한다: 무지나 강요에 의한 행위는 불고의(不故意) 행위이므로 죄라고 부르지 않는다. 단, 원죄(peccatum originale)는 첫 인간이 인류를 대표해서 자유를 행사한 것이므로 문제가 다르다.

든 다수의 대중이든 의견을 달리하지 않는다. 그러므로 죄를 범하지 않았 노라고 단언하거나 자기는 고의로 범죄하였노라고 고백하거나 둘 중 하나 다. 따라서 뉘우치면 영혼이 바로잡힌다고 하거나, 뉘우치는 사람에게는 용서가 주어진다고 하거나, 죄를 고집하는 사람은 하느님의 정의로운 법 으로 단죄를 받는다고 하는 사람이 영혼이 죄를 지었다는 사실을 부정한 다면 자가당착이다. 끝으로, 만약 의지로 악을 행하는 것이 아니라면, 질 책이나 경고는 성립되지 않는다. (질책이나 경고를 없애면) 그리스도교 법 규나 모든 종교의 규율은 필히 무너지고 말 것이다. 그러므로 의지에 의해 서 죄를 짓는다.[112] 또 (사람이) 죄를 짓고 있음이 의심의 여지가 없으므로, 영혼들이 자유의지自由意志를 가지고 있음도 의심할 필요가 없다고 본다. 하느님도 당신의 종들이 자유로이 당신을 섬기는 편이 더 좋다고 판단하 셨으니, 자유에 의해서가 아니고 필연에 의해서 섬긴다면 그런 일은 생기 지 못한다.

**14.28.** 천사들이 자유로이 하느님을 섬기는 일은 하느님께 이로운 것이 아니라 자신들에게 이로운 것이다. 하느님은 자존自存하시는 분이시므로 누구의 선善을 필요로 하지 않으신다. 그분에게서 출생한 것은 그분 자신 이시니, 창조되지 않고 출생한 것이기 때문이다. 그 대신에 창조된 사물은 그분의 선, 즉 최고선最高善을, 다시 말해서 최고유最高有를 결하고 있다.[113] 아울러 (피조물들은) 영혼의 범죄로 말미암아 하느님께로 적게 움직여 나 가므로 전에 있던 것보다 덜한 존재가 되며, 그렇다고 해서 완전히 (하느 님에게서) 단절되지도 않으니 그랬다가는 완전히 무無가 되어 버릴 것이기

---

[112] 로마인 아우구스티누스는, 소크라테스 이래로 스토아 학파에 이르기까지 "아무도 알면 잘못하지 않는다"(nemo sciens peccat)는 그리스 주지주의(主知主義)를 단절시키고 윤리학에 주지론(主志論)을 도입한 위대한 공로가 있다. 그것이 이 voluntate ergo peccatur[(무지에 의 해서가 아니라) 의지에 의해서 죄를 짓는다]라는 명제다.

[113] 선(善)과 유(有)가 환치되는 것은 플라톤 철학 특히 플로티누스의 중심 사상이다. 각주 138 참조.

tem affectibus contingit animae, hoc locis corpori, nam illa mouetur uoluntate, corpus autem spatio. Quod autem homini a peruerso angelo persuasum dicitur, et ad hoc utique uoluntate consensit. Nam si necessitate id fecisset, nullo peccati crimine teneretur.

**XV 29.** Quod uero corpus hominis cum ante peccatum esset in suo genere optimum, post peccatum factum est imbecillosum et morti destinatum, quamquam iusta uindicta peccati sit, plus tamen clementiae domini quam seueritatis ostendit. Ita enim nobis suadetur a corporis uoluptatibus ad aeternam essentiam ueritatis amorem nostrum oportere conuerti. Et est iustitiae pulchritudo cum benignitatis gratia concordans, ut, quoniam bonorum inferiorum dulcedine decepti sumus, amaritudine poenarum erudiamur. Nam ita etiam nostra supplicia diuina prouidentia moderata est, ut et in hoc corpore tam corruptibili ad iustitiam tendere liceret et deposita omni superbia uni deo uero collum subdere, nihil de se ipso fidere, illi uni se regendum tuendumque committere. Ita ipso duce homo bonae uoluntatis molestias huius uitae in usum fortitudinis uertit. In copia uero uoluptatum prosperisque successibus temporalium temperantiam suam probat et roborat, acuit in temptationibus prudentiam, ut non solum in eas non inducatur, sed fiat etiam uigilantior et in amorem ueritatis, quae sola non fallit, ardentior.

---

[114] 아우구스티누스는 로마 8,28("하느님의 계획에 따라 부르심을 받은 이들에게는 모든 것이 함께 작용하여 선을 이룬다는 것을 우리는 압니다")에 의거하여 이단과 열교 같은 현상은 물론(5,8-6.11; 8,14-15), 악과 죄까지도 인간의 선익과 구원을 위해서 하느님이 조정하신다는 낙관론을 편다(o, felix culpa!).

때문이다. 영혼에 감정으로 인해 생기는 일이 육체에는 공간으로 인해 생긴다. 영혼은 의지로 움직이고 육체는 공간으로 움직이는 까닭이다. 사람이 타락한 천사에 의해서 타락한다고 말할 때, 인간이 거기에 의지로 동의하기 때문에 그런 일이 생긴다. 만일 필연에 의해서 그 짓을 한다면 죄과罪過를 결코 짊어지지 않을 것이다.

**죄벌로 개과천선을 배운다**

15.29. 범죄 이전에는 나름대로 완전했던 인간의 육체가 범죄 이후에 나약하고 죽음에 종속되었다는 것은 죄의 정당한 갚음이라고 하겠지만, 그것마저도 주님의 엄격하심보다는 자비를 더 보여 준다고 하겠다. 그 덕분에 우리는 육체의 욕망들을 등지고 진리의 영원한 유有에로 우리 사랑을 돌려야겠다는 신념이 생긴다. 하위의 선들이 주는 감미로움 속에서 쓰라린 벌을 (받아) 감화된다면, 거기에는 정의의 미美와 자애의 은총이 한데 합쳐져 있는 셈이다. 왜냐하면, 하느님의 섭리가 우리(가 받을) 죄벌까지도 조정하시어,[114] 이처럼 부패하는 육체를 가지고서도 의덕義德을 희구하게 만드시며, 온갖 교만을 청산하고 유일하신 참하느님께만 고개를 숙이게 만드시고, 자기 자신은 믿을 것이 전혀 없고 그분만이 우리를 다스리시고 보호하시도록 맡겨 드리게 유도하시는 연고다. 그분이 인도하시면 선한 의지를 갖춘 인간은 현세의 고충들을 이용하여 용덕勇德으로 바꾼다. 욕망이 많고 현세적인 번영과 성공을 이용해서 자신의 절덕節德을 시험하고 강화한다. 유혹 중에는 지덕智德을 예리하게 닦아서, 유혹에 떨어지지 않는 데 그치지 않고 더욱더 경계심을 품으며 진리에 대한 사랑 ― 진리만이 (인간을) 속이지 않는다 ― 에 더욱 열렬해진다.[115]

---

[115] 그리스 세계의 고유한 덕목인 사추덕(四樞德)이 꼽히고 있다. 단, 그것이 단순한 인격 완성의 차원이기보다는, 영혼이 신에게로 정화되어 가는 길로, 곧 대신덕(對神德)으로 간주되는 점은 플로티누스의 관점이다(*Enneades* 1,2,1-7).

**XVI 30.** Sed cum omnibus modis medeatur animis deus pro temporum opportunitatibus, quae mira sapientia eius ordinantur, de quibus aut non est tractandum aut inter pios perfectosque tractandum est, nullo modo beneficentius consuluit generi humano quam cum ipsa dei sapientia, id est unicus filius consubstantialis patri et coaeternus totum hominem suscipere dignatus est, *et uerbum caro factum est et habitauit in nobis*. Ita enim demonstrauit carnalibus et non ualentibus intueri mente ueritatem corporeisque sensibus deditis, quam excelsum locum inter creaturas habeat humana natura; quod non solum uisibiliter — nam id poterat et in aliquo aethereo corpore ad nostrorum aspectuum tollerantiam temperato — sed hominibus in uero homine apparuit. Ipsa enim natura suscipienda erat quae liberanda. Et ne quis forte sexus a suo creatore se contemptum putaret, uirum suscepit, natus ex femina est.


**31.** Nihil egit ui, sed omnia suadendo et monendo. Vetere quippe seruitute transacta tempus libertatis illuxerat et opportune iam homini suadebatur atque salubriter, quam libero esset creatus arbitrio.

---

[116] 요한 1,14. 본서 16,30부터 17,34까지는 그리스도의 지상 생애가 하나의 교화 활동(paedagogia divina)으로 묘사되고 있다(알렉산드리아의 클레멘스의 *Paedagogos* 참조). 하느님이 인간을 가르치시는 '권위'가 여기서 기적으로 증빙하시는 당신의 권능, 인간의 모든 비참을 극도로까지 스스로 체현(體現)하시는 동화(同化, condescentia), 말씀으로 펴시는 구체적인 가르침으로 설명된다.

[117] 권위에 입각한 신앙은 영적인 인간(valentes intueri mente veritatem)과 육적인 인간(corporeis sensibus deditis)을 모두 대상으로 한다는 점에서 소위 '지성인'만이 도달하는 지혜와는 다르다.

**말씀이 육화하여 인간을 더 관대하게 교화하신다**

**16.30.** 하느님은 당신의 오묘한 지혜가 안배하는 적절한 시기에 따라서 갖가지 방법을 다해서 영혼들을 치유하시지만 — 그런 방법과 시기에 대해서는 아예 거론하지 않거나 경건하고 완전한 사람들 사이에서만 토론되어야 할 것이다 —, 하느님의 지혜 자체이신 분, 달리 말하면 성부와 본체本體를 같이하시고 똑같이 영원하신 외아드님께서 완전한 인간을 취하시기로 하시고 **말씀이 사람이 되시어 우리 가운데 사신**[116] 일만큼 인류에게 더 큰 선익을 쏟아 주신 적이 없다. 그렇게 하심으로써, 육적이고 지성으로는 진리를 관조할 능력이 없고 육체적 감관에 의존하는 인간들에게도,[117] 인간 본성이 피조계 안에 얼마나 탁월한 자리를 차지하는지 입증해 보이셨다. 그분은 단지 볼 수 있게 나타나신 것이 아니다. 우리 시력이 나약함을 참작하시어 당신은 천공天空의 육체[118]를 입고 나타나실 수도 있었다. 그런데 그분은 참사람으로 사람들에게 나타나신 것이다. 해방시켜야 할 바로 그 본성을 당신이 취하셔야만 했다. 그리고 양성兩性 중의 어느 하나도 창조주께 경멸받는다는 의혹을 사지 않기 위해서 당신은 남자를 취하시되 여자에게서 태어나셨다.[119]

**16.31.** 힘으로 이루시는 것은 하나도 없고 오직 모든 것을 설득하고 충고하여 이루셨다.[120] 옛 종살이가 끝나고 자유의 시대가 찬란하게 되돌아왔고, 인간은 자유의지를 가지고 창조되었음을 적절하고 유익하게 수긍하

---

[118] Corpus aethereum: 물질계에서 가장 순수한 사물·천계, 천계에서도 가장 높아 신들이 거처하는 공간으로 aether를 가상하던 그리스인들의 관념을 전제로 하는 언어관습을 따르고 있다.

[119] 아우구스티누스의 성관념이 편향적이라거나 결혼에 적대적이라는 통념을 희석시키는 구절이다. 본서 41,78에 '정신'(animus)에 대당되는 '영혼'(anima) 또는 역자에 따라서는 '정욕'(passiones)을 일컬어 '여자'(femina)라는 직유를 쓰지만 선입견이 개입된 표현은 아니다 (각주 270 참조).

[120] 『재론고』(1,13,6)에서는 성전에서 장사꾼을 쫓아내신 '완력' 행위는 악마들을 억지로, 당신의 권능으로 몰아내신 것과 흡사하다는 자세한 설명을 덧붙인다.

Miraculis conciliauit fidem deo qui erat, passione homini quem gerebat. Ita loquens ad turbas ut deus nuntiatam sibi matrem negauit et tamen, ut euangelium loquitur, puer parentibus subditus erat. Doctrina enim deus apparebat, aetatibus homo. Item aquam in uinum conuersurus ut deus dicit: *Recede a me, mulier, mihi et tibi quid est? Nondum uenit hora mea.* Cum autem uenisset hora, qua ut homo moreretur, de cruce cognitam matrem commendauit discipulo, quem prae ceteris diligebat. Satellites uoluptatum diuitias perniciose populi appetebant; pauper esse uoluit. Honoribus et imperiis inhiabant; rex fieri noluit. Carnales filios magnum bonum putabant; tale coniugium prolemque contempsit. Contumelias superbissime horrebant; omne genus contumeliarum sustinuit. Iniurias intollerabiles esse arbitrabantur; quae maior iniuria quam iustum innocentemque damnari? Dolores corporis exsecrabantur; flagellatus atque cruciatus est. Mori metuebant; morte multatus est. Ignominiosissimum mortis genus crucem putabant; crucifixus est. Omnia, quae habere cupientes non recte uiuebamus, carendo uilefecit. Omnia, quae uitare cupientes ab studio ueritatis deuiabamus, perpetiendo deiecit. Non enim ullum peccatum committi potest, nisi dum appetuntur ea quae ille contempsit, aut fugiuntur quae ille sustinuit.

---

[121] 마태 12,48 참조.
[122] 루카 2,51 참조.
[123] 요한 2,4(직역).
[124] 요한 19,26-27 참조.
[125] 2코린 8,9 참조.

기에 이르렀다. 기적으로는 당신이 (원래부터) 하느님이셨음을 믿게 만드시고, 수난으로는 당신이 취하신 인간임을 믿게 만드셨다. 군중에게는 하느님으로서 말씀하시면서 (당신을 보러 오셨다는) 어머니가 어머니가 아니라고 부인하셨고,[121] 어린아이로서는, 복음이 말하는 것처럼, 부모에게 순종하셨다.[122] 또 물을 술로 바꾸시면서는 하느님으로서 **여인이여, 내게서 물러나시오. 내게나 당신에게 무슨 상관이 있소? 내 때가 아직 이르지 않았소**라고 하셨다.[123] 그리고 때가 이르러 인간으로서 죽으실 임시에는 십자가에서 어머니를 알아보시고는 누구보다 사랑하시던 제자에게 어머니를 당부하셨다.[124] 무리는 쾌락과 더불어 손해를 무릅쓰고 부를 추구하는 데 대해서, 당신은 가난해지기를 바라셨다.[125] 명예와 권력을 탐하는 데 대해서, 당신은 왕이 되기를 마다하셨다.[126] 혈육의 소생들을 큰 재산으로 보는 데 대해서, 당신은 그런 혼인과 자식을 대수롭지 않게 보셨다. 인간들은 오만하게도 치욕을 극히 두려워하는데, 당신은 별의별 치욕을 다 겪으셨다. 불의는 도저히 용납하지 못할 것으로들 여기는데, 의롭고 무죄한 자가 (죄인으로) 단죄받는 것보다 더 큰 불의가 과연 있을까? 육체의 고통을 저주들 하는데, 당신은 채찍질을 당하고 십자가에 못 박히셨다.[127] 사람들은 죽기를 두려워했는데, 당신은 사형을 언도받으셨다. 십자가는 가장 수치스러운 죽음으로들 여겼는데, 당신은 십자가에 달리셨다. 우리가 가지고자 탐하는 모든 것, 그래서 올바로 살지 못하게 만드는 모든 것을, 그분은 전혀 가지지 않음으로써 하찮은 것으로 만들어 버리셨다. 우리가 기피하려는 모든 것, 그래서 진리에 대한 사랑으로부터 멀어지게 만드는 모든 것을 일신으로 당하심으로써 경멸해 보이셨다. 그러니 죄라고 하면, 그분이 멸시하신 바를 오히려 탐닉하거나 그분이 겪으신 것을 오히려 기피하거나 하는 것 외에 다른 무엇이 아니다.

---

[126] 요한 18,36-37 참조.
[127] 마태 27,26 참조.

32. Tota itaque uita eius in terris per hominem, quem suscipere dignatus est, disciplina morum fuit. Resurrectio uero eius a mortuis nihil hominis perire naturae, cum omnia salua sunt deo, satis indicauit, et quemadmodum cuncta seruiant creatori suo siue ad uindictam peccatorum siue ad hominis liberationem quamque facile corpus animae seruiat, cum ipsa subicitur deo. Quibus perfectis non solum nulla substantia malum est, quod fieri numquam potest, sed etiam nullo malo afficitur, quod fieri per peccatum et uindictam potuit. Et haec est disciplina naturalis Christianis minus intellegentibus plena fide digna, intellegentibus autem omni errore purgata.

**XVII 33.** Iam uero ipse totius doctrinae modus partim apertissimus partim similitudinibus in dictis, in factis, in sacramentis ad omnem animae instructionem exercitationemque accommodatus, quid aliud quam rationalis disciplinae regulam impleuit? Nam et mysteriorum expositio ad ea dirigitur, quae apertissime dicta sunt, et si ea tantum essent, quae facillime intelleguntur, nec studiose

---

[128] Disciplina morum(윤리학 교수): 이어서 17,33에 disciplina rationalis(논리학 교수)라는 어휘가 나오므로 고전적인 학문 분류 philosophia naturalis(자연철학), rationalis(이성철학, 논리학과 변증론), moralis(윤리학)를 연상시킨다. '윤리학 교수'라는 표현으로 바꾼다면 16,30-31의 내용을 가리킨다고 하겠다.

[129] 창조 · 죄 · 부활 · 존재의 선성과 아름다움, 육체는 영혼에 복종하고 영혼은 하느님께 복종하는 위계상의 서열 등은 disciplina naturalis(자연학 교수)에 해당한다.

**16.32.** 그러므로 그분이 인간을 취하셔서 (보내신) 지상 생애 전체가 윤리학 교수教授였다.[128] 그리고 죽은 자들 가운데서 살아나신 그분의 부활은, 만사가 하느님께 보전되어 남기 때문에, 인간 본성에서 그 무엇도 상실되지 않음을 남김없이 보여 주신 것이었다. 만사가 죄를 벌한다는 면에서든 인간을 해방시킨다는 면에서든 반드시 하느님께 봉사하는 이상, 영혼이 하느님께 복속하는 그만큼 육체도 영혼에 쉽사리 봉사함을 (알 것이다). 이런 조건하에서는 그 어떤 실체實體도 (그 자체가) 악이 아니며 — 절대 그럴 수가 없다 —, 여하한 악에 의해서도 영향을 입지 않으니, 악에 좌우되는 것은 어디까지나 죄 그리고 죄벌을 통해서 일어나는 까닭이다. 이상의 것이 그리스도인들에게 내리는 자연학 교수다.[129] 이해력이 적은 그리스도인들에게는 전적으로 믿을 만한 가르침이고, 지성인들에게는 온갖 오류에서 정화된 가르침이다.

**구약과 신약에는 참된 종교의 교화가 들어 있다**

**17.33.** 무릇 (그리스도교) 교리라는 것은 그 방법이 일부는 지극히 명백하고, 일부는 언사言辭와 사건事件과 비사祕事로 엮어진 유비類比가[130] 되어서 영혼을 교화하고 훈련시키기에 적절하게 만들어져 있다. 따라서 여기에는 논리학 교수教授[131]의 규범이라는 것을 따를 수밖에 없다. 사실 밀의密儀를 제시하는 일도 언사를 통해서 지극히 명료하게 설명되는 그 가르침과 결부되어 있다. 만약 모든 (교리가) 지극히 쉽게 이해되는 것들뿐이라면,

---

[130] 유비(similitudines) 또는 우의(allegoria)는 50,99에 다시 나온다. 아우구스티누스는 성경 해석에서 필론 이래의 교부 전통에 따라 자구적 해석과 비자구적 해석으로 나누고[17,33: partim apertissimus, partim similitudinibus(일부는 지극히 명확하고 일부는 유비가 되어서 …)], 후자를 우의(allegoria)라 부르고 역사(historiae)·사실(facti)·언어(sermonis)·비사의(sacramenti) 우의 넷을 설정한다. 언사·사건·비사는 뒤의 셋을 지칭한다.

[131] '논리학 교수'라고 번역해 본 disciplina rationalis는 영혼의 교화(instructio)와 훈련(exercitatio)을 거치면서 그리스도교 교리에 접근하는 '영의 교육학'을 일컫는 것이다. 아우구스티누스는 '하느님과 영혼을 아는 일' 외에 다른 목적으로는 지성의 훈련이나 지식의 축적을 그다지 중요시하지 않는 인상을 준다.

quaereretur nec suauiter inueniretur ueritas neque, si essent in scripturis et in sacramentis non essent signacula ueritatis, satis cum cognitione actio conueniret. Nunc uero, quoniam pietas timore incohatur, caritate perficitur, populus timore constrictus tempore seruitutis in uetere lege multis sacramentis onerabatur. Hoc enim utile talibus erat ad desiderandam gratiam dei, quae per prophetas uentura canebatur. Quae ubi uenit, ab ipsa dei sapientia homine assumpto, a quo in libertatem uocati sumus, pauca sacramenta saluberrima constituta sunt, quae societatem Christiani populi, hoc est sub uno deo liberae multitudinis, continerent. Multa uero, quae populo Hebraeo, hoc est sub eodem uno deo compeditae multitudini, imposita erant, ab actione remota sunt, in fide atque interpretatione manserunt. Ita nec seruiliter alligant et exercent liberaliter animum.

**34.** Quisquis autem ideo negat utrumque testamentum ab uno deo esse posse, quia non eisdem sacramentis tenetur populus noster, quibus Iudaei tenebantur uel adhuc tenentur, potest dicere non pos-

---

[132] 진리를 찾아 일평생 흥분 속에 방황해 본 경험이 있는 저자는 성경을 비롯한 진리들을 파악하기 어렵다는 것 자체가 인간의 지성을 흥분시키는 자극제요 발견한 뒤의 희열을 가리킨다고 여긴다.

[133] 진리의 부호(signacula veritatis)는 각주 130의 내용에 가깝다. 성경을 예형(像型, typus)과 전의(轉意, figura)에 의해서 해독하는 일이 많기 때문에 "성경에는 비사(sacramenta, 오묘한 뜻과 사실)가 나타난다"라는 표현이 있다. 단, '비사'라고 하는 부호(signa)는, 그것을 설정한 어떤 의지(意志)가 그것을 통해서 이루어 주려는 행사(行事, operatio)가 한편에 있고, 맞은편에는 그것을 해독하는 인식(認識, intellectus)이 있어야만 한다. 이들이 합치되는 한에서만 비사는 뜻이 있다.

[134] 시편 2,11 참조. 로마의 문인 스타티우스(Statius)는 "세상에서 최초의 신들을 만들어 낸 것은 인간의 두려움이었다"(primos in orbe deos fecit timor: *Thebais* 3,661)는 인본주의 선언을 하기도 했다.

진리를 열심히 탐구하는 일도 없고 진리를 발견하여 감미로워하는 일도 없을 것이다.[132] 그리고 만일 성경에서 비사들이 나타나지 않거나 비사들에서 진리의 부호符號[133]가 엿보이지 않는다면, [그리고 만일 성경에서나 비사들에서 진리의 부호가 엿보이지 않는다면] 인식認識이라는 것과 행사行事라는 것이 제대로 부합할 리가 없다. 신심信心은 두려움으로 시작되어 애덕으로 완성되는 법이다.[134] 옛 율법의 종살이 시대에는 백성은 두려움에 의해서 제어되었기에 수많은 비사들을 그냥 감당해 냈다. 그들에게는 이것도 유익했으니, 예언자들을 통해서 장차 올 것으로 노래하던, 하느님의 은총을 동경하게 만들었던 까닭이다. 은총이 도래하여 하느님의 지혜께서 사람을 취하시고 그분에 힘입어 우리가 자유에로 부름 받은 다음부터는,[135] 구원에 극히 유익한 소수의 비사만 세워졌으니, 그것들이 그리스도인 백성의 결속을, 다시 말해서 한 분 하느님 밑에 자유로운 군중이 하나를 이루는 결속을 성취한다. 히브리 백성에게, 다시 말해서 한 분 하느님 밑에 종의 신분이 된 군중에게 부과되었던 것 중 많은 것이 (폐기되어) 실행할 의무가 없어졌고 단지 신앙과 해석의 자료로만 존속되고 있다. 그래서 그런 것들이 이제는 종처럼 우리를 구속하지도 못하고 오히려 우리 정신을 자유에로 단련시키는 역할만 한다.

**17.34.** 그러므로 누가 우리 백성은 유대인들이 과거에 지켰거나 아직 지키는 똑같은 비사들을 간직하고 있지 않다는 이유를 들어서 신구약이 같은 하느님에게서 올 수 없다고 부정한다면,[136] 그는 이런 말을 하는 것과

---

[135] 갈라 5,13 참조.

[136] 마니교도들이 영지주의를 내세워 구약의 하느님(두려움과 징벌의 신)과 그 율법(비사)이 다르고 신약의 하느님(자비와 용서)과 그 율법(사랑의 법)이 다르다 하여 신구약이 동일한 권위를 가지지 않는다고 주장하였다(*De moribus ecclesiae catholicae et de moribus Manichaeorum*의 반박 내용이 이것이다). 이것은 신약에서도 '영적인 것'만 남기고 배척하는 핑계로 발전할 것이다. 이에 대해 아우구스티누스는 신약으로 구약을 조명하고 이해해야 한다는 주장을 폈다.

se fieri, ut unus pater familias iustissimus aliud imperet eis, quibus seruitutem duriorem utilem iudicat, aliud eis, quos in filiorum gradum adoptare dignatur. Si autem praecepta uitae mouent, quod in uetere lege minora sunt, in euangelio maiora, et ideo putatur non ad unum deum utraque pertinere, potest qui hoc putat perturbari, si unus medicus alia per ministros suos imbecillioribus, alia per se ipsum ualentioribus praecipiat ad reparandam uel obtinendam salutem. Vt enim ars medicinae, cum eadem maneat neque ullo pacto ipsa mutetur, mutat tamen praecepta languentibus, quia mutabilis est nostra ualetudo, ita diuina prouidentia, cum sit ipsa omnino incommutabilis, mutabili tamen creaturae uarie subuenit et pro diuersitate morborum alias alia iubet aut uetat, ut a uitio, unde mors incipit, et ab ipsa morte ad naturam suam et essentiam ea quae deficiunt, id est ad nihilum tendunt, reducat et firmet.

**XVIII 35.** Sed dicis mihi: Quare deficiunt? Quia mutabilia sunt. Quare mutabilia sunt? Quia non summe sunt. Quare non summe sunt? Quia inferiora sunt eo, a quo facta sunt. Quis ea fecit? Qui summe est. Quis hic est? Deus incommutabilis trinitas, quoniam et per summam sapientiam ea fecit et summa benignitate conseruat. Cur ea fecit? Vt essent. Ipsum enim quantumcumque esse bonum

---

[137] Quia non summe sunt: 플라톤 사상에 영향을 받은 그는 불변하고(immutabile) 불사하고(immortale) 단일한 것(unum)만이 본연의 존재라고 본다. 유일한 피조물들이 가변적(mutabile)인 것은, 그것이 무에서(ex nihilo) 나왔기 때문에(18,35) 그리고 최고유가 되지

다를 바 없다: 같은 가장家長이, 그것도 지극히 공의로운 인물이라 하더라도, 보다 엄한 멍에를 메게 하는 것이 유익하겠다고 판단하는 (종)에게 내리는 명령이 다르고, 아들의 서열에로 입양할 만하다고 여기는 (종)에게 내리는 명령이 다를 수 없다는 것이다. 또 만일 (윤리)생활의 계명이 옛 율법에서는 낮았고 복음에서는 높았다는 이유로 그 양자가 한 분이신 하느님께 속하지 않는다고 여기는 사람이 있다면, 같은 의사가 건강을 회복시키거나 치료를 한다고 하면서, 보다 허약한 사람들에게는 시종들을 시켜서 다른 처방을 내리게 하고, 더 튼튼한 사람들에게는 몸소 나서서 또 다른 처방을 내리는 것을 보고서는 얼마나 어리둥절할지 짐작이 간다. 의술이라는 것은 동일한 것이고 결코 변할 수가 없겠지만, 환자들에게 주는 처방은 달라진다. 우리의 건강 상태가 그만큼 유동적이기 때문이다. 이와 마찬가지로 하느님의 섭리도 그 자체는 전혀 불변하는 것이지만, 가변적인 피조물을 상대로 다양하게 대처하시며, 질병의 차이에 따라서 각기 다른 것을 명하거나 금하신다. 그렇게 쇠퇴해 가는 사물들, 즉 허무를 향해서 기울어 가는 것들을, 죽음의 시작이라 할 악습으로부터나 죽음 자체로부터 자체의 본성 또는 유有에로 다시 끌어들이시고 강건하게 만드신다.

**피조물은 왜 가변적인가?**

   **18.35.** 그러나 여러분은 이렇게 반문할지도 모른다: "도대체 어째서 (피조물이) 쇠하는가?" 가변적可變的이라서 그렇다. "그러면 왜 가변적인가?" 최고유最高有가 아니라서 그렇다.[137] "왜 최고유가 아닌가?" 그것을 만든 존재보다 열등하기 때문이다. "누가 그것들을 만들었는가?" 최고유 그분이시다. "그분이 누구신가?" 불변하시는 성삼위 하느님이시니 그분은 최상의 예지를 통해서 그것들을 만드셨고 최상의 자애로 보전하신다. "무엇 때문에 그것들을 만드셨는가?" 존재하게 하시려고 만드셨다. 존재는 제아무

---

못하기 때문이라는 관점(21,41)은 알렉산드리아의 필론(De opificio mundi 15)이 착안한 것이며 오리게네스(De principiis 2,9,2)를 거쳐 아우구스티누스에게서 확립된다. 각주 109 참조.

est, quia summum bonum est summe esse. Vnde fecit? Ex nihilo. Quoniam quidquid est quantulacumque specie sit necesse est. Ita etsi minimum bonum tamen bonum erit et ex deo erit. Nam quoniam summa species summum bonum est, minima species minimum bonum est. Omne autem bonum aut deus aut ex deo, ergo ex deo est etiam minima species. Sane quod de specie, hoc etiam de forma dici potest. Neque enim frustra tam speciosissimum quam etiam formosissimum in laude ponitur. Id igitur est, unde fecit deus omnia, quod nullam speciem habet nullamque formam, quod nihil est aliud quam nihil. Nam illud, quod in comparatione perfectorum informe dicitur, si habet aliquid formae, quamuis exiguum, quamuis incohatum, nondum est nihil, ac per hoc id quoque in quantum est non est nisi ex deo.

36. Quapropter etiam si de aliqua informi materia factus est mundus, haec ipsa facta est de omnino nihilo. Nam et quod nondum formatum est, tamen aliquo modo, ut formari possit, incohatum est, dei beneficio formabile est. Bonum est enim esse formatum. Nonnullum ergo bonum est et capacitas formae et ideo bonorum omnium auctor, qui praestitit formam, ipse fecit etiam posse formari.

---

[138] Quia summun bonum est summe esse(각주 113 참조). "모든 선은 하느님 자신이거나 하느님에게서 온다"(omne autem bonum aut Deus aut ex Deo)는 명제에 이어서, 창조의 동기를 하느님의 선으로 착안한 것도 필론(*Legum allegoriae* 3,78)이다.

[139] 창조자에 대해서 구약도 그리스 철학도 이미 있던 무엇을 빚어 만물을 지어내는 조화옹(造化翁, δημιουργός)이라는 개념을 극복하고서 '무로부터의 창조'(있지 않은 것에서 있는 것에로: ἐκ τοῦ μὴ ὄντος εἰς τὸ εἶναι)를 필론이 시사하였다(*De vita Mosis* 2,267).

[140] Species와 forma에 관해서는 11,21 및 각주 85 참조.

리 하찮은 것이라도 선한 것이니, 최고선最高善이란 곧 최고유이기 때문이다.[138] "무엇에서 만드셨는가?" 무無에서 만드셨다.[139] 무릇 존재하는 것은 아무리 미소하더라도 어떤 형용形容[140]을 갖추어야 할 필요가 있다. 그리하여 아무리 미소한 선善이라 할지라도 선이 되는 한에서는 하느님에게서 오는 것이 된다. 그리고 최상의 형용이 곧 최고선이기 때문에 최하의 형용은 최하의 선이라는 말이 된다. 모든 선은 하느님 자신이거나 하느님에게서 오며, 따라서 제아무리 미소한 형용이라 하더라도 하느님에게서 오는 것이다. 형용에 관해서 하는 말은 형상形象에 관해서도 해당시킬 수 있다. 그래서 찬사를 쓸 때 (형용사를 써서) '형용이 더없이 미려하다'느니, '형상이 더없이 곱다'느니 하는 말을 해도 괜한 소리는 아니다. 하느님이 만유를 만들어 내신 그것은 형용도 전혀 없고 형상도 전혀 없어 그야말로 무 외에 아무것도 아니다.[141] 완성된 것과 비교해서 무형無形하다고 하는 사물은, 아무리 빈약하고 아무리 초보적이라 할지라도 어떻게든 무슨 형상을 지니고 있는 한, 아직은 무가 아니며, 이것도 존재한다는 점에서는 하느님에게서 오는 것이다.

**18.36.** 세상이 어떤 무형한 물질에서 만들어졌다고 하더라도, 이 (무형한 물질) 역시 무에서 만들어진 것이다. 왜냐하면 아직 조형造形된 것은 아닐지라도 어느 모로든 조형되기 시작한다는 것은 하느님의 배려로 조형 가능한 것이 된다는 뜻이다. 형상을 얻는다는 것은 하나의 선이기 때문이다. 따라서 형상(을 얻을) 가능성도 하나의 선이다. 모든 선의 조성자께서는 형상을 주셨을 뿐만 아니라 형상을 얻을 가능성도 당신이 만드셨다. 그

---

[141] 무 또는 비존재는 어떤 물질성을 가지는 것(materia informis), 따라서 형용이나 형상은 없지만 어떤 적극 개념(*Enneades* 2,1-4)이 아니고 그야말로 존재의 결핍이다. 이 개념은 이미 *De immortalitate animae*(12,19)에서 확립한 바 있다: "모든 존재는 있다는 그 점에 의해서만 존재가 된다. 있다는 것은 있지 않다는 것 말고는 반대개념이 없다. 그러므로 존재의 반대개념은 무다"(omnis enim essentia non ob aliud essentia est, nisi quia est. Esse autem non habet contrarium, nisi non esse: unde nihil est essentiae contrarium).

Ita omne quod est, in quantum est, et omne quod nondum est, in quantum esse potest, ex deo habet. Quod alio modo sic dicitur: Omne formatum, in quantum formatum est, et omne, quod nondum formatum est, in quantum formari potest, ex deo habet. Nulla autem res obtinet integritatem naturae suae, nisi in suo genere salua sit. Ab eo est autem omnis salus, a quo est omne bonum, et omne bonum ex deo. Salus igitur omnis ex deo.

**XIX 37.** Hinc iam cui oculi mentis patent nec pernicioso studio uanae uictoriae caligant atque turbantur, facile intellegit omnia, quae uitiantur et moriuntur, bona esse, quamquam ipsum uitium et ipsa mors malum sit. Nisi enim salute aliqua priuarentur, non eis noceret uitium uel mors, sed si non noceret uitium, nullo modo esset uitium. Si ergo saluti aduersatur uitium et nullo dubitante salus bonum est, bona sunt omnia, quibus aduersatur uitium, quibus autem aduersatur uitium, ipsa uitiantur. Bona sunt ergo, quae uitiantur, sed ideo uitiantur, quia non summa bona sunt. Quia igitur bona sunt, ex deo sunt, quia non summa bona sunt, non sunt deus. Bonum ergo, quod uitiari non potest, deus est. Cetera omnia bona ex

---

[142] 여기서 말하려는 바는 하느님이 만물을 (있는 물질에서) 빚어낸 것이 아니라 "만유가 하느님에게서 있다"(omne quod est, ex Deo habet)라는 명제이고 존재하는 모든 것의 선함을 강조하는 일이다. 그러나 다른 저작(예: 『자유의지론』 2,17,46)에서는 '신 존재 증명'의 논거로 쓰이기도 한다: '사물은 가변적이다' → '시간상으로 이전에 지니지 않았던 새 형상을 얻는 것이다' → '시간과 더불어 창조된 사물은 당초부터 소유하고 있지 않았던 이 형상을 시간 속에서 자기 자신에게 유래한 것으로 돌릴 수가 없다' → '따라서 변화 또는 새 형상을 받음은 타자에게서 그것을 받은 증거가 된다' → '즉, 그것이 피조물임을 증거한다'.

러므로 존재하는 모든 것은, 존재한다는 점에서, 아직 존재하지 않는 모든 것은, 존재할 수 있다는 점에서 하느님에게서 유래한다. 이것을 다른 말로 표현하면 다음과 같다: 조형된 모든 것은 조형되었다는 점에서, 아직 형상을 갖추지 못한 것은 형상을 갖출 수 있다는 점에서, 모두 하느님에게서 유래한다.[142] 그러나 어떤 사물도 자체의 유類 속에서 건전하지 않는 한, 자기 본성을 온전히 실현하지 못한다. 그리고 모든 건전함은 그분에게서 온다. 그분에게서 오는 것은 모두 선이고 모든 선은 그분에게서 유래하는 까닭이다. 다시 말해서 모든 건전함은 하느님에게서 온다.[143]

**사물은 선하지만 최고선이 아니므로 부패될 수 있다**

**19.37.** 지성의 안목이 열려 있고, 허황된 승리를 무턱대고 추구하다가 그것 때문에 혼란에 빠진 사람이 아니라면, 비록 부패 자체와 죽음 자체는 악이라 할지라도,[144] 부패하고 사멸하는 사물들 전부가 선하다는 것을 쉽사리 이해한다. 건전함이 어느 면에서 결여된 경우가 아니라면, 부패나 죽음이 사물을 해하지 못한다. 또 부패가 해를 끼치지 못한다면, 그것은 부패가 아니다. 부패가 건강에 상반되는 것이라면, 건강은 곧 선이라는 데에 의심의 여지가 없다. 부패가 침범하는 대상들은 모두가 선한 것들이고, 부패가 침범하는 대상들은 결국 부패된다. 그러므로 부패되는 사물들은 선한 것들이며,[145] 다만 그것들이 부패되는 것은 최고선들이 아니기 때문이다. 선하다는 면에서는 하느님에게서 유래하고, 최고선이 아니라는 점에서는 그것들이 하느님은 아니다. 따라서 부패될 수 없는 선은 곧 하느님이시다. 그 밖의 모든 선한 사물은 그분에게서 유래하여 존재하고, 그 자체

---

[143] 건전함, 사물의 온전성, 구원 등이 salus라는 단어로 표현됨을 배경으로 하는 말이다.

[144] 13,26과 20,38 참조. 형이상학적인 악의 일부 현상으로 부패(vitiari)를 논한다.

[145] 이 역설적인 문장의 뜻은 이러하다: 사물이 부패하는 것은 이전만 못한 상태가 되는 것이다. 이전만 못한 사물이 된다는 것은 부패되기 이전에는 선한 사물이라는 뜻이다. 부패·죽음 자체는 악이지만, '부패되는 사물'은 선이다.

ipso sunt, quae per se ipsa possunt uitiari, quia per se ipsa nihil sunt. Per ipsum autem partim non uitiantur, partim uitiata sanantur.

**XX 38.** Est autem uitium primum animae rationalis uoluntas ea faciendi, quae uetat summa et intima ueritas. Ita homo de paradiso in hoc saeculum expulsus est, id est ab aeternis ad temporalia, a copiosis ad egena, a firmitate ad infirma. Non ergo a bono substantiali ad malum substantiale, quia nulla substantia malum est, sed a bono aeterno ad bonum temporale, a bono spiritali ad bonum carnale, a bono intellegibili ad bonum sensibile, a bono summo ad bonum infimum. Est igitur quoddam bonum, quod si diligit anima rationalis peccat, quia infra illam ordinatum est. Quare ipsum peccatum malum est, non ea substantia, quae peccando diligitur. Non ergo arbor illa malum est, quae in medio paradiso plantata scribitur, sed diuini praecepti transgressio; quae cum consequentem habet iustam damnationem, contingit ex illa arbore, quae contra uetitum tacta est, dinoscentia boni et mali, quia cum suo peccato anima fuerit implicata, luendo poenas discit, quid intersit inter praeceptum quod custodire noluit, et peccatum quod fecit, atque hoc modo malum quod cauendo non didicit, discit sentiendo et bonum quod obtemperando minus diligebat, ardentius diligit comparando.

---

[146] Anima rationalis는 천사와 인간에게 공통으로 쓰인다.

[147] A bono substantiali ad malum substantiale(직역: 실체적 선에서 실체적 악으로).

[148] 플라톤 사상에 입각하여 마니교의 선악 이원론을 반박하는 것이 본서의 주제인 만큼, nulla substantia malum est는 본론 제2부(Creatio bona. Unde vitium 18,35-23,44)의 대명제에 해당한다.

로 보아서는 부패될 수 있으니, 그것은 그 자체로 보아서는 곧 허무이기 때문이다. 다만 그분의 덕을 입으면, 어느 면에서는 부패하지 않을 수도 있고, 부패했더라도 회복될 수 있다.

**영혼의 부패는 어디서 유래하는가?**

20.38. 이성적 영혼[146]의 첫째가는 부패는 의지가 가장 높고 가장 내밀한 진리가 금하는 바를 행하려고 하는 것이다. 그리하여 인간은 낙원에서 이 속세로 쫓겨났다. 다시 말하면 영원한 사물로부터 잠시적 사물로, 풍족함에서 빈곤으로, 확고함에서 불안한 세계로 추방당한 것이다. 그렇다고 선한 실체에서 악한 실체로[147] 전락하였다는 것은 아니다. 왜냐하면 그 어느 실체도 악이 아니기 때문이다.[148] 단지 영원한 선에서 시간적인 선으로, 영적인 선에서 육적인 선으로, 가지적可知的 선善에서 감각적感覺的 선善으로, 최고선에서 최하선으로 전락한 것이다. 이성적 영혼이 어떤 선한 사물을 사랑하여 죄를 짓는다면, 그 선이 영혼보다 하위의 것이기 때문이다. 그러므로 그 죄가 악이지, 죄를 지으면서 사랑하는 그 실체는 악이 아니다. 낙원에 심겨졌다는 그 나무가 악이 아니라 하느님 계명의 위반이 악이다. 죄에는 정당한 죄벌이 따르는 것이며, 손대지 말라고 금지된 그 나무로부터 선과 악에 대한 지식이 생겨난다.[149] 영혼은 자기가 저지른 죄에 빠져서 벌을 받는 가운데, 계명과 죄가 어떻게 다른지를, 곧 자신이 지키기 싫어했던 계명과 자신이 저지른 죄가 어떻게 다른지를 식별하기에 이른다. 그리하여 악이 무엇인지 배우고 선을 사랑하게 되는데, 조심해서 (미리) 배우지 못했던 악을 이제 피부로 느껴 배우고, 조금밖에 사랑하지 않아 스스로 순종하지 않았던 그 선을 이제는 (악과 비교함으로써) 더욱 열렬히 사랑하게 된다.

---

[149] 창세 2,17 참조. '선과 악을 아는 나무'의 뜻을 결과론적으로 풀이한다.

**39.** Vitium ergo animae est quod fecit, et difficultas ex uitio poena quam patitur. Et hoc est totum malum. Facere autem et pati non est substantia, quapropter substantia non est malum. Sic enim nec aqua malum est nec animal quod uiuit in aere; nam istae substantiae sunt. Sed malum est uoluntaria praecipitatio in aquam et suffocatio, quam mersus patitur. Stilus ferreus alia parte qua scribamus, alia qua deleamus affabre factus est et in suo genere pulcher et ad usum nostrum accommodatus. At si quispiam ea parte scribere, qua deletur, et ea uelit delere, qua scribitur, nullo modo stilum malum fecerit, cum ipsum factum iure uituperetur. Quod si corrigat, ubi erit malum? Si quis repente meridianum solem intueatur, repercussi oculi turbabuntur. Num ideo aut sol malum erit aut oculi? Nullo modo, sunt enim substantiae. Sed malum est inordinatus aspectus et ipsa quae consequitur perturbatio. Quod malum non erit, cum oculi fuerint recreati et lucem suam congruenter aspexerint. Neque cum eadem lux, quae ad oculos pertinet, pro luce sapientiae, quae ad mentem pertinet, colitur, ipsa fit malum. Sed superstitio malum est, qua creaturae potius quam creatori seruitur. Quod malum omnino nullum erit, cum anima recognito creatore ipsi uni se subiecerit et cetera per eum subiecta sibi esse persenserit.

**40.** Ita omnis corporea creatura, si tantummodo possideatur ab anima, quae diligit deum, bonum est infimum et in genere suo pulchrum, quoniam forma et specie continetur. Si autem diligatur ab anima, quae neglegit deum, ne sic quidem malum fit ipsa, sed quo-

---

150 악이 실체가 아님을 주장하기 위해 능동이든 수동이든 '행위'는 실체가 아니다(facere autem et pati non est substantia)라는 명제를 내세운다.

**20.39.** 영혼의 부패는 (영혼의) 행위에서 비롯된다. 그리고 이 악덕에서 오는 파탄은 영혼이 당하는 벌에 있다. 이것이 악의 전부다. 행하고 당하는 것은 실체實體가 아니며, 따라서 실체는 결코 (그 자체가) 악이 아니다.[150] 물이라는 것도 악이 아니고 숨쉬고 사는 동물도 악이 아니니, 둘 다 실체이기 때문이다. 단지 물에 고의로 뛰어들어 질식해 죽는 그것이 악이다. 펜은 한쪽 끝으로는 쓰고 한쪽 끝으로는 지우게 되어 있는데 장인이 만들었고 나름대로 예쁘게 생겼으며 사용하기 편리한 물건이다. 하지만 누군가 지우는 쪽으로 글씨를 쓰려고 하고 쓰는 쪽으로 지우려 한다면, 펜촉을 잘못 만든 것이 아니라 그 용법이 (잘못된 것으로) 꾸짖어야 옳다. 그 용법을 고친다면야 잘못된 악이 어디 보이는가? 한낮의 태양을 정면으로 쳐다보다가는 눈이 상할 것이다. 그렇다면 해가 나쁜가, 눈이 나쁜가? 둘 다 아니다. 둘 다 실체이기 때문이다. 나쁜 것은 함부로 (해를) 쳐다보는 행동이며, 거기서 시력장애가 온다. 눈을 쉬고 햇빛을 조심해서 바라본다면 악이라는 것은 더 이상 존재하지 않을 것이다. 눈을 위해 생겨난 빛을 지성을 위해 존재하는 지혜의 빛 대신에 누가 예배한다고 하면, 그것 때문에 (자연의) 빛이 곧 악이 되는 것은 아니다. 악은 미신에 있으니, 창조주 대신에 피조물을 섬긴 것이다.[151] 그 대신에 영혼이 창조주를 인정하고 하나이신 그분께 복속하며 그분의 (뜻으로 말미암아) 다른 것들은 모조리 자기에게 종속되는 것으로 여긴다면, 그 악은 완전히 사라지고 말 것이다.


**20.40.** 이처럼 육체를 갖춘 피조물은 어느 것이나 하느님을 사랑하는 영혼에게 소유될 때에는, 비록 미천한 선이기는 하지만, 형상과 형용을 갖추고 있는 만큼 나름대로 아름답다. 그런데 하느님을 등한시하는 영혼에게서 사랑을 받을 때도 (피조물) 자체가 악이 되는 것은 아니다. (하느님을 등

---

[151] 로마 1,25 참조.

niam peccatum malum est, quo ita diligitur, fit poenalis dilectori suo et eum implicat aerumnis et pascit fallacibus uoluptatibus, quia neque permanent neque satiant et torquent doloribus. Quia cum ordinem suum peragit pulchra mutabilitas temporum, deserit amantem species concupita et per cruciatum sentientis discedit a sensibus et erroribus agitat, ut hanc esse primam speciem putet, quae omnium infima est, naturae scilicet corporeae, quam per lubricos sensus caro male delectata nuntiauerit, ut cum aliquid cogitat intellegere se credat umbris illusus phantasmatum. Si quando autem non tenens integram diuinae prouidentiae disciplinam, sed tenere se arbitrans carni resistere conatur, usque ad uisibilium rerum imagines peruenit et lucis huius, quam certis terminis circumscriptam uidet, immensa spatia cogitatione format inaniter et hanc speciem sibi futurae habitationis pollicetur nesciens oculorum concupiscentiam se trahere et cum hoc mundo ire uelle extra mundum, quem propterea ipsum esse non putat, quia eius clariorem partem per infinitum falsa cogitatione distendit. Quod non solum de hac luce, sed etiam de aqua, postremo de uino, de melle, de auro, de argento, de ipsis denique pulpis uel sanguine uel ossibus quorumlibet animalium et ceteris huiuscemodi rebus facillime fieri potest. Nihil

---

[152] Creatura fit poenalis dilectori suo: 앞의 12,23(각주 84와 93 참조). 존재의 위계를 범하면 사랑하는 피조물이 곧 인간에게 하나의 벌이 된다.

[153] 이 부분(20,38-22,43)과 뒤에 나오는 45,84와 49,97에서 죄의 형이상학이 나온다고 볼 수 있다. 인간 정신은 자기를 완전히 충족시켜 줄 무한한 대상을 추구하게 만들어져 있다. 그런데 감각계의 사물은 시간의 흐름 속에 갇혀 있다. 유한한 사물의 시간적 흐름을 보상하려고 시간·공간·물질·정신 등을 무한한 것으로 극대화하여 신으로 설정한다(20,39-40). 그런가 하면 사물의 시간적인 운명을 거부하여, 노래를 듣는 사람이 한 음절에 멈추려 하듯이, 죄인은 한순간을 절대화하여 거기 멈추려 한다(22,42-43).

지고 피조물을 사랑하는) 그 죄가 곧 악이기 때문이다. 단지 이 경우에 피조물은 사랑하는 자에게 일종의 벌이 되어[152] 그를 괴롭히며 거짓된 쾌락으로 그를 채워 주는 셈이니, 그 쾌락은 지속되지도 않고 만족을 주지도 않고 오히려 고통으로 들볶을 따름이다. 시간의 아름다운 변화가 그 궤도를 달려가면, (인간이) 그토록 탐닉하던 아름다움은 (자기를 사랑해 온) 그를 저버리고 떠나며, (인간이) 괴로워하는 사이에 그의 감관으로부터 빠져나가 버리며, 그를 환상으로 흔들어 놓는다. 그리하면 그는, 속임수 많은 감각을 통해서 잘못 사랑해 오던 자기의 육(肉)이 가리켜 보이는 대로, 모든 것 중에서도 가장 낮은 것, 곧 육체적 본성에 불과한 것들을 마치 첫째가는 아름다움처럼 여기기까지 한다. 자기는 마치 무엇을 깨달은 것처럼 생각하지만 사실 그는 표상(表象)들의 그림자에 속는 까닭이다.[153] 때로는 하느님의 섭리(가 내리신) 규율을 온전히 받아들이지는 않은 채로 자기는 온전히 따르고 있노라고 착각하는 사람들이 있는데, 그런 사람이 육(肉)에 저항한답시고 노력하다가 가시적인 사물들에서 오는 어떤 영상(映像)을 발견하는 일이 있다. 그러면 그는 일정한 공간을 비추는 그 빛을 자기 상상으로 무한한 공간처럼 허황하게 설정하고서는 그것이 자기 미래의 처소라고 생각한다. 자신이 사실 눈의 욕망에 사로잡혀 있다는 것을 알지 못하고, 그 (환상의) 세계를 품고서 이 세상으로부터 벗어나려 한다는 것도 깨닫지 못한다. 그는 (자기가 보는) 그 세계가 이 (감각적) 세계의 가장 밝은 부분을 거짓된 상상력으로 무한하게 투사(投射)한 것에 불과하며 (자기가 빠져나가기 바라는 그 세계와) 동일한 것임을 감지하지 못한다. 이러한 (착각은) 지금 말하는 빛에 관해서만 일어나는 것이 아니라, 물을 두고도 일어나며, 심지어는 술·꿀, 금과 은을 두고도, 마지막에 가서는 별의별 동물의 살코기나 피나 뼈를 두고도 생겨나고 그 밖의 비슷한 것들을 두고 아주 간단하게 그런 일이 생길 수 있다. 어느 물체치고 한번 보고서는 무수한 것으로

enim est corporis, quod non uel unum uisum possit innumerabiliter cogitari, uel in paruo spatio uisum possit eadem imaginandi facultate per infinita diffundi. Sed facillimum est exsecrari carnem, difficillimum autem non carnaliter sapere.

**XXI 41.** Hac ergo peruersitate animae, quae contingit peccato atque supplicio, fit omnis natura corporea illud, quod per Salomonem dicitur: *Vanitas uanitantium et omnia uanitas. Quae abundantia homini in omni labore eius, quo ipse laborat sub sole?* Neque enim frustra est additum 'uanitantium', quia si uanitantes detrahas, qui tamquam prima sectantur extrema, non erit corpus uanitas, sed in suo genere quamuis extremam pulchritudinem sine ullo errore monstrabit. Temporalium enim specierum multiformitas ab unitate dei hominem lapsum per carnales sensus diuerberauit et mutabili uarietate multiplicauit eius affectum. Ita facta est abundantia laboriosa et si dici potest copiosa egestas, dum aliud et aliud sequitur et nihil cum eo permanet. Sic a tempore frumenti, uini et olei sui multiplicatus est, ut non inueniat idipsum, id est naturam incommutabilem et singularem, quam secutus non erret et assecutus non doleat. Habebit enim etiam consequentem redemptionem corporis sui, quod iam non corrumpetur. Nunc uero *corpus, quod corrumpitur,*

---

[154] 아우구스티누스의 온건한 신비수덕학(神秘修德學)을 표현하는 글이다.

[155] 코헬 1,2-3(직역). 히에로니무스의 불가타본은 vanitas vanitatum(헛되고 헛됨이여)이라고 되어 있음을 『재론고』(1,7,3)에서 언명하고 수정한다: "비슷한 경우가 솔로몬의 책에서 '전도자가 말하였다. 헛된 인간들의 헛됨이여!' 내가 여러 사본에서 읽은 것이었다. 그 대신 그리스어본은 그렇지 않고 '헛됨들의 헛됨이여!'(헛되고 헛되다!)였다. 그래서 나는 '헛된 인간들의'라고 하지 않고 '헛됨들의'라고 하는 라틴어 사본들이 더 맞다는 것을 알아냈다."

상상하지 못할 물건이 없으며, 어느 조그만 공간도 한번 보고서는 그 상상력을 발휘해서 무한한 것으로 확대하지 못할 것이 따로 없다. (그렇게 하다 보면) 육을 두고 저주하기는 참으로 쉽지만, 어떻든 육적으로 사상을 전개하지 않기는 참으로 어려운 듯하다.[154]

### 영혼은 물체의 덧없는 아름다움을 붙좇다 기만당한다

**21.41.** 죄와 그 벌에서 유래하는, 영혼의 이 도착倒錯으로 말미암아, 육체를 지닌 모든 사물이, 솔로몬의 말대로, **헛된 인간들의 헛됨이여. 세상만사 헛되다. 사람이 하늘 아래서 아무리 수고한들 무슨 보람이 있으랴?**[155] 여기서 '헛된 인간들'이라는 말이 괜히 덧붙여진 것이 아니다. 헛되게 만드는 인간들이 제거된다면, 즉 맨 마지막 것들을 맨 처음 것처럼 추구하는 인간들이 없다면, 육체를 지닌 사물이 곧 헛됨 그 자체가 되지는 않으며, 비록 미약하더라도 아무런 결함이 없는 자기 나름의 아름다움을 보여 줄 것이다. 잠시적 아름다움들이 띠는 다양성은 하느님의 유일성에서 유래한 것이다. (만일 그것이 인간을 혼란하게 한다면 이미 죄로) 타락한 인간을 육적인 감관을 통해서 뒤흔드는 것이며, 가변적인 그 다양성으로 (타락한) 인간의 정욕을 증폭시킬 따름이다. 그렇게 해서, 이런 표현이 가능하다면, 고생이 풍부해지고 곤궁이 풍부해져서[156] 이것저것 뒤를 좇아다니지만 그 어느 것도 손에 남는 일이 없는 것이다. 그리하여 인간은 곡식이다, 포도주다, 풍년이다 하는 때면 스스로 부풀어 올라서[157] 저 불변하고 단일한 사물, 그것을 뒤좇노라면 방황하지 않을 것이고 그것을 손에 넣으면 괴로워하지 않게 될 그 사물을 찾아내지 못하는 것이다. (만일 그 사물을 얻으면) 그 결과로 육체의 구제救濟도 입어 더 이상 그것이 부패함을 보지 않을 것이다.[158] 그러나 지금은 **썩어 없어지는 육체는 영혼을 내리누르고 지상의**

---

[156] 풍자적인 반어법(反語法)이다.
[157] 시편 4,8 참조.   [158] 로마 8,23 참조.

*aggrauat animam et deprimit terrena inhabitatio sensum multa cogitantem*, quia rapitur in ordinem successionis extrema corporum pulchritudo. Nam ideo extrema est, quia simul non potest habere omnia, sed dum alia cedunt atque succedunt, temporalium formarum numerum in unam pulchritudinem complent.

**XXII 42.** Et hoc totum non propterea malum, quia transit. Sic enim et uersus in suo genere pulcher est, quamuis duae syllabae simul dici nullo modo possint. Nec enim secunda enuntiatur, nisi prima transierit, atque ita per ordinem peruenitur ad finem, ut, cum sola ultima sonat, non secum sonantibus superioribus formam tamen et decus metri cum praeteritis contexta perficiat. Nec ideo tamen ars ipsa, qua uersus fabricatur, sic tempori obnoxia est, ut pulchritudo eius per mensuras morarum digeratur. Sed simul habet omnia, quibus efficit uersum non simul habentem omnia, sed posterioribus priora tollentem, propterea tamen pulchrum, quia extrema uestigia illius pulchritudinis ostentat, quam constanter atque incommutabiliter ars ipsa custodit.

**43.** Itaque ut nonnulli peruersi magis amant uersum quam ipsam artem, qua conficitur uersus, quia plus se auribus quam intellegen-

---

[159] 지혜 9,15(직역).

[160] 잠시적인 사물은 시간의 흐름 속에 갇히고 만다는 것이다. 그래서 인간은 그 아름다움을 동시에 향유하지 못한다(simul habere omnia). 우리가 모든 세기의 조화를 한데 볼 수 있고, 마치 노래를 처음부터 끝까지 다 듣고서 판단하듯이 무한을 동경하는 욕구는 결국 채워지겠지만, 지금 우리는 시간의 연속에 말려 있어서 시간 전체를 판단하지 못하는 처지이며 (22,42-43), 마치 한 음절이나 한 마디를 듣고서 전부를 판단해야 하는 입장이다.

거처가 감관을 내리눌러 갖가지 사물들을 생각하게 만든다.[159] 육체들의 미약한 아름다움이 시간의 연속 속에 휘말려 드는 연고이다. (그 아름다움을) 미약하다 하는 까닭은 (아름다움들을) 한꺼번에 간직하지 못하고 하나가 가면 하나가 오는 (시간의 연속에 좌우되어) 잠시적 형상들이 하나의 숫자로 (묶여야만) 하나의 아름다움을 형성하기 때문이다.[160]

**변천하는 사물의 절제를 싫어하는 것은 불경스러운 사람들이다**

**22.42.** 그러나 이 모든 것이 변천한다고 해서 (그것 때문에) 악이 되는 것은 아니다. 한 문장은 그 나름대로 아름답다. 다만 두 음절이 한꺼번에 발음될 수는 없다. 첫째 음절이 지나가지 않는 한 둘째 음절은 발음되지 않으며, 그렇게 순서대로 해서 마지막 음절이 소리가 난 뒤에야 문장은 끝이 나는 법이다. 마지막 음절도 앞 음절들과 동시에 소리가 나는 것이 아니고, 순서대로 발음되면서 앞 문맥과 더불어 형식미形式美를 이루고 운율韻律을 이루는 것이다. 그렇다고 해서 운문韻文을 만드는 (운율의) 기교가, 문장의 아름다움이라는 것이 (전적으로) 박자와 장단으로만 결정될 만큼, 필히 시간의 속박을 받는 것은 아니다. 문장의 형식미는 그 운문을 이루는 모든 요소를 동시에 내포하고 있는 데 비해서, 운문 자체는 그 모든 요소를 동시에 내포하지는 못하고 음절이 차례대로 발음되어서 앞 음절들이 뒤 음절들에 자리를 내주면서 성립된다. 그러면서도 운문 자체도 아름다운 것이, 형식미와 운율이 항구하고 변함없이 간직하고 있는 그 미美의 마지막 자취를 드러내면서 (전개되는) 까닭이다.[161]

**22.43.** 혹자는 형식미와 운율보다는 운문 자체를 더 애호하는 도착된 취향을 보이고, 따라서 문장의 (뜻과 미를) 지성으로 (이해하는 일보다도 운

---

[161] 유한하지만 사물 자체의 아름다움과 그것의 잠시성을 둘 다 살리려는 아우구스티누스의 설명이다.

tiae dediderunt, ita multi temporalia diligunt, conditricem uero ac moderatricem temporum diuinam prouidentiam non requirunt atque in ipsa dilectione temporalium nolunt transire quod amant, et tam sunt absurdi, quam si quisquam in recitatione praeclari carminis unam aliquam syllabam solam perpetuo uellet audire. Sed tales auditores carminum non inueniuntur. Talibus autem rerum existimatoribus plena sunt omnia, propterea quia nemo est, qui non facile non modo totum uersum, sed etiam totum carmen possit audire. Totum autem ordinem saeculorum sentire nullus hominum potest. Huc accedit, quod carminis non sumus partes, saeculorum uero partes damnatione facti sumus. Illud ergo canitur sub iudicio nostro, ista peraguntur de labore nostro. Nulli autem uicto ludi agonistici placent, sed tamen cum eius dedecore decori sunt. Et haec enim quaedam imitatio ueritatis est. Nec ob aliud a talibus prohibemur spectaculis, nisi ne umbris rerum decepti ab ipsis rebus, quarum illae umbrae sunt, aberremus. Ita uniuersitatis huius conditio atque administratio solis impiis animis damnatisque non placet, sed etiam cum miseria earum multis uel in terra uictricibus uel in caelo sine periculo spectantibus placet. Nihil enim iustum displicet iusto.

---

[162] 라틴어로는 '시간적' · '잠시적' · '현세적'이라는 말들이 temporalis 하나로 표현되기에 그 이점을 활용하고 있다.

[163] 각주 153과 160 참조.

[164] 시가 한가락을 듣고 노래의 아름다움과 조화를 판단하기도 어렵거니와 경기장에 들어가 경기를 하고 있는 선수는 경기 전체의 흐름을 관중처럼 대체적으로 판별하기가 더 힘들다. 하물며 여러 세기에 걸쳐 일어나는 역사의 흐름을 관조하고 전체적인 평가를 무슨 수로 하겠는가?

[165] 라틴어 본문은 "패자의 수치로 영예로워지는 경기"(sed tamen cum eius dedecore decori sunt)이며 어감과 어휘가 역설적 의미를 잘 돋보여 준다.

율에 따라 낭송되는 소리를) 귀로 (듣는 일에) 더 몰두한다. 이와 비슷하게 많은 인간이 시간적¹⁶² 사물들을 사랑하면서 시간의 창조자요 안배자인 신적 섭리를 추구하지 않는다. 그 시간적 사물들을 사랑하면서 사랑하는 그 사물들이 지나가는 것을 원하지 않는다. 이것은 마치 유명한 시가詩歌를 낭송하는 자리에서 (자기가 좋아하는) 어느 한 음절만을 영원히 듣고 있겠다는 생각과 다를 바 없다.¹⁶³ 그러나 시가를 그런 식으로 듣는 청중은 찾아볼 수 없다. 그럼에도 불구하고 지상의 사물을 그런 식으로 보는 인간들은 얼마든지 있다. 굳이 그 이유를 든다면, 시가 한 줄이나 한 편 전체를 (처음부터 끝까지) 듣는 것을 힘들어하는 사람은 거의 없는 데 비해서, 우리 인생 그 누구도 (무수한) 세대들에 (걸쳐 순차적으로 일어나는 사건들을) 한꺼번에 듣고 보지는 못하기 때문이다. 여기에 한 가지 덧붙일 것이 있다. 우리 인간은 시가의 한 조각이 아니라, 세기世紀들의 한 부분을 이루도록 단죄받은 몸들이다. 한 편의 시가는 우리의 평評을 받으면서 낭송되지만, 이 세기들은 우리의 수고로 엮어져 나가야만 한다.¹⁶⁴ 패한 자에게는 경기장의 경기가 재미있을 리가 없다. 그러나 (그의) 실패가 경기 (자체의) 성공을 장식하는 법이다.¹⁶⁵ 다만 (경기나 연극은) 실제實際를 모사模寫하는 것에 불과하다. 우리 (그리스도인들에게) 연극 관람이 금지된 단 한 가지 이유는,¹⁶⁶ 연극이 실제의 그림자이기 때문에, 사물의 그림자에 혹하여 사물 자체에서 멀어질까 염려해서다. 삼라만상의 현재의 조건이나 안배는 불경한 영혼이나 단죄받은 영혼의 마음에는 들지 않을 것이다. 그래도 그런 영혼들의 비참이 있기는 해도, (이러한 조건과 경륜이) 지상에서 이미 승리를 거두는 그 많은 영혼과 천국에서 이미 위험이 없어져 이를 관망하는 영혼들의 마음에는 들 것이다. 의로운 사람에게는 의로운 일이 마음에 들지 않을 리가 없다.

---

¹⁶⁶ 테르툴리아누스(De spectaculis)를 비롯한, 특히 아프리카 교부들은 연극과 경기의 관람을 부도덕하다 하여 반대하는 분위기였다. 아우구스티누스도 호감을 가지지 않았으며(De catechizandis rudibus 25,48), 397년의 카르타고 교회회의가 공식적으로 금하였다.

**XXIII 44.** Quocirca cum omnis anima rationalis aut peccatis suis misera sit aut recte factis beata, omnis autem irrationalis aut cedat potentiori aut pareat meliori aut comparetur aequali aut certantem exerceat aut damnato noceat et omne corpus suae animae seruiat, quantum pro eius meritis et pro rerum ordine sinitur, nullum malum est naturae uniuersae, sed sua cuique culpa fit malum. Porro cum anima per dei gratiam regenerata et in integrum restituta et illi subdita uni, a quo recreata est, instaurato etiam corpore in pristinam firmitatem non cum mundo possideri, sed mundum possidere coeperit, nullum ei malum erit, quia ista infima pulchritudo temporalium uicissitudinum, quae cum ipsa peragebatur, sub ipsa peragetur et erit, ut scriptum est, caelum nouum et terra noua non in parte laborantibus animis, sed in uniuersitate regnantibus. *Omnia enim uestra*, inquit apostolus, *uos autem Christi, Christus autem dei*, et *Caput mulieris uir, caput uiri Christus, caput autem Christi deus.* Quoniam igitur animae uitium non natura eius, sed contra naturam eius est nihilque aliud est quam peccatum et poena peccati, unde intellegitur nullam naturam uel, si melius ita dicitur, nullam substantiam siue essentiam malum esse. Neque de peccatis poenisque animae efficitur, ut uniuersitas ulla deformitate turpetur, quia rationalis substantia, quae ab omni peccato munda est, deo subiecta

---

[167] Sua cuique culpa fit malum은 악의 기원에 관한 물리적 · 자연적 근거론에서 지향적(指向的) · 인간적 근거론을 표방하는 명제다(각주 153 참조).

[168] 묵시 21,1과 이사 65,1 참조.

[169] 1코린 3,22(직역).

[170] 1코린 11,3(직역).

**모든 실체는 선하다**

**23.44.** 그러므로 이성을 갖춘 영혼은 자기 죄로 비참해지거나 올바른 행실로 행복해지거나 한다. 그런데 비이성적인 사물은 더 강한 자에게 물러서거나, 더 나은 자에게 복종하거나, 동등한 자와 견주거나, 투쟁하는 자에게 단련의 (계기가) 되거나, 멸망한 자에게는 해가 되거나 한다. 끝으로 육체는 영혼을 섬기는 일을 하되 영혼의 공功에 따라서, 사물의 질서에 따라서 한다. 그렇다면 대자연에서 (그 자체로) 나쁜 것은 없으며, 각자에게 자기의 잘못이 악이 되는 것이다.[167] 따라서 영혼이 하느님의 은총으로 재생하고 그 온전성을 회복하며 자기를 재생시키신 분에게만 복종하게 될 때, 육체도 원초의 강건함을 되찾을 때, 인간은 세상에 의해 소유되지 않고 오히려 세상을 소유하기 시작할 것이며, 그때에는 그에게 악이 되는 것은 아무것도 없을 것이다. 그리고 잠시적 사물들의 저 미약한 아름다움도 영혼과 더불어 발휘되어 오던 것이면 영혼에게 복속되어 발휘될 것이고, 성경에 기록된 대로,[168] 새 하늘과 새 땅이 오되, (그 새 하늘과 새 땅에서) 영혼들이 한 부분만 맡아 고생하는 것이 아니라, 전 우주를 다스리게 될 것이다. 사도의 말대로, **모든 것이 여러분의 것이고, 여러분은 그리스도의 것이고, 그리스도는 하느님의 것이다.**[169] **또 아내의 머리는 남편이요, 남편의 머리는 그리스도요, 그리스도의 머리는 하느님이시다.**[170] 그러니 부패는 영혼의 본성이 아니고 오히려 그 본성에 상반된 것이며, 죄 또는 죄벌 외에 다른 것이 아니다. 따라서 어떤 본성도, 혹은 표현을 더 다듬어, 어떤 실체 또는 유有도 악이 아님을 깨닫게 된다.[171] 그뿐더러 영혼의 죄나 죄벌에 어느 모로든 영향을 받아서 우주가 기형奇形으로 일그러지는 일이 없다. 왜냐하면, 이성을 갖춘 실체가[172] 일체의 죄에서 정화되고 나면, 하느

---

[171] Inde intelligitur nullam naturam, vel nullam substantiam sive essentiam malum esse는 20,38(각주 148 참조)을 재확인하는 명제다.

[172] Rationalis substantia: 영혼이 죄가 있더라도 하나의 실체인 이상 선한 것임을 강조하려는 데 목적이 있는 표현이다.

subiectis sibi ceteris dominatur. Ea uero quae peccauit ibi ordinata est, ubi esse tales decet, ut deo conditore atque rectore uniuersitatis decora sint omnia. Et est pulchritudo uniuersae creaturae per haec tria inculpabilis: damnatione peccatorum, exercitatione iustorum, perfectione beatorum.

**XXIV 45.** Quamobrem ipsa quoque animae medicina, quae diuina prouidentia et ineffabili beneficentia geritur gradatim distincteque pulcherrima est. Tribuitur enim in auctoritatem atque rationem. Auctoritas fidem flagitat et rationi praeparat hominem. Ratio ad intellectum cognitionemque perducit, quamquam neque auctoritatem ratio penitus deserit, cum consideratur cui credendum sit, et certe summa est ipsius iam cognitae atque perspicuae ueritatis auctoritas. Sed quia in temporalia deuenimus et eorum amore ab aeternis impedimur, quaedam temporalis medicina, quae non scientes, sed credentes ad salutem uocat, non naturae excellentia, sed ipsius temporis ordine prior est. Nam in quem locum quisque ceciderit, ibi debet incumbere, ut surgat. Ergo ipsis carnalibus formis, quibus deti-

---

[173] 죄짓는 영혼이나 악마가 있더라도 우주는 조화로운 것($εὐκοσμία$)이며 최고의 질서가 유지된다는 이 관념은 고대 사상에 널리 퍼져 있었다: Heraclitus, Philolaus, Platon(*Timaeus* 56c; *Respublica* 430e-431e), Aristoteles(*Metaphysica* A,5,985b-23), Cicero(*De natura deorum* 2,47-53), Plotinus(*Enneades* 5,1,53). 이것이 교부들에게는 $ἀποκατάστασις$[총괄갱신(總括更新)]의 개념으로 발전한다.

[174] 권위와 이성이 섭리께서 마련하신 구원(인간 회복 또는 영혼의 치료)의 길(via duplex)로 나타난다. 권위가 이성에 의한 이해를 준비하는 임시적인 성격을 띠지만 어떤 경우라도 "이성이 권위를 전적으로 배제하지 않는다"는 명제도 염두에 둘 것이다.

님께 복속하여 자기에게 복속한 다른 만물을 다스리는 까닭이다. 그리고 죄를 지은 (영혼은) 죄가 있기에 합당한 자리에 놓이게 될 것이니, 그래야만 우주의 창조주요 주재자이신 하느님 밑에서 만유가 아름답게 자리 잡는다. 또 삼라만상의 아름다움이 흠이 생기지 않는 것은 다음 세 가지 때문에, 다시 말해서 죄인들의 단죄, 의인들의 단련, 복된 이들의 완성으로 인해서다.[173]

### 인간이 구원에 이르는 두 가지 길, 권위와 이성

**24.45.** 하느님의 섭리와 형언할 수 없는 선하심이 제공하시는, 영혼의 치료는 단계로 보나 과정으로 보나 지극히 아름다운 것이다. (그 처방은) 권위權威와 이성理性으로 나타난다.[174] 권위는 신앙을 요구하고 인간을 이성(의 사용에로) 준비시킨다. 이성은 이해와 인식에로 유도한다. 이성이 비록 권위를 전적으로 배제하지는 않으며, 더구나 믿어야 할 대상을 두고는 (권위를 배제하지 않으나), (이성에게는) 이미 인식되고 자명한 진리가 최고의 권위를 가진다. 그렇지만 우리 인간이 잠시적 사물들 사이로 내려와 있고 잠시적 사물들에 대한 사랑으로 말미암아 영원한 사물들로부터 차단되는 사정이므로, 일시적인 처방이 주어져 있으니, 이것은 알지는 못하더라도 믿는 이들을 구원에 불러 주는데,[175] (이 처방이 우선한다면) 그 본성이 탁월해서가 아니라 단지 시간적인 차원에서 우선할 뿐이다.[176] 사람이 넘어지면 바로 그 자리를 의지해서 몸을 일으켜야 하는 법이다. 마찬가지로 육이 알려 주지 않는 사물들을 이해하기 위해서도 바로 육적인 형상들

---

[175] "이것은 지식을 통해서보다는 믿음을 통해서 사람들을 구원에 불러 주는데 …"라고 번역할 수 있다.

[176] 권위가 갖는 비중이다. 본서에서 말하는 권위는 우선 '역사와 예언'이라는 구약의 권위(7,13; 25,46)이며, 아우구스티누스에게 가장 큰 것은 스승 그리스도의 권위다(36,66).

nemur, nitendum est ad eas cognoscendas, quas caro non nuntiat. Eas enim carnales uoco, quae per carnem sentiri queunt, id est per oculos, per aures ceterosque corporis sensus. His ergo carnalibus uel corporalibus formis inhaerere amore pueros necesse est, adolescentes uero prope necesse est, hinc iam procedente aetate non est necesse.

**XXV 46.** Quoniam igitur diuina prouidentia non solum singulis hominibus quasi priuatim, sed uniuerso generi humano tamquam publice consulit, quid cum singulis agatur, deus qui agit atque ipsi cum quibus agitur sciunt, quid autem agatur cum genere humano, per historiam commendari uoluit et per prophetiam. Temporalium autem rerum fides siue praeteritarum siue futurarum magis credendo quam intellegendo ualet, sed nostrum est considerare, quibus uel hominibus uel libris credendum sit ad colendum recte deum, quae una salus est. Huius rei prima disceptatio est, utrum his potius credamus, qui ad multos deos, an his, qui ad unum deum colendum nos uocant. Quis dubitet eos potissimum sequendos, qui ad unum uocant, praesertim cum illi multorum cultores de hoc uno domino cunctorum et rectore consentiant? Et certe ab uno incipit numerus. Prius ergo isti sequendi sunt, qui unum deum summum solum uerum deum et solum colendum esse dicunt. Si apud hos ueritas non

---

[176a] 42,79에서 다시 다룬다. 육체의 감관으로부터 추상하는 인간의 이성적 본성은 인간 자체의 회복에도, 초자연 차원으로의 상승에도 출발점이 된다.

을, 우리를 예속시킨다는 그 육적인 형상들을 이용할 수밖에 없다. 내가 육적인 (형상들이라고) 부르는 것은 육을 통해서 감지할 수 있는 것들, 그러니까 눈이나 귀나 다른 육체의 감관을 통해서 감지할 수 있는 것들을 가리킨다.[176a] 어린이는 이 육적인, 또는 육체적인 형상에 애정으로 끌리는 것이 정말 필연적이고, 청년이 되면 거의 필연적이라 할 만하고, 성년이 되면 이미 필연적은 아니다.

### 사람들과 서책들의 권위에 의해 하느님 경배를 믿는다

**25.46.** 하느님의 섭리는 사사로이 하시듯이 인간 개개인을 가르치실 뿐 아니라 인류 전체를 상대로 해서도 공공연히 가르치신다.[177] 개개인을 상대로 하시는 (가르침은) 그 행동을 하시는 하느님이 아시고 하느님이 상대하시는 당사자들이 안다. 그런데 인류를 상대로 하시는 것은 역사와 예언을 통해서 전수하기로 하셨다. 시간적인 사건들에 관해서는, 지나간 과거의 것이든 다가올 미래의 것이든 이해하기보다는 믿기에 적합하다. 하지만 유일한 구원이신 하느님을 올바로 섬기는 데 있어서 과연 어떤 사람을 믿고 어떤 책을 믿어야 할지 숙고하는 것은 우리가 할 일이다. 그 첫째 과업은 식별識別이다: 유일하신 하느님을 섬겨야 한다고 주장하는 사람들 말을 믿을 것인지 여러 신을 섬겨야 한다고 촉구하는 사람들의 말을 믿을 것인지 식별해야 한다. 물론 유일신을 섬기자고 촉구하는 사람들 말을 따라야 함은 의심의 여지가 없다. 더구나 여러 신을 섬기는 자들까지도 이 한 분이 모든 (신의) 주主요 통치자임에 동의하는 마당에는 말할 나위가 없지 않은가? 무릇 숫자는 하나에서부터 시작한다. 그러니 먼저 하나이신 하느님, 지존하시고 유일하시고 참된 하느님이 계시고 그분만을 섬겨야 한다고 말하는 사람들을 따라야 한다. 그리고 그들에게서 진리가 나타나지 않

---

[177] *De diversis quaestionibus octoginta tribus*, q.44에서 개인의 구원과 인류의 구원이 두 개의 경륜(dispositiones)이지만 이질적이 아님을 보충 설명하다. 『신국론』의 주제가 되기도 하지만 구원을 개개인보다도 인류의 집단적 사건으로 보는 확신이 갈수록 깊어진다.

eluxerit, tum demum migrandum est. Sicut enim in ipsa rerum natura maior est auctoritas unius ad unum omnia redigentis nec in genere humano multitudinis ulla potentia est nisi consentientis, id est unum sentientis, ita in religione, qui ad unum uocant, eorum maior et fide dignior esse debet auctoritas.

**47.** Altera consideratio est dissensionis eius, quae de unius dei cultu inter homines orta est. Sed accepimus maiores nostros eo gradu, quo a temporalibus ad aeterna conscenditur, uisibilia miracula — non enim aliter poterant — secutos esse, per quos id actum est, ut necessaria non essent posteris. Cum enim ecclesia catholica per totum orbem diffusa atque fundata sit, nec miracula illa in nostra tempora durare permissa sunt, ne anima semper uisibilia quaereret et eorum consuetudine frigesceret genus humanum, quorum nouitate flagrauit, nec iam nobis dubium esse oportet his esse credendum, qui cum ea praedicent, quae pauci assequuntur, se tamen sequendos populis persuadere potuerunt. Nunc enim agitur, quibus credendum sit, antequam quisque sit idoneus ineundae rationi de diuinis et inuisibilibus rebus. Nam ipsi rationi purgatioris animae, quae ad perspicuam ueritatem peruenit, nullo modo auctoritas humana praeponitur, sed ad hanc nulla superbia perducit. Quae si non

---

[178] 『재론고』(1,13,6)에서 그는 이것이 수사학적인 표현이지 유일신을 믿지 못하는 태도는 아니라고 변명한다.

[179] 기적(miraculum): 권위에 의거한 신앙을 펴는 수단으로 소개된다(*De utilitate credendi* 16,34). 그러나 어디까지나 잠정적인 표지(signum provisorium)로 간주되고 있다. 인간적인 권위가 이성보다 앞서는 일이 결코 없다.

을 때에야 비로소 다른 데로 나아가야만 한다.[178] 사물의 이치로 보아도 단한 사람의 권위, 만사를 하나로 규합시키는 한 인물의 권위가 더 큰 법이다. 인류(사회)에 있어서는 다수라는 것이 동의同意하지 않는 한, 즉 하나의 말을 듣지 않는 한, 아무런 힘이 없다. 이와 마찬가지로, 종교에 있어서도 유일신에로 부르는 사람들, 그들의 권위가 더 크고 더 신빙성 있음이 틀림없다.

**25.47.** 다음으로, 유일신을 섬기는 문제를 두고 사람들 사이에 생겨난 이견異見에 관해 살펴보자. 알다시피 우리 선조들은 현세적 사물에서 영원한 사물로 자기들을 고양시키는 단계에서 가시적인 기적들을 따랐고, 또 (그 단계에서는) 달리 어쩔 수도 없었다.[179] (그들이 기적을 보고 믿음으로써) 후손들에게는 기적이 더 이상 필요없게 하려는 뜻에서였다. 가톨릭교회가 온 천하에 퍼지고 세워진 다음에는 그런 기적들이 우리 시대까지 지속되도록 허용되지 않았다.[180] 그 이유는 영혼이 늘 가시적인 것을 찾지 않게 하려는 것이고, (기적이 빈번하게 일어나다 보면) 인류가 냉담해져서 기적의 신비가 주는 뜨거운 감정을 못 느끼는 일이 없게 하려는 것이었다. 그리고 소수밖에 이르지 못하는 진리를 설교하더라도, 많은 대중을 설복하여 따르게 만드는 사람들이 있다면, 그런 사람들을 믿어야 한다는 것도 의심의 여지가 없다. 지금 우리는 인간 각자가 신적이고 불가시적인 사물들에 대해 추론하기에 적절한 사람이 되기에 앞서, 어떤 사람의 말을 믿어야 할지에 관해 논하는 중이다. 영혼이 보다 정화되어 자명한 진리에 이르고 나면, 인간적인 권위가 이성보다 앞서는 일이 결코 없다. 다만 오만이 인간을 이 진리로 이끌어 주는 일도 결코 없다. 오만이 없었다면, 이단자

---

[180] 『재론고』(1,13,7)에서는 기적이 일어날 가능성을 부인하는 말이 아니라고 첨언한다.

esset, non essent haeretici neque schismatici nec carne circumcisi nec creaturae simulacrorumque cultores. Hi autem si non essent ante perfectionem populi quae promittitur, multo pigrius ueritas quaereretur.

**XXVI 48.** Dispensatio ergo temporalis et medicina diuinae prouidentiae erga eos, qui peccato mortalitatem meruerunt, sic traditur: Primo unius hominis cuiuslibet nascentis natura et eruditio cogitatur. Prima huius infantia in nutrimentis corporalibus agitur penitus obliuiscenda crescenti. Eam pueritia sequitur, unde incipimus aliquid meminisse. Huic succedit adolescentia, cui iam propagationem prolis natura permittit et patrem facit. Porro adolescentiam iuuentus excipit iam exercenda muneribus publicis et domanda sub legibus, in qua uehementior prohibitio peccatorum et poena peccantium seruiliter coercens carnalibus animis atrociores impetus libidinis gignit et omnia commissa congeminat. Non enim simplex peccatum est, non solum malum, sed etiam uetitum admittere. Post labores autem iuuentutis seniori pax nonnulla conceditur. Inde usque ad mortem deterior aetas ac decolor et morbis subiectior debilisque perducit. Haec est uita hominis uiuentis ex corpore et cupiditatibus rerum temporalium colligati. Hic dicitur uetus homo et exterior et terrenus, etiamsi obtineat eam, quam uulgus uocat felici-

---

[181] 라틴어상의 연령 구분은 현대의 우리 것과 상당히 다르다. infantia(유아기)는 7세 이전, pueritia(아동기=지금의 청소년기)는 로마에서 초·중급 교육을 받는 나이로 7세부터 17세(성년), adolescentia(소년기=지금의 청년기)는 30세까지, iuventus(청년기=지금의 장년기)는 30세 이후로 공직을 수행할 수 있었다. senectus(노년기)를 aetas senior(장년기)와

도, 열교자도, 육체에 할례를 받는 자도, 피조물과 우상을 예배하는 자도 존재하지 않을 것이다. (선택된) 백성이 자기들에게 주어진 언약이 이루어지기 전에 이런 사람들이 나왔기에 망정이지, 그렇지 않았더라면 진리를 탐구하는 노력이 훨씬 미진했을 것이다.

**새 인간과 묵은 인간의 여섯 연세를 통해 구원을 마련하는 하느님 섭리**

**26.48.** 하느님의 섭리가 베푸는 시간의 경륜과 처방이, 죄를 지어 마땅히 사멸하게 된 사람들을 상대로 해서는 이렇게 베풀어진다.[181] 맨 먼저, 태어나는 사람마다 자기 천성과 자기 배움으로 스스로 생각하게 된다. 이 첫째 유아기는 신체적 양육만 생각하게 되고 (시간이 가며) 자라면 다 잊어버린다. 그다음에는 아동기가 오는데 그때의 일은 약간 기억에 남는다. 여기에 소년기가 따라오는데 그때면 이미 자연은 자녀 생산을 허용하고 그래서 아버지가 된다. 그러고는 소년기를 청년기가 잇는데 그 시기에는 이미 공무를 맡을 수 있고 법률의 제동을 겪는다. 죄를 엄금하고 범죄자에게 종살이를 부과할 정도로 엄히 제약하는 바로 이 시기에 육적인 영혼들에게는 성욕의 혹심한 충동이 일고 범행을 배가시키기도 한다. 그때는 단순히 죄가 되는 것이 아니고, 악일뿐더러 금지된 바를 범하는 행위가 된다. 청년기의 수고가 지나면 노인에게는 어느 정도 평온이 주어진다. 그러고는 참으로 좋지 못한 연령에다 쇠약하고 질병에 걸리기 쉬운 허약한 연세에 이르러 죽음에까지 이른다. 바로 이것이 육체에 따라 살며 현세적 사물에 대한 탐욕에 매인 사람의 일생이다. 이런 자를 묵은 인간, 외적인 인간 또는 지상적 인간이라 일컫는다.[182] 물론 그들도 임금이나 군주나 법률

---

aetas debilis(쇠약기)로 나누기도 한다. 문제는 아우구스티누스가 이 같은 연령 구분을 『신국론』에서 인류사의 시기적 구분에 쓴다는 점이다(『신국론』 10,14; 16,24; 21,16; 22,30). 창조의 6일, 인류사를 천 년씩 여섯 시대로 나누어 6천 년으로 보는 교부들의 전통도 있다.

[182] 로마 6,6 참조.

tatem in bene constituta terrena ciuitate, siue sub regibus, siue sub principibus siue sub legibus siue sub his omnibus. Aliter enim bene constitui populus non potest, etiam qui terrena sectatur, habet quippe et ipse modum quendam pulchritudinis suae.

**49.** Hunc autem hominem, quem ueterem et exteriorem et terrenum descripsimus siue in suo genere moderatum siue etiam seruilis iustitiae modum excedentem, nonnulli totum agunt ab istius uitae ortu usque ad occasum, nonnulli autem uitam istam necessario ab illo incipiunt, sed renascuntur interius et ceteras eius partes suo robore spiritali et incrementis sapientiae corrumpunt et necant et in caelestes leges, donec post uisibilem mortem totum instauretur, astringunt. Iste dicitur nouus homo et interior et caelestis habens et ipse proportione non annis, sed prouectibus distinctas quasdam spiritales aetates suas. Primam in uberibus utilis historiae, quae nutrit exemplis. Secundam iam obliuiscentem humana et ad diuina tendentem, in qua non auctoritatis humanae continetur sinu, sed ad summam et incommutabilem legem passibus rationis innititur. Tertiam iam fidentiorem et carnalem appetitum rationis robore maritantem gaudentemque intrinsecus in quadam dulcedine coniugali, cum anima menti copulatur et uelamento pudoris obnubitur, ut iam recte uiuere non cogatur, sed etiamsi omnes concedant, peccare non libeat. Quartam iam id ipsum multo firmius ordinatiusque facientem et emicantem in uirum perfectum atque aptam et idoneam

---

[183] 아리스토텔레스 이래로(*Politica* 4,7) 정치의 전형적인 제도들을 일컫는 유형이 된다.

이나 이 모든 것을 한꺼번에 갖춘[183] 질서가 잘 잡힌 사회에 살면서 사람들이 '행복'이라고 부르는 것을 얻기는 한다. 그런 제도들이 없으면 백성이 제대로 설 수가 없고 지상 것을 추구하는 사람들도 (그 목표를) 제대로 달성하지 못할 것이다. 그러한 사회도 나름대로 아름다움을 지니고 있다.

**26.49.** 우리가 묵은 인간, 외적인 인간 또는 지상적 인간이라고 서술하는 인간들 중에서도 어떤 이들은 나름대로 절도가 있거나 아니면 예속적 정의隷屬的正義[184]의 한도마저 넘거나 하면서 나서부터 죽기까지 묵은 인간으로 살아간다. 그리고 어떤 이들은 어쩔 수 없이 묵은 인간으로 인생을 시작하지만, 내면적으로 재생하여 자기의 나머지 부분을 영적인 힘으로나 증대되는 지혜로 쳐부수고 죽여서 천상 율법에 복종하고자 노력하는데, 가시적인 죽음을 겪은 뒤에 전인全人으로 회복하기까지 힘쓰는 것이다. 이런 사람을 새 인간, 내적 인간 또는 천상적 인간이라 부르는데,[185] 그도 고유한 연령을 가진다. 단지 나이에 따른 연령이 아니고 진보에 따른 영적인 연령으로 구분된다. 첫째 연령은 감화가 큰 역사의 젖을 먹는 시기로 역사는 모범을 가지고서 사람을 양육한다. 둘째는 이미 인간적인 것들을 망각하고 신적인 것들을 지향하는 연령으로, 그때는 인간적 권위의 품에 안겨서 사는 것이 아니고 이성의 발걸음으로 최상의 불변하는 법을 향해 간다. 셋째 연령은, 이미 자신을 얻은 나이로, 육적인 욕망을 이성의 능력과 결합시킬 줄 아는 시기다. 영혼이 지성과 결합할 때도 내면에서는 일종의 혼인의 감미로움을 즐기게 되며, 정절의 베일을 씌워서 이미 억지에 의해서 올바르게 사는 것이 아니고 모든 것이 허용되지만 죄 되는 쾌락은 일체 삼가는 경지다. 넷째 연령은 그보다 훨씬 강건하고 질서가 잡힌 태도로 행동하는 때로서, 완전한 인간을 지향한다. 이 연세는 박해에도, 이 세상의 폭

---

[184] servilis iustitia는 바오로 사도의 사상에 입각한 것으로 벌에 대한 공포나 보상을 바라는 노예(servus)의 심경에서 행하는 준법을 가리킨다.

[185] 에페 4,24 참조.

omnibus et persecutionibus et mundi huius tempestatibus ac fluctibus sustinendis atque frangendis. Quintam pacatam atque omni ex parte tranquillam uiuentem in opibus et abundantia incommutabilis regni summae atque ineffabilis sapientiae. Sextam omnimodae mutationis in aeternam uitam et usque ad totam obliuionem uitae temporalis transeuntem perfecta forma, quae facta est ad imaginem et similitudinem dei. Septima enim iam quies aeterna est et nullis aetatibus distinguenda beatitudo perpetua. Vt enim finis ueteris hominis mors est, sic finis noui hominis uita aeterna. Ille namque homo peccati est, iste iustitiae.

**XXVII 50.** Sicut autem isti ambo nullo dubitante ita sunt, ut unum eorum, id est ueterem atque terrenum possit in hac tota uita unus homo agere, nouum uero et caelestem nemo in hac uita possit nisi cum uetere, nam et ab ipso incipiat necesse est et usque ad uisibilem mortem cum illo quamuis eo deficiente se proficiente perduret, sic proportione uniuersum genus humanum, cuius tamquam unius hominis uita est ab Adam usque ad finem huius saeculi, ita sub diuinae prouidentiae legibus administratur, ut in duo genera distributum appareat. Quorum in uno est turba impiorum terreni hominis imaginem ab initio saeculi usque ad finem gerentium, in altero series populi uni deo dediti, sed ab Adam usque ad Iohannem Baptistam terreni hominis uitam gerentis seruili quadam iustitia, cuius historia uetus testamentum uocatur, quasi terrenum pollicens reg-

---

[186] 각주 181 참조. 육체의 연령을 영적 인간의 정신연령으로 절충시키는 이 방식은 후대에 고정적으로 인용된다. 일곱째는 사실 연령 구분에 해당되지 않으니 여전히 여섯 연령층이다.

풍과 파도에도 견디고 버티기에 합당한 경지다. 다섯째는 평온해지고 모든 면에서 평정을 찾은 연령으로, 불변하는 나라의 부요함이며 형언할 수 없는 최상의 지혜를 풍요하게 누리는 생활이다. 여섯째 연령에서는 영원한 생명에로의 전환이 모든 면에서 이루어지고 현세 생활을 완전히 망각하여, 하느님의 모상이자 비슷한 모습에 이르러 완전무결한 형상이 된다. 그리고 일곱째는 이미 영원한 안식으로서 그 끝없는 행복은 그 어떤 연세로도 나눌 수가 없다. 묵은 인간의 종말이 죽음이듯이, 새 인간의 종국은 영원한 생명이다. 먼저 인간이 죄의 인간이라면 이 나중 인간은 의덕義德의 인간이기 때문이다.[186]

### 인류의 역사에 드러나는 두 종류 인간의 행보

**27.50.** 이 두 종류의 인간, 곧 묵고 지상적인 인간은 한 사람이 일평생을 두고 끌고 다닐 수가 있는 데 비해, 새롭고 천상적인 인간은 필히 묵은 인간과 동시에 지닐 수밖에 없는 것이, 사람은 필히 묵은 인간으로 일생을 시작하게 마련인 데다가 가시적인 죽음이 일어나기까지는, 비록 묵은 인간은 쇠해 가고 새 인간은 자라난다 할지라도, 항상 이 묵은 인간을 함께 끌고 다니지 않을 수 없는 까닭이다. 이와 비슷하게 인류도 아담에서부터 이 세상 끝날 때까지는 마치 한 사람의 일생과 흡사하게 신적 섭리의 법칙에 의해 지배받는데, 그것이 나타나는 모양은 마치 두 부류의 인류로 나뉘어 있는 것처럼 보인다.[187] 그중 한 부류에는 불경한 자들의 무리가 세상 처음부터 마지막까지 지상적 인간의 모상을 구현하고 있음에 비해서, 다른 부류에서는 하나이신 하느님을 섬기는 백성이 계승되어 왔다. 그러나 이 후자에서는 아담에서부터 세례자 요한에 이르기까지의 지상적 인간의 생활을 영위하되 어느 정도 예속적인 정의라도 지니고 있었으니 그들의 역사를 구약舊約이라 일컫는다. 구약은 (그들에게) 지상의 나라를 언약하였

---

[187] 인류를 신의 섭리(와 예정)에 의해 두 부류로 나누는 시각은 여기서 시작하여 그의 저서들을 통해 발전하다가 『신국론』(14-18권)에서 완전히 개화하여 그의 역사신학을 이룬다.

num, quae tota nihil est aliud quam imago noui populi et noui testamenti pollicentis regnum caelorum. Cuius populi uita interim temporalis incipit a domini aduentu in humilitate usque ad diem iudicii, quando in claritate uenturus est. Post quod iudicium uetere homine exstincto erit illa mutatio, quae angelicam uitam pollicetur. *Omnes enim resurgemus, sed non omnes immutabimur.* Resurget ergo pius populus, ut ueteris hominis sui reliquias transformet in nouum. Resurget autem impius populus, qui ab initio usque ad finem ueterem hominem gessit, ut in secundam mortem praecipitetur. Aetatum autem articulos, qui diligenter legunt, inueniunt nec zizania nec paleas perhorrescunt. Impius namque pio uiuit et peccator iusto, ut eorum comparatione alacrius donec perficiantur assurgant.

**XXVIII 51.** Quisquis autem populi terreni temporibus usque ad illuminationem interioris hominis meruit peruenire, genus humanum pro tempore adiuuit exhibens ei, quod aetas illa poscebat, et per prophetiam intimans id, quod exhibere opportunum non erat. Quales patriarchae ac prophetae inueniuntur ab eis, qui non pueriliter insiliunt, sed pie diligenterque pertractant diuinarum et humanarum rerum tam bonum et tam grande secretum. Quod etiam tem-

---

[188] 1코린 15,51(직역).

[189] 묵시 2,11과 21,8에 근거하여 '두 번째 죽음'은 영육의 완전한 소멸을 뜻하는 것이 아니며, 첫번 죽음과는 달리 감각도 다 없어지지 않고(지옥벌을 받기 위해서) 통각(痛覺)은 남는다고 하였다.

으니, 이 역사는 그 전체가 새 백성과 신약新約의 모상模像에 불과하였고, 신약이야말로 천상의 나라를 언약하였던 것이다. 이 (새) 백성의 삶은 임시 시간적인 것으로 주님이 비천한 가운데 내림하심으로부터 시작하여서 주님이 찬란한 광채중에 오실 때에 (있을) 심판의 날까지 계속된다. 그 심판이 있은 다음, 묵은 인간은 제거되고, 천상적 생명을 약속하는 저 변혁이 이루어질 것이다. **우리 모두가 부활하겠지만, 우리 모두가 변화하지는 않을 것입니다.**[188] 그러니까 경건한 백성은 자기가 지닌 묵은 인간의 마지막 흔적을 새 인간으로 변화시키기 위하여 부활할 것이다. 불경한 백성도 부활은 하는데 처음부터 끝까지 묵은 인간을 이끌어 왔으니 두 번째 죽음에로[189] 떨어지기 위하여서다. (성경을) 주의 깊게 읽는 사람들은 연세의 구분을 거기서 발견하겠지만, 가라지를 겁내지도 않고 검불을 두려워하지도 않을 것이다.[190] 불경한 백성은 경건한 백성을 위해서 살고 죄인은 의인을 위해서 사는 것이니, (불경하고 죄 있는 사람들을 보고서 경건하고 의로운 사람들이) 더욱 분발하고 완덕完德에 이르기까지 향상하기 위함이다.

**어떤 가르침이 누구에게 어떤 방식으로 전수되는가?**

**28.51.** 지상적인 백성의 시대에 내적 인간의 조명照明에 이를 만큼 공을 쌓은 사람은 시대에 따라서 인류를 도와 왔으니, 그 시대가 요망하는 바는 드러내어 제시하고, 아직 제시하기에 적절하지 못한 바는 예언을 통해서 가려 두는 역할을 한다. 그리하여 그들에게서 성조聖祖들과 예언자들이 등장하였으니 그들은 신적인 사항과 인간사에 관한 그토록 선하고도 그토록 위대한 비밀에 유치하게 덤비지 않고 오히려 경건하고 열심하게 이 비밀

---

[190] 마태 13,24-30에 준하여 아우구스티누스는 두 부류의 인류가 (교회 내에서) 공존하고 있음을 강조하고(『그리스도교 교양』 32,45 참조), 티코니우스(Ticonius)의 용어 corpus bipartitum[이분(二分)된 몸] 또는 corpus permixtum(혼합된 몸)을 사용한다.

poribus noui populi a magnis et spiritalibus uiris ecclesiae catholicae alumnis uideo cautissime prouideri, ne quid populariter agant, quod nondum esse temporis, ut cum populo agatur, intellegunt. Alimenta lactea large auidis pluribus atque instanter infundunt, ualidioribus autem cibis cum sapientibus paucis uescuntur. Sapientiam enim loquuntur inter perfectos, carnalibus uero et animalibus et quamuis nouis hominibus adhuc tamen paruulis nonnulla obtegunt, sed nulla mentiuntur. Non enim uanis honoribus suis consulunt et inanibus laudibus, sed utilitati eorum cum quibus societatem uitae huius inire meruerunt. Haec enim lex est diuinae prouidentiae, ut nemo a superioribus adiuuetur ad cognoscendam et percipiendam gratiam dei, qui non ad eandem puro affectu inferiores adiuuerit. Ita de peccato nostro, quod in homine peccatore ipsa natura nostra commisit, et genus humanum factum est magnum decus ornamentumque terrarum et tam decenter diuinae prouidentiae procuratione administratur, ut ars ineffabilis medicinae ipsam uitiorum foeditatem in nescio quam sui generis pulchritudinem uertat.


**XXIX 52.** Et quoniam de auctoritatis beneficentia, quantum in praesentia satis uisum est, locuti sumus, uideamus, quatenus ratio possit progredi a uisibilibus ad inuisibilia et a temporalibus ad ae-

---

[191] 1코린 2,6; 3,1-3; 에페 5,12 등에 준거한 인간의 영성적 발전에 따른 구분을 따른다.

[192] "범죄한 인간(아담) 안에서 우리의 본성(ipsa natura nostra)이 저지른 죄." 아우구스티누스의 원죄론은 인간성(natura humana)이 첫 인간 안에서 범죄를 저질렀으며 따라서 개개인 후손에게도 책임이 있는 행위로 유도한다.

을 취급한다. 새 백성의 시대에 와서도 (이 일은) 가톨릭교회의 가르침을 받는 위대한 영적 인물들에게서 극히 조심스럽게 진행됨을 목격하는 중이다. 그들은 대중을 상대로 문제를 논할 때에는, 아직 때가 되지 않았다고 판단하는 논제에 관해서는 대중적으로 취급하지 않으려고 애쓴다. 식욕이 왕성한 다수 대중에게는 넉넉히 또 꾸준히 우유로 만든 자양분을 입에 넣어 주고 현명한 소수자에게는 제법 강한 음식을 먹여 주는 것이다. 완성자들에게는 지혜를 이야기하는 데 비해, 육적이고 물질적인 사람들에게는, 비록 새로운 인간들이기는 하지만, 어린아이에게 하듯이 어떤 (진리는) 감추는데,[191] 그렇다고 해서 거짓말을 하는 것은 아니다. 자기의 허황된 명성에서 또 (상대에 대한) 터무니없는 찬사로 이야기를 나누려는 것이 아니고, 현세의 삶을 함께 살아가기로 된 그 사람들의 이익을 염두에 두고서 이야기를 나누는 것이다. (우리가 말하는) 이것은 하느님 섭리의 광명이다. 누구든지 순수한 마음으로 이 빛에 이르도록 아랫사람들을 돕지 않는 한, 하느님의 은총을 깨닫고 인식하는 데 있어서 윗사람들의 도움을 받지 못한다. 범죄한 인간 안에서 우리의 본성이 저지른 죄로[192] 인해서도 인류는 지상의 대단한 영예와 장식이 되었으며, 하느님 섭리의 참으로 품위 있는 돌보심을 입었으니, 형언할 수 없는 (하느님의) 의술醫術은 악덕의 부패 그 자체를 나도 도저히 알지 못할 아름다움으로 변화시키는 까닭이다.[193]

**또 다른 구원의 수단인 이성은 어떻게 인간을 하느님께 이끄는가?**

**29.52.** 권위의 이점에 관해서는, 적어도 지금으로서는, 충분히 말했다고 보이므로, 이제는 이성理性이 어떻게 가시적 사물에서 불가시적 사물로, 잠시적 사물에서 영원한 사물로 상승할 수 있는지 살펴보기로 한다.[194]▶ 창

---

[193] 유명한 o, felix culpa!(오, 복된 죄여!)를 이해하는 열쇠다. 교부가 본 역사는 근본적으로 구원의 역사이므로 시간의 차원에서 최고선의 궁극적 승리를 담보한다.

terna conscendens. Non enim frustra et inaniter intueri oportet pulchritudinem caeli, ordinem siderum, candorem lucis, dierum et noctium uicissitudines, lunae menstrua curricula, anni quadrifariam temperationem quadripartitis elementis congruentem, tantam uim seminum species numerosque gignentium et omnia in suo genere modum proprium naturamque seruantia. In quorum consideratione non uana et peritura curiositas exercenda est, sed gradus ad immortalia et semper manentia faciendus. Proximum est enim attendere, quae ista sit natura uitalis, quae cuncta ista sentit. Quae profecto quoniam uitam dat corpori, praestantior eo sit necesse est. Non enim qualiscumque moles, quamquam ista uisibili luce praefulgeat, si uita caret, magni aestimanda est. Quaelibet namque uiua substantia cuilibet non uiuae substantiae naturae lege praeponitur.

53. Sed quia irrationalia quoque animantia uiuere atque sentire nemo ambigit, illud in animo humano praestantissimum est, non quo sentit sensibilia, sed quo iudicat de sensibilibus. Nam et uident acutius et ceteris corporis sensibus acrioribus corpora attingunt pleraeque bestiae quam homines, sed iudicare de corporibus non sentientis tantum uitae, sed etiam ratiocinantis est, qua illae carent nos excellimus. Iam uero illud uidere facillimum est praestantiorem esse iudicantem, quam illa res est, de qua iudicatur. Non solum autem

---

◂194 신구약 성경과 교부들이 전통적으로 사용한, '피조물들에게서 창조주께로' 소급하는 (regressio) 인식론이 소개된 것이다. 그는 이것으로 신 존재 증명을 시도하지는 않는다: "나는 De vera religione에서 이성으로 신이 있다고 결론하거나 추리로 신은 있어야 한다(ratione cogi Deum esse, vel ratiocinando effici Deum esse debere)고 주장하지는 않았다"(Epistulae 162). "셋 더하기 일곱은 열이라야 한다"는 말은 "셋 더하기 일곱은 열이다"라는 단언적인 말이지, "(다른 숫자일 수도 있지만) 열이라야 한다"는 선택적 의미가 아니라는 뜻이다.

공의 아름다움이며 별들의 운행, 빛의 광휘며 낮과 밤의 갈아듦, 달이 차고 기우는 순환이며 한 해가 사원소四元素에 맞추어 사계절로 나누어짐, 씨앗의 그 놀라운 위력이며[195] 종자를 탄생시키고 많은 결실을 거두는 현상, 만물이 종류대로 고유한 (존재) 양상을 보전하고 본성을 보전하는 일, 이 모두를 공연히 허사로 관찰하는 것이 아니다. 이 모든 일을 관찰하면서 헛되고 없어질 호기심을 진작시키는 것이 아니고, 불사불멸하고 항속하는 사물로 (오르는) 계단으로 삼아야 하는 것이다. 그다음은 이 모든 사실을 파악하는 생명의 본성이 어떤 것인지 주의 깊게 관찰하는 일이다. 그것이 육체에 생명을 주는 이상 육체보다 우월함이 틀림없다. 어떤 물체이든, 그것이 가시적인 빛을 제아무리 찬란히 발한다 할지라도, 생명이 없으면, 대수로울 것이 없다. 자연의 법칙에 의하건대, 생명이 있는 실체는 어떤 것이든 간에 생명이 없는 실체보다 월등하다.[196]

**29.53.** 비이성적인 동물이 생명이 있고 감각이 있음을 아무도 부인하지 않지만, 인간 정신에 있어서 극히 탁월한 점은 감각적인 것을 감지하는 (능력에) 있지 않고 감각적인 것에 대해서 판단하는 (능력에) 있다.[197] 예리하게 보고 육체의 다른 감관으로 보다 예민하게 물체를 감지하기로 말하면, 많은 짐승이 사람보다 월등하다. 그렇지만 물체에 관해서 판단하는 것은 지각만 하는 생명의 것이 아니라 추리를 하는 생명의 것이어서, 그 점은 짐승들이 갖추지 못했고 우리는 그 점에 있어서 탁월하다. 물론 판단하는 주체가 판단받는 사물보다 훌륭함은 극히 쉽게 알 수 있다. 이성적 생

---

[195] 40,74(latentes numeros)와 각주 258 참조.

[196] 39,72에 더 상세히 개진된다.

[197] 아우구스티누스의 인식론에서는, 지성(mens)은 진리 자체에 어떤 모양으로 참여하고 있으므로 감관보다 우월하며 따라서 지성이 진리께서 주시는 내적인 조명을 받아 직관하는 대상이 참인식이라는, 플라톤 사상과 병행하여, 영혼과 육체의 단일성을 인정하고 영혼은 육체를 통해서 무엇을 감지한다는, 아리스토텔레스의 상식적 견해가 엇갈려 있다.

rationalis uita de sensibilibus, sed de ipsis quoque sensibus iudicat: Cur in aqua remum infractum oporteat apparere, cum rectus sit, et cur ita per oculos sentiri necesse sit. Nam ipse aspectus oculorum renuntiare id potest, iudicare autem nullo modo. Quare manifestum est ut sensualem uitam corpori, ita rationalem utrique praestare.

**XXX 54.** Itaque si rationalis uita secundum se ipsam iudicat, nulla iam est natura praestantior. Sed quia clarum est eam esse mutabilem, quando nunc imperita nunc perita inuenitur, tanto autem melius iudicat, quanto est peritior, et tanto est peritior, quanto alicuius artis uel diciplinae uel sapientiae particeps est, ipsius artis natura quaerenda est. Neque nunc artem intellegi uolo, quae notatur experiendo, sed quae ratiocinando indagatur. Quid enim praeclarum nouit, qui nouit ea impensa, quae calce et arena conficitur, tenacius lapides cohaerere quam luto, aut qui tam eleganter aedificat, ut quae plura sunt paria paribus respondeant, quae autem singula medium locum teneant, quamquam iste sensus iam sit rationi ueritatique uicinior? Sed certe quaerendum est, cur nos offendat, si duabus fenestris non super inuicem, sed iuxta inuicem locatis, una earum maior minorue sit, cum aequales esse potuerint, si uero super in-

---

[198] 후대 학자들이 도입하는 reditio ad se ipsum[의식(意識)의 자기 귀환(自己歸還)]이 아우구스티누스에 의해서 착안되고 있다. 인간 지성의 반성(反省) 능력은 지성이 대상인 사물 자체에 매이지 않음을 보여 주는 증거로 채택된다.

[199] 육체적 감관은 상위의 기능에 의해서 점검과 감독을 받아야 한다는 언급이 본서 곳곳에 보인다. 물 속의 꺾여진 노는 판단력 개입의 필요성을 보여 주는 전형적인 예다(33,62에 다시 논한다). 그러나 "감관은 포착한 바를 그르침이 없이 그대로 전한다"는 명제와 그러나 감각을 "진리의 판단 기준으로 삼으면 인간을 오류로 인도한다"는 명제 둘 다 공존한다.

명은 감각적 사물들에 관해서뿐만 아니라 감관 자체에 대해서까지 판단한다.[198] 물에 잠긴 노가 똑바른 데도 왜 꺾여 보이는가? 왜 눈에는 그렇게 보일 수밖에 없는가? 눈의 시각은 (보이는) 그것을 전달할 수는 있지만, 판단은 전혀 내릴 수가 없다. 그러므로 감각을 하는 생명이 물체보다 월등하듯이, 이성적인 생명은 그 둘보다 월등하다.[199]

**판단의 규범이 되는 진리라는 영원법은 이성보다 월등하다**[200]

**30.54.** 이성적 생명이 자기 자체에서 판단을 내린다면, 어느 자연(사물)도 이보다 월등하지 못하다. 그러나 (이성적인 생명도) 가변적이어서 때로는 능숙하고 때로는 능숙하지 못하며, 능숙하면 할수록 판단을 잘하고 다른 기술과 학문과 지혜에 참여하면 할수록 능숙해진다는 사실을 볼 때, 이 (판단) 기술의 성격을 검토할 필요가 있다. 그러나 내가 지금 알려고 하는 기술은 경험에서 감지되는 그 기술이 아니라 추리하면서 발견되는 그 기술이다. 모래와 석회를 섞으면 진흙보다 돌을 더 잘 접착시킨다는 사실을 누가 안다고 할 때 그것이 각별히 훌륭해지는 근거는 무엇인가? 또 건물을 멋있게 지어 부분과 부분이 서로 대칭을 이루고 모든 부분이 중앙으로 집중되게 만들 때, 여기에는 이미 (미적) 감각이 이성과 진리에 더욱 근사하게 접근해 있다고는 하더라도, 과연 그것이 훌륭한 근거는 무엇인가? 후자의 경우에 우리는 이런 질문을 해 봐야 한다. 두 개의 창문이 위아래로 달리지 않고 나란히 달린다거나,[201] 똑같은 크기여야 할 창문들이 하나는 크고 하나는 작을 때 왜 우리 (심미감이) 상하는가? 그러다가도 하나가 다른 하나 위에 있을 경우에는 크기가 다르더라도 심미감이 상하지 않을 것이

---

[200] 판단의 기준은 감각상이 아니라 지성에 새겨져 있는, '선험적'(이 말을 쓸 수 있다면) 규범임을 미학(美學), 즉 심미안(審美眼)을 예거하여 주장한다. 이것은 플로티누스의 이론이기도 하다(*Enneades* 4,3,10; 5,5,12; 5,8,1).

[201] 창문의 예는 로마의 건축가 Vitruvius(*De architectura* 1,3; 3,1)에게서 차용한 것으로, '비례'라는 것과 '합리성'(감각 이전의 지성적인 원리)이 서로 연관된다는 논증으로 쓰인다. 둘 다 ratio라는 동일한 어휘로 표현한다.

uicem fuerint ambaeque de medio quamuis impares, non ita offendat illa inaequalitas; et cur non multum curemus, quanto sit una earum aut maior aut minor, quia duae sunt? In tribus autem sensus ipse uidetur expetere, ut aut impares non sint aut inter maximam et minimam ita sit media, ut tanto praecedat minorem, quanto a maiore praeceditur. Ita enim primo quasi natura ipsa consulitur, quid probet. Vbi potissimum notandum est, quemadmodum quod solum inspectum minus displicuerit in melioris comparatione respuatur. Ita reperitur nihil esse aliud artem uulgarem, nisi rerum expertarum placitarumque memoriam usu quodam corporis atque operationis adiuncto, quo si careas iudicare de operibus possis, quod multo est excellentius, quamuis operari artificiosa non possis.

55. Sed cum in omnibus artibus conuenientia placeat, qua una salua et pulchra sunt omnia, ipsa uero conuenientia aequalitatem unitatemque appetat uel similitudine parium partium uel gradatione disparium, quis est, qui summam aequalitatem uel similitudinem in corporibus inueniat audeatque dicere, cum diligenter considerauerit, quodlibet corpus uere ac simpliciter unum esse, cum omnia uel de specie in speciem uel de loco in locum transeundo mutentur et partibus constent sua loca obtinentibus, per quae in spatia diuer-

---

[202] 용어들의 번역은 자의적임: 본항의 '조화'(conuenientia) · '균형'(aequalitas) · '통일'(unitas) · '대칭'(paritas) · '상합'(similitudo) · '연계적 배열'(gradatio), 30,56의 '동일'(paritas) · '유사'(similitudo) · '비례'(congruentia) 등. 또한 unitas라는 어휘가 '통일'과 '단일성' 혹은 '단일체' 심지어 '일자'라는 의미로 번역되고 있음도 염두에 두기 바란다.

며, (작은 것이) 크기가 반밖에 안 되더라도 그런 불균형이 이상하게 느껴지지 않는 이유는 무엇인가? 그것이 둘일 경우에는 하나는 크고 하나는 작다고 해도 그다지 마음을 쓰지 않는 까닭이 무엇인가? 그러다가 셋이 나오면 그 심미감이 기대하는 바로는 셋이 크기가 달라서는 안 된다든가, (만일 다를 경우는) 제일 큰 것과 제일 작은 것 사이에 끼는 중간 것이 작은 것보다 큰 정도와 큰 것보다 작은 정도가 똑같아야 한다는 식이다. 그러니까 언뜻 보기에 우리의 천성이 (어떤 것이 아름답다는) 기준을 제시하는 것 같다. 또 여기서 각별히 유의할 점은 하나만 보았을 때에는 그다지 나쁘지 않던 것이 더 좋은 것과 대조함으로써 값어치가 떨어지는 현상이다. 그렇게 볼 때, 대중적인 예술이라는 것은 이미 경험하여 마음에 들었던 사물들을 전수시키는 것 외에 다른 것이 아니며, 거기에 솜씨와 연습이 첨가된 것임을 알 수 있다. 하지만 그대에게 만일 솜씨와 연습이 없다 해도, 적어도 (남의) 작품에 대한 평가는 내릴 수 있으니, 비록 예술 작품을 만들 능력이 없더라도 (그 판단력은) 훨씬 중요한 것이다.

**30.55.** 하지만 모든 예술에서 조화가 이루어져야 하고, 그것 하나에 의해서 모든 사물이 아름답고 온전한 것이 된다. 그리고[202] 조화는 균형과 통일을 요구한다. (균형과 통일은) 대칭된 부분들의 상합相合으로나 상이한 부분들의 연계적 배열로 달성된다. 그런데 자기는 물체에서 최고의 균형과 대칭을 발견하노라고 감히 단언할 수 있는 사람이 그 누군가? 또 어떤 물체를 주의 깊게 관찰한 다음 그 물체가 참으로 단순한 통일체라고 감히 공언할 사람이 누군가? 사물은 모두가 이 형상에서 다른 형상으로, 이 장소에서 다른 장소로 변전變轉하면서 달라지는 법이며, 그것을 이루는 부분들이 여럿이면서 부분마다 다른 공간들을 점유하고 있기 때문에 결국 (그 사물이) 여러 공간으로 분리되는데 (어떻게 하나의 사물로 통일되어 있다

sa diuiduntur? Porro ipsa uera aequalitas ac similitudo atque ipsa uera et prima unitas non oculis carneis neque ullo tali sensu, sed mente intellecta conspicitur. Vnde enim qualiscumque in corporibus appeteretur aequalitas aut unde conuinceretur longe plurimum differre a perfecta, nisi ea quae perfecta est mente uideretur? Si tamen, quae facta non est, perfecta dicenda est.

56. Et cum omnia, quae sensibiliter pulchra sunt siue natura edita siue artibus elaborata locis et temporibus pulchra sint ut corpus et corporis motus, illa aequalitas et unitas menti tantummodo cognita, secundum quam de corporea pulchritudine sensu internuntio iudicatur, nec loco tumida est nec instabilis tempore. Non enim recte dici potest secundum eam iudicari rotundum canthum et non secundum eam rotundum uasculum aut secundum eam rotundum uasculum et non secundum eam rotundum denarium. Similiter in temporibus atque in motibus corporum ridicule dicitur secundum eam iudicari aequales annos et non secundum eam aequales menses aut secundum eam aequales menses et non secundum eam aequales dies. Sed siue per haec spatia siue per horas siue per breuiora momenta conuenienter moueatur aliquid, eadem una et incommutabili aequalitate iudicatur. Quod si minora et maiora spatia figurarum atque motionum secundum eandem legem parilitatis uel similitudinis uel congruentiae iudicantur, ipsa lex maior est his om-

---

203 부분으로 된 사물들을 '하나'로 보거나, 조화와 균형은 mente intellecta(지성으로 파악하는 대상)임을 논증한 것이다.

204 "만들어진 것(facta)이 아니지만 완전하다(perfecta)라고 말할 수 있다"라는 직역이 정확하다. '완전한'(perfectus)이라는 단어는 perficere(끝마치다, 다 만들다)라는 동사에서 파생한

는 말을 하는가?) 그러므로 참다운 균형과 상합 그 자체, 참다운 원초적 통일성은 육안으로나 다른 어느 감관으로 파악되는 것이 아니라 지성으로 파악되어 관조되는 것이다.[203] 그리고 물체들에게서 균형을 바라고 어떤 물체가 완전한 균형으로부터 정말 심하게 일탈되어 있다는 지각이 어디서 오는 것일까? 완전무결한 균형을 지성으로 관조하고 있지 않으면 어디서 오겠는가? 그것이 만들어진 것이 아닐진대, 완전하다고 말할 수 있다.[204]

**30.56.** 감각적으로 아름다운 모든 사물은 자연이 낸 것이거나 예술로 만든 작품이거나 간에, 시간과 공간상으로 아름다운 사물이다. 그에 비해서 저 균형과 통일은 지성에만 인식되며, 물체적 아름다움에 관해서, 감관의 중개를 거쳐서 판단이 내려진다면 저 균형과 통일에 의해서다. 그런데 저 균형과 통일성은 공간 안에 분산되거나 시간 안에 변천되거나 하지 않는다. 따라서 굴렁쇠가 둥글다는 것은 (균등의 척도로) 판단할 수 있는 데 비해, 항아리가 둥글다는 것은 (같은 척도로) 판단이 안 된다는 말은 성립 안 된다. 시간에 대해서나 물체의 운동에 대해서도 같은 말을 할 수 있다. 즉, 같은 (균등의 척도에 의해서) 햇수의 길이가 같은 것임은 판단되는데 (같은 척도로) 달이 같음은 판단이 안 된다거나, 설령 달의 길이는 같은 것으로 판단되지만 날의 길이는 같다고 판단이 안 된다는 말은 우습다. 어떤 물체가 일정한 공간 속을 움직이든 몇 시간에 걸쳐서나 그보다 짧은 시간의 단위로 움직이든 간에, 조화에 맞추어 (일정한 속도나 간격으로) 움직인다면, 그 움직임은 단일하고 불변하는 균등의 척도에 의해서 판단되고 있는 것이다. 형태의 공간적인 크고 작음, 운동의 공간적인 크고 작음은 언제나 동일同一이나 유사類似나 비례比例라는 여일한 법칙에 의해서 판단된다. 그리고 이 법칙이 (형태나 운동의 시공간상의 연장들보다) 월등한

---

만큼 '만들어지지' 않은 것에다 '(완전히) 만들어지다'라는 어휘를 사용하고 있음을 변명하는 수사적 문장이다.

nibus, sed potentia, ceterum spatio aut loci aut temporis nec maior nec minor, quia si maior esset, non secundum eam iudicaremus minora, si autem minor esset, non secundum eam iudicaremus maiora. Nunc uero cum secundum totam quadraturae legem iudicetur et forum quadratum et lapis quadratus et tabella et gemma quadrata, rursus secundum totam aequalitatis legem iudicentur conuenire sibi motus pedum currentis formicae et secundum eam gradientis elephanti, quis eam dubitet locorum interuallis ac temporum nec maiorem esse nec minorem, cum potentia superet omnia? Haec autem lex omnium artium cum sit omnino incommutabilis, mens uero humana, cui talem legem uidere concessum est, mutabilitatem pati possit erroris, satis apparet supra mentem nostram esse legem, quae ueritas dicitur.

**XXXI 57.** Nec iam illud ambigendum est incommutabilem naturam, quae supra rationalem animam sit, deum esse et ibi esse primam uitam et primam essentiam, ubi est prima sapientia. Nam haec est illa incommutabilis ueritas, quae lex omnium artium recte dicitur et ars omnipotentis artificis. Itaque cum se anima sentiat nec corporum speciem motumque iudicare secundum se ipsam, simul oportet agnoscat praestare suam naturam ei naturae de qua iudicat, praestare autem sibi eam naturam, secundum quam iudicat et de qua iudicare nullo modo potest. Possum enim dicere, quare similia

---

[205] 일자(一者, Unum)가 무한하다고 할 때 그것은 연장(延長, extensio)에 의해 무한한 것이 아니고, 하나의 가능성(potentia)에 의해 무한하다는 플로티누스 개념(*Enneades* 5,5,10; 6,9,6)이 도입된 것이다. '척도'로서의 이 법칙은 아무리 '무한하다'는 형용을 하더라도 일정한 크기나 길이를 가지게 되면 모든 크기나 길이를 측정할 수가 없다는 통념이다.

것은 사실이지만 어디까지나 가능성으로서 그럴 따름이다. 사물들이 가지는 시간과 공간의 연장 자체로 말미암아 어떤 것이 크고 작은 것은 아니다. 만일 (그 연장으로 말미암아) 크다고 한다면, 그것을 척도로 더 작은 것을 판단할 수 없을 것이다. 또 (그것을 기준으로) 작다고 한다면, 그것을 척도로 더 큰 것을 판단할 수 없을 것이다. 사각형의 광장廣場이든 사각의 돌이든 사각형 책상이나 조그만 사각의 보석이든 그 밖의 무슨 물건이든 간에 그것이 사각형인 한, 우리는 사각형의 법칙에 준해서 판단한다. 마찬가지로 부지런히 달려가는 개미의 보폭을 비례의 법칙에 의거해서 판단하듯이 점잖게 걸어가는 코끼리의 보폭도 우리는 동일한 비례의 법칙에 의거해서 판단한다. 그렇다면 시간과 공간의 간격을 (판단하는 그 척도가) 비록 하나의 가능성으로서는, 모든 물체를 초월한다고는 하지만, (그 척도 자체가) 무엇보다도 더 크고 더 작고 하지는 않다는 사실을 누가 의심하겠는가?[205] 그러므로 이 법칙, 모든 예술에 적용되는 이 법칙은 불변하는 것이다. 다만 그 법칙을 직관하도록 허용된 인간 지성은 오류의 변화를 겪을 수 있다. 따라서 (예술의 척도가 되는 이) 법칙은 우리 지성을 초월하는 것임이 분명하며, 이 법칙을 일컬어 진리라고 한다.

**이성이 판단 규범으로 삼는 최고법은 하느님이시다**

**31.57.** 이성적 영혼 위에 있는 불변의 본성이 곧 하느님임은 이론의 여지가 없다. 아울러 원초적 생명과 원초적 유有는 원초적 지혜가 있는 곳에 존재한다는 것도 이의가 없다. 이 지혜야말로 불변하는 진리이고, 이 진리가 의당 모든 예술의 법이라 불리고 또한 전능하신 예술가의 예술이기도 하다. 그러므로 영혼은 자기를 기준으로 물체들의 미美와 율동을 판단하지 않음을 감지하고 있다. 영혼의 본성이 그 판단하는 대상물보다 우월하다는 것은 인정해야겠지만, 자기가 판단을 내리는 기준으로 삼으면서 동시에 그 기준에 대해서는 자기가 판단을 내릴 권리가 없는 (사물이 있고) 그 사물의 본성이 영혼 자신보다 우월하다는 것까지도 인정하지 않으면 안

sibi ex utraque parte respondere membra cuiusque corporis debeant, quia summa aequalitate delector, quam non oculis, sed mente contueor. Quapropter tanto meliora esse iudico, quae oculis cerno, quanto pro sua natura uiciniora sunt his, quae animo intellego. Quare autem illa ita sint, nullus potest dicere nec ita esse debere quisquam sobrie dixerit, quasi possint esse non ita.

**58.** Quare autem nobis placeant et cur ea quando melius sapimus uehementissime diligamus, ne id quidem quisquam, si ea rite intellegit, dicere audebit. Vt enim nos et omnes animae rationales secundum ueritatem de inferioribus recte iudicamus, sic de nobis, quando eidem cohaeremus, sola ipsa ueritas iudicat. De ipsa uero nec pater, non enim minus est quam ipse, et ideo quae pater iudicat per ipsam iudicat. Omnia enim, quae appetunt unitatem, hanc habent regulam uel formam uel exemplum uel si quo alio uerbo dici se sinit, quoniam sola eius similitudinem, a quo esse accepit, impleuit. Si tamen "accepit" non incongrue dicitur pro ea significatione, qua filius appellatur, quia non de se ipso est, sed de primo summoque principio, qui pater dicitur, *ex quo omnis paternitas in caelo et in terra nominatur.* Pater ergo *non iudicat quemquam, sed omne iudicium dedit filio,* et *spiritalis homo iudicat omnia, ipse*

---

[206] 각주 194 참조. 진리 혹은 최고의 아름다움은 인간 이성에서 연역되는 결론이 아니고, 그 진리와 아름다움에 의거해 이성이 다른 사물들을 판단하는 것이다. 왜 그렇게 되어야 하는지 이성이 설명하지 못하는 까닭이 여기 있다.

된다. 사실 여기서 이런 말을 할 수 있다: 한 신체의 지체는 양편에서 대칭을 이루어야만 보기에 좋은데, 인간은 완전한 대칭을 (직관하여) 즐기고 있으며 다만 그 (완전한 대칭을) 육안으로가 아니라 지성으로 직관하고 있다. 그리하여 눈에 비치는 그 많은 사물이 그 본성에 있어서, 우리가 이해하고 있는 그 사물들과 흡사하면 할수록 그만큼 더 좋다고 우리가 판단한다. 하지만 그 사물이 왜 그렇게 생겨야만 (마음에 드는지는) 아무도 말 못한다. 또 그 사물은 꼭 이래야만 한다고 — 이 말은 그 사물이 마치 달리 생길 수도 있다는 의미를 담고 있다 — 감히 단정할 수 있는 사람도 아무도 없다.[206]

**31.58.** 그렇다면, 온당하게 사리를 파악한 사람이라면, 어떤 사물이 왜 우리 마음에 드는지, 그리고 어떤 사물이 더 좋다고 보이면 왜 그것을 열렬히 사랑하게 되는지도, 감히 자신 있게 설명하지 못한다. 우리와 이성적 영혼 전부가 진리에 의거해서 (우리보다) 하위에 있는 사물들을 올바로 판단하게 되듯이, 우리가 그 진리에 귀의할 때, 우리에 대해서 판단을 내리는 것도 오직 진리뿐이다. 이 진리에 대해서는 성부께서도 판단하지 않으신다. 이 진리가 성부보다 더 하위에 있는 것이 아니기 때문이다. 오히려 성부께서 무엇을 판단하실 때에는 이 진리에 의거해서 판단하신다. 그러므로 통일성을 추구하는 모든 사물은 이 (진리를) 규준 · 형식 · 범례, 또는 다른 명칭을 쓸 수 있다면 그런 명칭으로 삼는다. 이 진리만이 자기가 존재를 받은 그분과의 비슷한 모습을 완전하게 구현할 수 있기 때문이다. 물론 여기서는 (존재를) '받았다'라는 단어가, (이 지혜를 일컬어) 성자라고 부르는 그 의미를 부적절하지 않게 표현했을 경우에 한한다. 왜냐하면 (이 진리는) 스스로 계시는 분이 아니고 성부라고 부르는, 제일 및 최고의 원리에서 유래하시기 때문이다. **하늘과 땅에 있는 모든 부성父性이 그분에게서 유래한다.**[207▶] 또 그래서 **아버지께서는 친히 아무도 판단하지 않으시고 모든 판단을 아들에게 맡기셨다.**[208▶] 그리고 영적인 사람은 모든 것을 판

autem *a nemine iudicatur*, id est a nullo homine, sed a sola ipsa lege, secundum quam iudicat omnia, quoniam et illud uerissime dictum est: *Oportet nos omnes exhiberi ante tribunal Christi*. Omnia ergo iudicat, quia super omnia est, quando cum deo est. Cum illo est autem, quando purissime intellegit et tota caritate quod intellegit diligit. Ita etiam quantum potest lex ipsa etiam ipse fit, secundum quam iudicat omnia et de qua iudicare nullus potest. Sicut in istis temporalibus legibus, quamquam de his homines iudicent, cum eas instituunt, tamen, cum fuerint institutae atque firmatae, non licebit iudici de ipsis iudicare, sed secundum ipsas. Conditor tamen legum temporalium si uir bonus est et sapiens, illam ipsam consulit aeternam, de qua nulli animae iudicare datum est, ut secundum eius incommutabiles regulas, quid sit pro tempore iubendum uetandumque, discernat. Aeternam igitur legem mundis animis fas est cognoscere, iudicare non fas est. Hoc autem interest, quod ad cognoscendum satis est, ut uideamus ita esse aliquid uel non ita, ad iudicandum uero addimus aliquid, quo significemus posse esse et aliter, uelut cum dicimus "ita esse debet" aut "ita esse debuit" aut "ita esse debebit", ut in suis operibus artifices faciunt.

---

◀207 에페 3,15(직역).
◀208 요한 5,22(직역).
209 1코린 2,15.
210 2코린 5,10.

단할 수 있지만, 그 자신은 아무에게도 판단받지 않는다.[209] 다시 말해서, 아무에게서도 판단받지 않고 오로지 그 법에 의해서, 곧 자기가 무엇이나 판단하는 그 법에 의해서만 판단받는다. **우리 모두 그리스도의 심판대 앞에 나서야 합니다**[210]라는 말은 참으로 옳다. (영적 인간은) 하느님과 함께 있으므로 모든 것 위에 있고 따라서 모든 것을 판단한다. 그리고 지극히 순수한 (지성으로) 이해하고 이해하는 바를 온전한 애덕으로 사랑할 때 그는 하느님과 함께 있는 것이다. 그리하면 그 사람도, 할 수 있는 한에서, 그 법 자체가 된다. 그 법에 따라 모든 것을 판단하고 그 법은 아무도 판단하지 못하는, 그 법 자체가 되기에 이른다. 세상의 법률에 있어서도, 법률을 제정할 임시에는 그 법률에 대해 이러저러한 판단을 하지만, 일단 제정되어 확정된 다음에는 판관이 법률 자체에 관해 판단하는 것은 불가하며, 오직 그 법률에 따라 판결할 뿐이다. 다만 현세 법률의 입법자는, 만약 선하고 지혜로운 인간일진대, 저 영원법을 참조한다.[211] 단, 그 영원법에 관해서는 그 어느 영혼도 판단할 권리가 없고 오직 (영원법의) 불변하는 규범에 준거하여 무엇을 명하고 무엇을 금할 것인지 분별할 따름이다. 따라서 정한 영혼들이 영원법을 인식하는 일은 가당하나 이에 관해 판단함은 가당치 않다. (인식하고 판단하는) 이 둘의 차이는 다음과 같다: 인식에는 무엇이 그렇다는 것과 그렇지 않다는 사실을 파악하는 일로 족하다. 그런데 판단하려면, 그것과는 달리될 수 있다는 의미를 첨가하게 된다. 마치 예술가들이 자기 작품들을 두고 말을 하듯이 '이래야만 한다' 또는 '이랬어야만 한다' 또는 '이래야만 할 것이다'라는 표현들을 사용하는 것이다.[212]

---

[211] 소피스트 · 에피쿠로스 · 신아카데미아 학파를 제외하고는 그리스의 고대 철인들 전부가 영원법에서 자연법 · 실정법 등이 유래하고 감도된다는 견해를 펴 왔다.

[212] 각주 194와 206 참조.

**XXXII 59.** Sed multis finis est humana delectatio nec uolunt tendere ad superiora, ut iudicent, cur ista uisibilia placeant. Itaque si quaeram ab artifice uno arcu constructo, cur alterum parem contra in altera parte moliatur, respondebit credo, ut paria paribus aedificii membra respondeant. Porro si pergam quaerere, id ipsum cur eligat, dicet hoc decere, hoc esse pulchrum, hoc delectare cernentes. Nihil audebit amplius. Inclinatus enim recumbit oculis et, unde pendeat, non intellegit. At ego uirum intrinsecus oculatum et inuisibiliter uidentem non desinam commonere, cur ista placeant, ut iudex esse audeat ipsius delectationis humanae. Ita enim superfertur illi nec ab ea tenetur, dum non secundum ipsam, sed ipsam iudicat. Et prius quaeram, utrum ideo pulchra sint, quia delectant, an ideo delectent, quia pulchra sunt. Hic mihi sine dubitatione respondebitur ideo delectare, quia pulchra sunt. Quaeram ergo deinceps, quare sint pulchra, et si titubabitur, subiciam, utrum ideo, quia similes sibi partes sunt et aliqua copulatione ad unam conuenientiam rediguntur.

**60.** Quod cum ita esse compererit, interrogabo, utrum hanc ipsam unitatem, quam conuincuntur appetere, summe impleant, an longe

---

[213] 플라톤(*Euthyphro* 12장)은 "경건한 자가 신들의 사랑을 받는 것은 경건한 사람이기 때문인가, 신들의 사랑을 받기에 경건한가"라는 질문을 설정한다. 아름다움(pulchrum)과 가지성(intelligibile)을 환치시키고, 아름다움을 일자 및 신과 연관시켜 보는 것은 플로티누스(*Enneades* 1,6; 5,8)의 논제다.

**문체에도 통일성의 흔적이 있으나 통일성 자체는 지성으로 파악한다**

**32.59.** 하지만 많은 인간에게는 인간적인 즐거움이 목적이 되어 버리고 이 가시적 사물들이 어째서 우리 마음에 드는지를 판별해 내기 위해서 그 이상의 사물에로 향해 가려는 의욕이 없다. 그래서 예를 들어, 아치를 건축한 사람에게, 어째서 똑같은 아치를 맞은편에 세우려 하느냐고 묻는다면, 내 생각에, 그는 그렇게 하면 건축물의 부분들이 대칭을 이룬다고 답변할 것이다. 내가 만일 왜 그런 선택을 했느냐고 계속해서 묻는다면, 그렇게 하는 것이 멋있다고, 아름답다고, 보는 사람들을 즐겁게 한다고 말할 것이다. 거기다가 한마디도 감히 덧붙이려 하지 않을 것이다. 그는 몸을 숙이고 자기 일로 돌아갈 것이며 어디서 이것이 유래하는지를 이해하려 하지 않는다. 그러나 나는 내면으로 보는 인간, 불가시적인 것을 보는 사람을 (찾아가서라도) 질문을 계속하겠다. 왜 그것들이 마음에 드는 것인지 물어 인간적인 즐거움 자체에 관해서도 판단을 내려 보려는 것이다. 그렇게 하노라면 그 즐거움 자체를 극복하고 그것에 사로잡히지 않게 되는 것이니, 그 즐거움을 기준으로 삼아 판단하는 것이 아니고 그 즐거움 자체를 내가 판단하는 셈이다. 그리고 먼저 이렇게 묻겠다: 그것이 마음에 들기 때문에 아름다운가, 아니면 아름답기 때문에 마음에 드는가? 아름답기 때문에 마음에 든다는 대답이 나올 것임이 틀림없다.[213] 그다음에는 이렇게 묻겠다: 그러면 왜 아름다운가? 상대방이 주저하면 내가 나서서, 부분들이 대칭을 이루기에, 그 부분들이 어떤 배합에 의해서 하나의 조화를 이루기 때문이 아니겠느냐고 넌지시 일러 주겠다.

**32.60.** 그런 것 같다고 대답하면, 나는 이렇게 묻겠다: 그렇다면 부분들이 추구하는 것으로 보이는 그 통일성을 과연 완벽하게 구현했다고 보는가, 아니면 아직은 저 밑바닥에 머물러 있고 그 (완벽한 통일성을) 어느 모

infra iaceant et eam quodammodo mentiantur. Quod si ita est — nam quis non admonitus uideat neque ullam speciem neque ullum omnino esse corpus, quod non habeat unitatis qualecumque uestigium, neque quantumuis pulcherrimum corpus, cum interuallis locorum necessario aliud alibi habeat, posse assequi eam quam sequitur unitatem? — quare si hoc ita est, flagitabo, ut respondeat, ubi uideat ipse unitatem hanc aut unde uideat. Quam si non uideret, unde cognosceret et quid imitaretur corporum species et quid implere non posset? Nunc uero cum dicit corporibus: Vos quidem nisi aliqua unitas contineret, nihil essetis, sed rursus si uos essetis ipsa unitas, corpora non essetis, recte illi dicitur: Vnde istam nosti unitatem, secundum quam iudicas corpora, quam nisi uideres, iudicare non posses, quod eam non impleant; si autem his corporeis oculis eam uideres, non uere diceres, quamquam eius uestigio teneantur, longe tamen ab ea distare, nam istis oculis non nisi corporalia uides. Mente igitur eam uidemus. Sed ubi uidemus? Si hoc loco esset, ubi corpus nostrum est, non eam uideret, qui hoc modo in oriente de corporibus iudicat. Non ergo ista continetur loco, et cum adest ubicumque iudicanti, nusquam est per spatia locorum et per potentiam nusquam non est.

---

[214] 아우구스티누스는 물체(corpus)라고 하면 그 특징을 연장(延長, extensio), 가분성(可分性, divisibile), 가변성(可變性, mutabile)으로 꼽고 있다. 30,54-32,60에서 진리라는 규범으로 연장을 초월하여 판단하고, 일자라는 규범으로 부분들을 초월하여 사물의 단일성을 판단하는 지성의 활동을 서술한다.

로 시늉하는 데서 그치는가? 후자가 맞다고 대답하면, 나는 기어이 따져서 어디에 이 통일성이 보이며, 또 어디서 유래하는지 답하라고 채근할 것이다. 사실 남이 지적하지 않더라도 어떤 아름다움이나 어떤 물체라도 이 통일성의 자취를 띠지 않은 것은 하나도 없음과, 또한 제아무리 아름다운 물체라도 공간의 간격에 의해서 부분 부분들이 각기 다른 (공간을) 차지하고 있으므로 본디 추구하는 그 단일성을 결코 달성하지 못하고 있음을 모르는 사람이 아무도 없다. 상대방이, 그 통일성이 안 보인다고 대답하면, 나는 물체들의 아름다움이 과연 무엇을 모방하려고 하면서도 결코 그 (완벽한 통일성을) 성취하지 못한다는 것을 어떻게 알 수 있느냐고 따지겠다. 그러면 그는 물체들에게 이렇게 말할 것이다: "어떤 단일성이 너희를 포괄시켜 주지 않는다면, 너희는 아무 존재도 못 될 것이다. 그러나 그 반대로, 만일 너희가 그 단일성 그 자체라면 너희는 결코 물체일 수가 없으리라." 나는 당장 이렇게 반문하겠다: "당신은 어떤 단일성에 의거해서 물체를 판단하고 있는데, 그 단일성이라는 것을 어디서 알아내는가? 당신이 (어떻게 해서든지 이 단일성을 관조하고 있지 않다면) 어떤 물체가 그 단일성에 결코 이르지 못하리라는 판단도 내리지 못할 텐데 말이다. 그리고 만약 육안으로 그 (단일성을) 본다고 한다면, 어떤 물체가 비록 (단일성의) 자취를 띠고는 있지만 그 (완벽한 단일성으로부터는) 요원하게 떨어져 있다고 하는 말도 거짓말이 될 것이다. 왜냐하면, 육안으로 보는 것은 육체적 사물들뿐이기 때문이다. 그렇다면 우리는 지성으로 그것을 보고 있는 것이다." "하나 그것이 어디에 보이는가?" "우리 육체가 자리 잡는 공간에 그것이 자리 잡고 있다면, 저 동방에서 물체들에 관해서 우리와 똑같은 식으로 판단하는 사람은 그 (단일성이라는) 것을 볼 수 없을 것이다. 따라서 그것은 공간에 내포되는 것이 아니다. 판단하는 사람이 있는 곳이면 항상 거기에 함께 있는 것으로 보아, 그것은 공간을 통해서는 그 어디에도 있지 않으면서, 동시에 가능성을 통해서는 없는 곳이 없다."[214]

**XXXIII 61.** Quod si eam corpora mentiuntur, non est credendum mentientibus, ne incidamus in uanitates uanitantium, sed quaerendum potius — cum ideo mentiantur, quia eam uidentur ostendere oculis carneis, cum illa mente pura uideatur —, utrum in tantum mentiantur, in quantum ei similia sunt, an in quantum eam non assequuntur. Nam si assequerentur, quod imitantur, implerent, si autem implerent, omnimodo essent similia. Si omnimodo essent similia, nihil inter illam naturam et istam interesset. Quod si ita esset, non eam mentirentur, id enim essent, quod illa est. Nec mentiuntur tamen diligentius considerantibus, quia ille mentitur, qui uult uideri quod non est. Quod autem non uolens aliud putatur quam est, non mentitur, sed fallit tamen. Nam ita discernitur mentiens a fallente, quod inest omni mentienti uoluntas fallendi, etiamsi non ei credatur, fallens autem esse non potest, qui non fallit. Ergo corporea species, quia nullam uoluntatem habet, non mentitur. Si uero etiam non putetur esse, quod non est, nec fallit.

**62.** Sed ne ipsi quidem oculi fallunt. Non enim renuntiare animo possunt nisi affectionem suam. Quod si non solum ipsi, sed omnes corporis sensus ita renuntiant, ut afficiuntur, quid ab eis amplius

---

[215] 성경 구절의 특유한 해석과 그에 대한 수정은 21,41(각주 155) 참조. 이미 *Soliloquia* (2,9,16)에서 다룬 바 있지만, 유한한 사물은 "갖추지 못한 (단일성을) 가진 것처럼 시늉하거나"(aut se fingit esse quod non est), "자기가 그 (단일성에) 이르지 못하는데도 그것을 지향하는"(aut omnino esse tendit et non est) 데서 인간 지성을 기만할 수가 있다는 것이 허위에 관한 아우구스티누스의 형이상학적 해설이다.

**신체와 감관은 그르치지 않으며 판단이 그르친다**

**33.61.** 물체들이 (저 궁극적 단일성을) 시늉만 한다면, 시늉만 하는 그 사물들을 믿지 말아야만, 헛되게 만드는 인간들의 헛됨에 떨어지지 않을 것이다.[215] 사물이 그 (단일성을) 가장假裝한다면, 순수한 지성으로 보아야 할 것을 마치 육안으로 보는 것처럼 행세하기 때문일 것이다. 그렇다면 그것을 가장하는 이유가, 그 사물들이 그 (단일성)과 흡사하기 때문인가, 아니면 그 (단일성) 획득하지 못하기 때문인지를 질문해야 하겠다. 획득한다면 자체가 모방하는 바를 성취하는 셈이고, 성취한다면 (모방하는 그 대상과) 모든 면에서 완전하게 비슷해질 것이다. 모든 면에서 비슷하다면 그 물체와 대상 사이에는 하등의 구분이 없을 것이다. 그럴 경우는 그 대상이 처한 바와 똑같이 되어 있으므로 그 대상을 가장하는 일도 없다.

그리고 주의 깊게 관찰하는 사람들에게는 그것이 가장이나 기만이 아님을 알 수 있다. 자기가 아닌 모습을 보이려고 하는 자가 남을 기만하는 것이다. 어떤 사물이 고의가 없이 자기가 아닌 다른 사물로 간주되는 경우는 기만한다기보다 속이는 것이다.[216] 기만하는 자와 속이는 자는 이렇게 구분할 수 있으니, 기만하는 자에게는 반드시 속이려는 의지가 있으며, 상대방이 그를 믿어 주지 않을지라도 마찬가지다. 그 대신 속인다고 할 때 실제로 상대방이 속아 넘어가지 않으면 속였다고 하지 못한다. 그러니 물체적인 (아름다운) 형상은 어떤 의지가 없으므로 기만한다고 말할 수 없다. 그것이 아닌 것을 그렇다고 여기지 않는 한, 이쪽에서 속지 않는 연고다.

**33.62.** 따라서 눈도 결코 속이지 않는다. 자기가 감응感應한 것이 아니면 정신에다 전달하지 않는다. 눈만 아니고 신체의 모든 감관이 감응한 그대로를 전달하므로, 그 이상 무엇을 감관들에 요구할 수 있는지 나는 모르겠

---

[216] 기만(mentire)과 속임(fallere)은 '속이려는 의지'(voluntas fallendi)로 구분된다. 감각적 표상(phantasmata)이 가져다줄지도 모르는 허상(虛像)으로 말미암아 사물 자체에 허위의 근원을 두려는 그리스 철학에 대해, 오류는 판단에 있다는 것이 아우구스티누스의 주장이다.

exigere debeamus ignoro. Tolle itaque uanitantes et nulla erit uanitas. Si quis remum in aqua frangi opinatur et cum inde aufertur integrari, non malum habet internuntium, sed malus est iudex. Nam ille pro sua natura non potuit aliter in aqua sentire nec aliter debuit. Si enim aliud est aer aliud aqua, iustum est, ut aliter in aere aliter in aqua sentiatur. Quare oculus recte; ad hoc enim factus est, ut tantum ualeat. Sed animus peruerse, cui ad contemplandam summam pulchritudinem mens, non oculus factus est. Ille autem uult mentem conuertere ad corpora, oculos ad deum. Quaerit enim intellegere carnalia et uidere spiritalia, quod fieri non potest.

**XXXIV 63.** Quare ista peruersitas corrigenda est, quia nisi fecerit quod sursum est deorsum et quod deorsum est sursum, regno caelorum aptus non erit. Non ergo summa quaeramus in infimis nec ipsis infimis inuideamus. Iudicemus ea, ne cum ipsis iudicemur, id est tantum eis tribuamus, quantum species meretur extrema, ne cum in nouissimis prima quaerimus, a primis inter nouissima numeremur, quod nihil ipsis nouissimis obest, sed nobis plurimum. Nec ideo diuinae prouidentiae administratio minus decora fit, quia et iniusti iuste et foedi pulchre ordinantur. Et si propterea nos fallit

---

[217] 29,53(각주 197과 198) 참조.

다. 그러니 헛되게 만드는 (인간들을) 제거하고 나면 헛됨이라는 것은 아예 없을 것이다. 물 속에 잠긴 노는 꺾여 있고 꺼내면 온전하다고 여긴다면, 전달자가 나쁜 것이 아니고 판단자가 나쁘다.[217] 눈이라는 것은 그 본성상 물 속에 있는 것을 달리 볼 수도 없고 달리 보아서도 안 된다. 공기가 다르고 물이 다르다면, 공기 중에 있을 때 감지되는 것 다르고 물 속에 있을 때 느껴지는 것 다름은 당연하다. 그러니 눈은 옳다. 이 일만을 위해서, 보는 능력만 가지고서 만들어진 것이 눈이다. 그릇되게 보는 것은 정신이다. 최고의 미를 관상하도록 만들어진 것은 지성이지 눈이 아니다. 그런데도 정신은 지성을 물체들에 돌리려 하고 눈을 하느님께 돌리려 한다. 육적인 것들을 '이해하려' 하고 영적인 것들을 보려 하는데, 이것은 그리될 수 없는 일이다.

### 상상해 낸 표상에 관해서는 어떻게 판단할 것인가?[218]

**34.63.** 이러한 상하上下의 전도顚倒는 바로잡혀야 한다. 사람이 위의 것을 아래에 놓고 아래 것을 위에 놓는다면 하늘 나라에 합당한 자가 되지 못하니까 말이다. 그러나 최하의 것에서 최상의 것을 찾지 말고 최하의 것에 애착하지도 말 것이다. 그 사물들을 우리가 판단하고 그 사물들과 더불어 판단받는 일이 없도록 하자. 그 사물들에는 가장 미약한 아름다움에 돌려줘야 할 것만 돌려주기로 하자. 최종의 사물에서 최초의 것을 찾지도 말고 최초의 것에서 최종의 것을 찾지도 말 것이니, 그랬다가는 그 최종의 것은 아무런 해도 입지 않겠지만 우리 자신이 크게 해를 입을 것이다. 그렇다고 해서 하느님 섭리의 안배가 훼손되는 것은 아니다. 왜냐하면 불의한 자들이 정의로 취급을 받고 추루한 자들이 아름다움에 의해서 질서지어지는

---

[218] 형이상학적 궁극 존재로서의 일자(Unum)는 앞(각주 9)에서 말한 것처럼, 플로티누스의 개념(*Enneades* 5,4,1; 6,7,8)이며, 아우구스티누스는 그리스도교 신에 해당하는 존재를 본서에서 주로 '최고 존재'(qui summe esse)와 '일자'(unum)로 명명한다. 여기서 아우구스티누스가 플로티누스로부터 차용하여 해설하는 바는 사물들이 자체가 갖춘 단일성의 정도에 따라서 완전하거나 열등하다는 것이다.

rerum uisibilium pulchritudo, quia unitate continetur et non implet unitatem, intellegamus si possumus non ex eo quod est nos falli, sed ex eo quod non est. Omne quippe corpus uerum corpus est, sed falsa unitas. Non enim summe unum est aut in tantum id imitatur, ut impleat, et tamen nec corpus ipsum esset, nisi utcumque unum esset. Porro utcumque unum esse non posset, nisi ab eo, quod summe unum est, id haberet.

**64.** O animae peruicaces, date mihi, qui uideat sine ulla imaginatione uisorum carnalium, date mihi, qui uideat omnis unius principium non esse nisi unum solum, a quo sit omne unum, siue id impleat siue non impleat, qui uideat, date, non qui litiget, non qui uideri uelit se uidere, quod non uidet, date, qui resistat sensibus carnis et plagis, quibus per illos in anima uapulauit, qui resistat consuetudini hominum, resistat laudibus hominum, qui compungatur in cubili suo, qui resculpat spiritum suum, qui non foris diligat uanitates et quaerat mendacia, qui iam sibi nouerit dicere: Si una Roma est, quam circa Tiberim nescio quis Romulus dicitur condidisse, falsa est ista, quam cogitans fingo, non enim est ipsa nec ibi

---

[219] 아우구스티누스의 견해로 유한한 사물들은 1) 먼저 자기 자신을 있는 그대로 드러낸다: 비록 불완전하지만 엄연히 하나의 단일체다(unum est). 2) 동시에 자기 아닌 것을 가장한다. 완전하지 못하면서도 어떤 형태의 단일성은 또한 지니고 있으므로 그것은 거짓 단일성이다 (falsa unitas). 3) 자기가 이르지 못하는(unum esse non potest) 지점을 가리킨다. 따라서 완전한 일자를 가리키는 표지(signum) 노릇을 한다.

[220] 아우구스티누스는 일자와 존재를 합치시키지 않는 플로티누스(*Enneades* 5,6,6)와는 견해를 달리하여 '최고유'와 '일자'를 통합시켜 id, quod summe unum est라고 명명한다.

까닭이다. 그리고 가시적 사물들의 아름다움이 우리를 속이는 일이 있다면, 즉 그 사물들이 허영에 사로잡혀 있고 저 단일성을 성취하지 못한 데서 우리를 속이는 일이 있다면, 존재하는 그것이 우리를 속이는 것이 아니라 존재하지 않는 것이 우리를 속이고 있음을, 할 수만 있다면 이해하기로 하자. 무릇 모든 물체가 진정한 물체로되, 그 단일성만은 거짓 단일성이다.[219] 그것이 최고도로 일자─一가 되지 못하거나, 충만해지려고 일자를 모방하고 있을 따름이다. 그리고 실제로 어느 모로든 단일체가 아니라면 아예 물체도 되지 못했을 것이다. 따라서 최고도로 일자이신 분[220]에게서 받지 않았더라면 어느 모로도 단일체가 되지 못하였을 것이다.

**34.64.** 오, 완고한 영혼들이여,[221] 육적인 사물의 표상이 전혀 없이도 볼 수 있는 인물을 하나 보여 다오. 모든 단일체의 원리가 일자 외에 다른 것이 아니며, 사물들이 그 (단일성을) 성취하였든 못 하였든 상관없이 모든 단일체는 바로 그 일자에게서 유래함을 깨달을 수 있는 인물을 하나 보여 다오. 토론하는 사람 말고 볼 줄 아는 사람을 하나 보여 다오. 보지도 못하면서 보는 것처럼 행세하는 사람 말고 보는 사람을 하나 보여 다오. 육의 감관들에 저항하고, 감관으로 말미암아 영혼에 받은 그 상처에 저항하는 사람을 보여 다오. 인간들의 관습에 저항하는 사람, 인간들의 찬사에 저항하는 사람, 자기 침소에서 뉘우치는 사람, 자기 영을 쇄신하는 사람, 밖에 나가서 허영을 사랑하지 아니하고 거짓을 꾸미지 않는 사람, 스스로 이렇게 말할 줄 아는 사람[222]을 보여 다오: "로마가 하나밖에 없다면, 로물루스라는 자가 티베르 강가에 세웠다고 하는 그 로마가 하나밖에 없다면, 내가 상상으로 만들어 내는 (로마는) 가짜다. 그것은 로마가 아니고 내가 정신

---

[221] 마니교도들을 가리킨다.
[222] 마니교도들에게 상상으로 떠올리는 감각적인 표상을 오성으로 직관하는 궁극의 진리와 혼동하지 말라고 충고한다.

sum animo, nam quid ibi agatur modo, utique scirem; si unus est sol, falsus est iste, quem cogitans fingo, nam ille curricula sua certis locis et temporibus peragit, istum ego ubi uolo et quando uolo constituo; si unus est ille amicus meus, falsus est iste, quem cogitans fingo, nam ille ubi sit nescio, iste ibi fingitur, ubi uolo. Ego ipse certe unus sum et hoc loco esse sentio corpus meum. Et tamen figmento cogitationis pergo quolibet, loquor cum quolibet. Falsa sunt haec nec quisquam intellegit falsa. Non ergo intellego, cum ista contemplor et istis credo, quia uerum esse oportet, quod intellectu contemplor. Numquid forte ista sunt, quae phantasmata dici solent? Vnde ergo impleta est anima mea illusionibus? Vbi est uerum, quod mente conspicitur? Ita cogitanti iam dici potest: Illa lux uera est, qua haec non esse uera cognoscis. Per hanc illud unum uides, quo iudicas unum esse, quidquid aliud uides, nec tamen hoc esse, quod illud est, quidquid mutabile uides.

**XXXV 65.** Quod si haec intueri palpitat mentis aspectus, quiescite. Nolite certare nisi cum consuetudine corporum. Ipsam uincite, uicta erunt omnia. Vnum certe quaerimus, quo simplicius nihil est.

---

[223] 사물을 하나의 단일체로 파악하는 능력, 그러면서도 그것이 궁극의 일자는 못 됨을 판단하는 능력이 오성이 직관하는 일자에서 유래한다. 사물에서 조화와 미(30,54-56), 진실성을 판단하는 능력(31,57-58)이 진리(ipsa veritas)에서 유래하듯이, 사물을 단일체로 파악하는 능력(32,59-36,67)은 앞서 말한 최고의 일자에서 유래한다. 단 일자와 진리는 하나다(36,66). 각주 205 참조.

으로 그곳에 가 있는 것도 아니다. 그렇지 않았더라면 나는 거기서 지금 일어나는 것을 알고도 남을 것이다. 태양이 하나뿐이라면 내가 상상으로 만들어 내는 태양은 가짜다. 태양은 일정한 공간과 일정한 시간 간격에 자기 궤도를 달리는데, 내 상상의 태양은 내가 원하는 공간에다 내가 원하는 시간에 만들어 놓는다. 나의 그 친우가 하나뿐이라면 내가 상상으로 만들어 내는 친우는 가짜다. 그는 지금 어디 있는지 모르는데, 나는 내가 원하는 곳에다 그를 그려다 놓는다. 나는 분명히 하나뿐이고 이 자리에 나의 육체가 있음을 내가 감지한다. 그렇지만 사유의 공상을 통해서 나는 어디에나 가 있고 누구하고나 이야기를 나눈다. 이 모든 것이 허상이다. 그럼에도 불구하고 아무도 허상을 '이해한다'고는 말하지 않는다. 그러니까 내가 저러한 (상상들을) 관조하고 있거나 그것들을 믿는 한, 내가 (무엇을) '이해하는' 것이 아니다. 왜냐하면 오성悟性으로 관조하는 것은 반드시 진리여야 하기 때문이다. 그렇다면 혹시 (내가 상상으로 떠올리는 것들은) 흔히 표상表象이라고 일컫는 것이 아닐까? 어쩌다 나의 영혼은 환상으로 가득 찬 것이 되었을까? 지성이 직관하는 진리는 어디에 있는 것일까?" 이렇게 생각하는 지경에 이른 사람에게는 이런 말을 해 줄 수 있다: "이런 것들은 진리가 아님을 그대가 인식하게 만드는 그 빛이 바로 진리다. 이 빛을 통해서 그대는 저 일자를 보는 것이며, 다른 사물을 볼 때 그것이 무엇이든 간에 저 일자를 근거로 해서 그대는 그것을 단일체로 판단하는 것이다. 동시에 무엇이든 가변적인 것은 그 일자 자체와 동일할 수는 없다는 것도 (이 빛을 통해서 판단한다).²²³

### 하느님을 관조하려면 안돈安頓이 필요하다

**35.65.** 지성의 안목이 이것들을 직관하고 싶어 고동치거든, 서두르지 마라. 그대는 물체들의 타성惰性을 겨냥해서만 싸우도록 하여라. 그것을 이기고 나면 다른 것들은 다 무너질 것이다. 우리는 일자를, 그보다 더 단순한 것이²²⁴▶ 없는 일자를 추구할 것이다. 그러니 단순한 마음으로 그를 찾

Ergo in simplicitate cordis quaeramus illum. *Agite otium*, inquit, *et agnoscetis, quia ego sum dominus*. Non otium desidiae, sed otium cogitationis, ut a locis ac temporibus uacetis. Haec enim phantasmata tumoris et uolubilitatis constantem unitatem uidere non sinunt. Loca offerunt quod amemus, tempora surripiunt quod amamus, et relinquunt in anima turbas phantasmatum, quibus in aliud atque aliud cupiditas incitetur. Ita fit inquietus et aerumnosus animus frustra tenere a quibus tenetur exoptans. Vocatur ergo ad otium, id est ut ista non diligat, quae diligi sine labore non possunt. Sic enim eis dominabitur, sic non tenebitur, sed tenebit: *Iugum meum*, inquit, *leue est*. Huic iugo qui subiectus est, subiecta habet cetera. Non ergo laborabit, non enim resistit quod subiectum est, sed miseri amici huius mundi, cuius domini erunt, si filii dei esse uoluerint, quoniam *dedit eis potestatem filios dei fieri* — amici ergo huius mundi tam timent ab eius amplexu separari, ut nihil eis sit laboriosius quam non laborare.

---

[224] 단일성을 못 갖춘 사물이 일자로 복원하는 길, 정화의 길은 단순(simplex)을 지향하는 것이다(*Enneades* 3,6,5; 5,3,16; 5,4,1). 우리 지성은 하급적 사물에서 오는 표상(다양성)으로 말미암아 일자를 관조하지 못하는 결과를 빚는다.

[225] 신플라톤 철학자들이 일자와의 결합을 위해서 모색하는 단순함($ἅπλωσις$)을, 사물들로부터의 완전한 격리, 자기 존재마저 망각하는 탈혼($ἔκστασις$)의 경지(*Enneades* 6,9,7-11)를 아우구스티누스는 성서상의 '단순한 마음'(simplicitas cordis)으로 대치하고, 권위와 이성의 길잡이에 맡긴다.

[226] 지혜 1,1과 시편 46,11(직역). 플로티누스가 가르치는 영혼의 평정($κάθαρσις$)을 아우구스티누스는 영혼의 '여가'(otium)로 단순화시킨다.

도록 하자.²²⁵ **여가**餘暇**를 가져라. (그리하면) 내가 주님임을 알리라**²²⁶는 말씀이 있다. 이것은 태만의 여가가 아니고 사색의 여가이며, 시간과 공간으로부터 벗어나는 (여가를 말한다). 흥분과 변덕의 표상들은 (우리가) 항구한 일자를 보게 잠자코 놓아 두지를 않는다.²²⁷ 공간은 우리가 사랑할 것을 제시해 주고는 시간은 우리가 사랑하는 것을 앗아가 버린다. 그러고는 둘 다 영혼에 무수한 표상들만 남겨서 이러저러한 사물들에게 향하는 욕망을 자극할 따름이다. 그리하여 우리 정신은 번민하고 불안정해져서, 자기를 장악하고 있는 그것들을 장악하려고 헛되이 노력한다. 그래서 (우리 정신은) 여가로 부름 받는 것이다. 사랑하느라 번민하지 않을 수 없는 사물들을 사랑하지 말라는 부름이다. 그렇게 하면 그런 (사물들에) 지배당하지도 않고 사로잡히지도 않고 오히려 장악하기에 이를 것이다: ²²⁸ **나의 멍에는 가볍다**²²⁹라는 말씀이 있다. 정신이 메는 이 멍에 밑에는 다른 모든 것이 또한 메여 있다. 그러면 (정신은) 수고하지 않을 것이니, (사물이 이미 멍에에 메여 정신에게) 저항하지 않을 것이기 때문이다. 그 대신 이 세상을 사랑하는 자들은 (수고하게 될 것이다). 사실 그들이 하느님의 자녀가 될 마음만 있다면, 그들에게 **하느님의 자녀가 되는 특권을 주셨으니까**,²³⁰ 도리어 이 세상의 주인이 될 몸들이다. 그런데 이 세상을 사랑하는 자들은 이 세상의 포옹에서 떨어지기를 하도 두려워하는 바람에 수고하지 않는 것보다 더 수고로운 일이 없는 (심경이 되어 있다).

---

²²⁷ 각주 224 참조. 그러나 곧이어 사물 자체에 악이 있어서 우리를 사로잡는 것이 아니라 사물의 위계를 무너뜨리는 데 원인이 있다고 부연한다. 만사가 인간에게 종속되고 인간이 일자께 종속되면 문제가 전혀 없다.
²²⁸ "나는 지배하며 지배받지 않노라"는 것은 스토아인들의 좌우명이었다.
²²⁹ 마태 11,30 참조.
²³⁰ 요한 1,12 참조.

**XXXVI 66.** Sed cui saltem illud manifestum est falsitatem esse, qua id putatur esse, quod non est, intellegit eam esse ueritatem, quae ostendit id quod est. At si corpora in tantum fallunt, in quantum non implent illud unum, quod conuincuntur imitari, a quo principio unum est quidquid est, ad cuius similitudinem quidquid nititur, naturaliter approbamus — quia naturaliter improbamus, quidquid ab unitate discedit atque in eius dissimilitudinem tendit — datur intellegi esse aliquid, quod illius unius solius, a quo principio unum est, quidquid aliquo modo unum est, ita simile sit, ut hoc omnino impleat ac sit id ipsum. Et haec est ueritas et uerbum in principio et uerbum deus apud deum. Si enim falsitas ex his est, quae imitantur unum, non in quantum id imitantur, sed in quantum implere non possunt, illa est ueritas, quae id implere potuit et id esse, quod illud est. Ipsa est, quae illud ostendit, sicut est, unde et uerbum eius et lux eius rectissime dicitur. Cetera illius unius similia dici possunt, in quantum sunt, in tantum enim et uera sunt. Haec autem ipsa eius similitudo et ideo ueritas. Vt enim ueritate sunt uera quae uera sunt, ita similitudine similia sunt quaecumque similia. Vt ergo ueritas forma uerorum est, ita similitudo forma similium.

---

[231] 30,54 이래로 지성이 직관하는 두 가지 궁극의 실재 '진리'와 '일자'를 환치되는 것으로 통일시킴으로써, 악과 인식의 문제에 결론을 내린다(각주 218과 220 참조).

[232] 각주 215 참조. 진리(verum)는 유한한 사물이 일자가 아님을, 완전한 일자가 될 수 없음을 그대로 제시하는 (유한한 사물을 무한한 것으로 착각하지 않는) 데 있다. 진리(ipsa veritas) 홀로 "일자 자체를 완전히 성취하고 일자 자체가 된다"(이하).

[233] 일자로부터의 달라짐 또는 등차(等差, dissimilitudo) 또는 다양성(diversitas)은 오성이 사물들 속에서 방황하는 원인이 된다: "오, 영원한 진리여, 얼마나 그대와는 멀리 등차의 세계에 있는지를 발견했노라"(et inveni longe me esse a te in regione dissimilitudinis, 『고백록』 7,10). 플로티누스(*Enneades* 1,8,13)에게서 이어받은 개념이고 표현이다.

**하느님의 말씀은 진리 자체. 하나가 하나 됨은 이 원리에서 기인한다**[231]

**36.66.** 적어도 허위라는 것이 있지 않는 것을 있는 것으로 여기는 데 있음을[232] 분명히 아는 사람이라면, 있는 그대로를 제시하는 것이 곧 진리임을 이해할 것이다. 그러나 물체들이 일자를 모방한다고 하면서도 — 존재하는 모든 것이 (일자라는) 그 원리로 말미암아 단일체가 된다 — 그 일자를 완전히 성취하지 못하는 데서 (인간을) 속인다고 한다. 그렇다면 그 일자와 비슷해지려고 노력하는 사물은 자연히 우리가 좋게 보게 된다. 마찬가지로 우리는 일자로부터 이탈해 가는 모든 것을, 그리고 일자로부터 달라지려는 경향을 보이는 모든 것을[233] 거부하게 된다. 그 일자라는 원리로 말미암아, 존재하는 모든 것이 어느 모로든 하나의 단일체가 되는데, 어떤 존재는 홀로 존재하는 이 일자와 하도 (완벽하게) 비슷해져서 그 일자를 완전히 성취하고 일자 자체가 되기까지 하는 일이 있음은 납득이 간다. 바로 이것이 진리다. 태초에 계시는 말씀, 하느님과 함께 계시는 말씀이신 하느님이시다.[234] 허위라는 것이 일자를 모방하는 자들에게서 오지만, 일자를 모방한다는 점에서 유래하지 않고 일자를 성취하지 못한다는 점에서 유래하듯이, 일자를 성취할 수 있었고 일자가 갖춘 그 존재가 된 데 진리가 있다. 진리는 일자를 있는 그대로 보여 주며, 바로 그런 이유에서 일자의 말씀이요 일자의 빛이라고 불린다.[235] 그 대신 그 밖의 모든 것은, 존재하는 한에서는 일자와 유사한 존재라고 할 수 있고, 또 존재하는 한에서는 진실하다고 할 수 있다. 단, (진리는) 일자와 완전히 유사한 존재이므로 곧 진리가 되신다. 진리로 말미암아 진실한 것들이 진실한 것이 되며, 마찬가지로 (일자와의) 유사성에 의해서 유사한 것들이 다 비슷한 것이 된다.[236]▶
따라서 진리가 진실한 사물들의 형상形象이듯이, 유사성이 유사한 사물들

---

[234] 요한 1,1 참조. 참을 거짓으로부터 구분함은 진리를 기준으로 한다. 이 진리는 인간이 천성적으로 갖추고 있는 기능이기보다 인간 지성이 진리 자체(곧 하느님의 말씀)로부터 비추임받아 내리는 판단이다.

[235] 요한 1,9 참조.

Quapropter quoniam uera in tantum uera sunt, in quantum sunt, in tantum autem sunt, in quantum principalis unius similia sunt, ea forma est omnium quae sunt, quae summa similitudo principii et ueritas est, quia sine ulla dissimilitudine est.

**67.** Vnde falsitas oritur, non rebus ipsis fallentibus, quae nihil aliud ostendunt sentienti quam speciem suam, quam pro suae pulchritudinis acceperunt gradu, neque ipsis sensibus fallentibus, qui pro natura sui corporis affecti non aliud quam suas affectiones praesidenti animo nuntiant, sed peccata animas fallunt, cum uerum quaerunt relicta et neglecta ueritate. Nam quoniam opera magis quam artificem atque ipsam artem dilexerunt, hoc errore puniuntur, ut in operibus artificem artemque conquirant, et cum inuenire nequiuerint — deus enim non corporalibus sensibus subiacet, sed ipsi menti supereminet — ipsa opera existiment esse et artem et artificem.

**XXXVII 68.** Hinc oritur omnis impietas non modo peccantium, sed etiam damnatorum pro peccatis suis. Non enim tantum scrutari creaturam contra praeceptum dei et ea frui potius quam ipsa lege et

---

[236] 등차(dissimilitudo)가 일자로부터의 이탈이라면, 일자로 가까이 가는 것은 비슷해짐, 동화(similitudo)라고 불러야 한다. 유한자는 일자 그 자체는 못 되고 비슷해질 따름이기 때문이다. 32,59에서는 '단일성을 성취하는 한에서' 존재가 충만해진다 하였는데, 여기서는 '일자와 유사해질수록' 존재가 충만해진다고 한다.

[237] 역사상의 인물 그리스도가 말씀으로 인식되고(요한), 이 말씀이 곧 불변하시는 일자의 모상이고 만유의 형상으로 규정된 여기에서 아우구스티누스가 신플라톤 사상에서 그리스도 사상으로 넘어가는 교량이 이루어진다.

의 형상이다. 사물이 존재하는 그만큼 진실한 것이 되듯이, 원리가 되시는 일자와 유사하면 할수록 그만큼 (밀도 있게) 존재하는 것이다. (말씀은) 존재하는 모든 사물의 형상이시며, 따라서 원리의 가장 높은 유사성이시다. 그리고 (원리 또는 일자와) 조금도 다름이 없다는 이유에서 그이는[237] 진리이시다.

**36.67.** 허위는 속이는 사물 자체에서 기원하지도 않고 속이는 감관에서 기원하지도 않는다.[238] 사물은 자체의 아름다움의 정도에 따라서 받은 자체의 상像을 감각하는 주체에 전달할 따름이다. 또 감관은 감응을 받은 자기 육체의 본성에 따라서 감응한 바를 (인간을) 주관하는 정신에 전달할 뿐이다.[239] 영혼을 속이는 것은 죄다. 영혼이 진리 (자체)를 버리고 제쳐 놓은 채로 진실한 것을 모색할 때 죄가 영혼을 속이는 것이다. (영혼이) 예술가와 예술보다는 그 작품을 더욱 사랑하다 보니 이런 오류로 처벌을 당한다. 작품에서 예술가와 예술을 찾다 보니 발견할 수가 없고 — 하느님은 육체적 감관으로 포착되는 분이 아니라 지성까지도 초월해 계시는 분이다 —, 그러다 보니 그 작품이 곧 예술이요 예술가라고 여기기에 이른다.

**각종 우상숭배는 피조물에 대한 사랑에서 유래한다**[240]

**37.68.** 여기서 온갖 불경不敬이 생겨난다. 죄를 짓는 사람들의 불경만 아니라 자기 죄로 단죄받은 자들의 불경 말이다. 하느님의 계명을 어기면서 피조물을 관찰하려[241]▶ 할뿐더러, 그 법이나 진리 자체보다도 그 피조물을

---

[238] 29,52-53(각주 199) 및 33,62 참조.

[239] 사물의 존재론적 위계는 아름다움의 위계와 상응한다는 것이 플라톤 사상이다. 아름다움은 선, 나아가서는 존재 자체를 드러내는 매개이기도 하다.

[240] 37,68부터 54,106까지는 본서 서두에서 제기한 '참된 철학'(vera philosophia)의 길을 모색한다. 지적 유희로서, 지적 허영으로서, 향락주의 또는 부도덕의 합리화로서의 철학을 하나씩 논하고 대안을 제시한다.

참된 종교 157

ueritate uolunt, quod primi hominis peccatum deprehenditur male utentis libero arbitrio, sed hoc quoque in ipsa damnatione addunt, ut non modo diligant, sed etiam seruiant creaturae potius quam creatori et eam colant per partes eius a summis usque ad ima uenientes. Sed aliqui se in hoc tenent, ut pro summo deo animam colant et primam intellectualem creaturam, quam per ueritatem pater fabricatus est ad ipsam ueritatem semper intuendam et se per ipsam, quia omni modo ei simillima est. Deinde ueniunt ad uitam genitalem, per quam creaturam uisibilia et temporalia gignentia deus aeternus et incommutabilis operatur. Hinc ad animalia et inde ad ipsa corpora colenda delabuntur et in his primo eligunt pulchriora, in quibus caelestia maxime excellunt. Ergo imprimis solis corpus occurrit et in eo nonnulli remanent. Aliqui et lunae splendorem religione dignum putant; est enim nobis, ut perhibetur, propinquior, unde uiciniorem speciem habere sentitur. Alii etiam ceterorum siderum corpora adiungunt et totum caelum cum stellis suis. Alii caelo aethereo copulant aerem et istis duobus superioribus elementis corporeis subiciunt animas suas. Sed inter hos illi sibi uidentur religiosissimi qui uniuersam simul creaturam, id est mundum totum cum omnibus, quae in eo sunt, et uitam, qua spiratur et animatur, quam quidam corpoream quidam incorpoream esse crediderunt — hoc ergo totum simul unum deum magnum esse arbitrantur, cuius partes sint ceteri. Non enim uniuersae creaturae auctorem

◀241 '관찰하다'(scrutari)는 주로 종교적인 의도에서 천체의 운행, 대자연의 현상, 새들의 울음과 포물선, 제물로 잡은 짐승의 내장 등을 자세히 살피는 행동을 가리키는 어휘다.
242 로마 1,25 참조.

향유하고자 하는 사람들이다. 이것이 자유의지를 악용한 첫 인간의 범죄를 질책하는 것이다. 그러나 이런 죄벌에 덧붙여, 단지 피조물을 사랑할뿐더러 창조주 대신에 피조물을 섬기거나[242] 피조물을 가장 고귀한 부분에서부터 가장 낮은 부분에 이르기까지 창조주의 부분들이라고 공경하는 자들이 있다. 그런가 하면 어떤 사람들은 최고신 대신에 영혼을 예배하고 첫째가는 지성적 피조물을 공경하는 데 그친다. 사실 성부께서는 진리 그 자체를 항상 관조하라고, 당신과 온전히 유사한 진리를 통해서 바로 당신을 관조하라고 진리를 통해 만들어 주셨는데 그들은 바로 그것을 예배하는 것이다. 그다음에는 생산하는 생명으로 (예배의 대상이) 옮겨진다. 이 피조물을 통해 영원하시고 불변하시는 하느님은 가시적이고 잠시적인 것들을 출생하는 것들을 만들어 내신다. 여기서 다시 동물들을 섬기고 물체 자체를 섬기는 데로 넘어가는데, 그중에서도 보다 아름다운 것들을 우선하며 특히 천체들이 첫자리를 차지한다. 그래서 각별히 태양의 몸체를 받드는데 혹자는 (공경의 대상으로) 그것 하나로 그친다. 다른 사람들은 달의 환한 광채도 공경해야 마땅하다고 여긴다. (달이) 우리에게 가장 가까운 만큼 (우리와) 비슷한 형태를 지녔으리라고 믿는 것이다. 어떤 사람들은 거기다 다른 성신星辰들의 몸체도 덧붙이고 별과 더불어 창공 자체도 포함시킨다. 딴 사람들은 천기天氣에다 공기를 보태고는 이 두 가지 원소가 보다 고상하다 하여 자기 영혼들을 그 밑에다 집어넣는다. 그런데 삼라만상을, 그러니까 온 세상과 그 안에 있는 모든 것과 그것으로 숨쉬고 혼을 얻는 생명 — 이것도 혹자는 물질적인 것이라 믿고 혹자는 비물질적인 것이라 믿는다 — 을 섬기는 자들이 있고 스스로 가장 경건한 사람들이라고 자처한다. 그들은 이 모든 것이 총체적이자 유일하고 위대한 신이라고 하며 다른 것들은 그 신의 부분들이라 여기는 것이다.[243] 그들은 모두가 삼라만상

---

[243] 신플라톤 학파의 일부(프로클로스 학파, 페르가모스 학파)도 범신론에 기울고 동방의 치병과 마술, 영교 등을 받아들인 바 있어 이를 암시하는 표현 같다. 삼라만상이 신이라면 우리는 신을 밟고 다니는 셈이 아니냐는 아우구스티누스의 비아냥거림도 있다(『신국론』 4,12).

conditoremque nouerunt. Inde in simulacra praecipitantur et ab operibus dei usque in opera sua demerguntur, quae tamen adhuc uisibilia sunt.

**XXXVIII 69.** Est enim alius deterior et inferior cultus simulacrorum, quo phantasmata sua colunt, et quidquid animo errante cum superbia uel tumore cogitando imaginati fuerint, religionis nomine obseruant, donec fiat in anima nihil omnino colendum esse et errare homines, qui superstitione se inuoluunt et misera implicant seruitute. Sed frustra hoc sentiunt. Non enim efficiunt, ut non seruiant, remanent quippe ipsa uitia, quibus ut illa colenda opinarentur attracti sunt. Seruiunt enim cupiditati triplici uel uoluptatis uel excellentiae uel spectaculi. Nego esse quemquam istorum, qui nihil colendum existimant, qui non aut carnalibus gaudiis subditus sit aut potentiam uanam foueat aut aliquo spectaculo delectatus insaniat. Ita nescientes diligunt temporalia, ut inde beatitudinem exspectent. His autem rebus, quibus quisque beatus uult effici, seruiat necesse est, uelit nolit. Nam quocumque duxerint sequitur, et quisquis ea uisus fuerit auferre posse metuitur. Possunt autem auferre ista et scintilla ignis et aliqua parua bestiola. Postremo, ut omittam innumerabiles aduersitates, tempus ipsum auferat necesse est omnia

---

[244] 앞장에서 예거한 미신적인 인간 타락 못지않게, 그보다 저열한 것이, 인간 사유의 소산을 신념의 대상으로 삼는 짓이다. 사유가 영(spiritus)의 차원으로 승화되지 못할 때 일어나는 현상이다.

의 조물주요 창조주를 알지 못한다. 그래서 그들은 우상들에로 추락해 버리고 말며, 하느님의 작품들에서 자기네가 만든 작품 — 그것은 아직도 가시적이니까 — 을 (섬기는 데까지) 전락하고 마는 것이다.

**죄인을 삼중의 욕정에 매이게 만드는 우상숭배**

**38.69.** 더욱 저급하고 타락한 우상숭배가 있으니, 인간이 자기 상상의 소산을 예배하는 일이다.[244] 정신이 교만이나 격정으로 방황하다가 상상하여 얻은 영상이 있으면 무엇이든지 종교의 명칭을 붙여서 섬기는 것이다. 그리하여 (자기) 영혼에서 그 무엇도 공경의 대상으로 삼아서는 안 된다는 지경이나, 인간이 미신에 말려들고 비참한 예속에 스스로 빠져 들면, 그것이 잘못이라는 지경에 이른다. 그러나 그런 지각도 아무 보람이 없다. 그런 것들을 섬기지 않게 만들지 못할뿐더러, 그 악습에 버티게 되고, 섬겨야 한다고들 말하는 그 대상에 오히려 매료되는 결과를 낳는다. 여기서 인간은 삼중의 욕망, 곧 쾌락이나 야심이나 호기심의 욕망을 섬기는 것이 된다.[245] (피조물에서) 아무것도 예배해서는 안 된다고 여기는 사람, 육적인 쾌락에 예속되거나 허황된 권세(욕)을 기르거나 어떤 구경거리를 즐기지 않는 사람은 하나도 없다고 나는 주장한다. 그들은 무식하여 잠시적 사물들에 행복을 기대하면서 이것들을 사랑한다. 인간이 어떤 사물들에서 행복해지기 바란다면, 좋든 싫든 그것들을 섬길 수밖에 없다. 그것들이 어디로 끌고 가든 따라가며, 그것들을 시선에서 놓칠까 봐 두려워한다. 하지만 하찮은 불꽃 하나나 조그마한 동물 하나가 그것들을 앗아 가 버릴 수 있는 것이다. 끝으로, 무수한 장애는 차치하고라도, 시간 자체가 변전하는 모든

---

[245] 3,4 참조: 용어는 유동성이 심하나 가리키는 내용은 같다. '육체의 욕망'(쾌락)은 사실 미와 질서를 추구하는 것이므로 올바른 '판단'으로, '눈의 욕망'(호기심)은 실상 진리의 인식을 추구하는 것이므로 진리에 대한 참인식으로, '세속의 야심'(오만)은 권능 곧 자유와 이성을 추구하는 것이므로 사랑으로 극복된다는 것이 이하의 내용이다.

transeuntia. Itaque cum omnia temporalia mundus iste concludat, omnibus mundi partibus seruiunt, qui propterea putant nihil colendum esse, ne seruiant.

**70.** Verumtamen quamquam in hac rerum extremitate miseri iaceant, ut uitia sua sibi dominari patiantur uel libidine uel superbia uel curiositate damnati uel duobus horum uel omnibus, quamdiu sunt in hoc stadio uitae humanae, licet eis congredi et uincere, si prius credant, quod intellegere nondum ualent, et non diligant mundum, *quoniam omne, quod in mundo est*, sicut diuinitus dictum est, *concupiscentia carnis est et concupiscentia oculorum et ambitio saeculi*. Hoc modo tria illa notata sunt, nam concupiscentia carnis uoluptatis infimae amatores significat, concupiscentia oculorum curiosos, ambitio saeculi superbos.

**71.** Triplex etiam temptatio in homine, quem ueritas ipsa suscepit, cauenda monstrata est: *Dic*, inquit temptator, *lapidibus istis, ut panes fiant*. At ille unus et solus magister: *Non in pane solo uiuit homo, sed in omni uerbo dei*. Ita enim domitam docuit esse oportere cupiditatem uoluptatis, ut nec fami cedendum sit. Sed forte dominationis temporalis fastu decipi poterat, qui carnis uoluptate non potuit. Omnia ergo mundi regna monstrata sunt et dictum est: *Omnia tibi dabo, si prostratus adoraueris me*. Cui responsum est: *Dominum deum tuum adorabis et illi soli seruies*. Ita calcata superbia est. Subiecta est autem extrema etiam curiositatis illecebra, non en-

---

²⁴⁶ "인생의 이 단계에서": stadium이라는 용어가 다시 나온다. 12,24(각주 96) 참조.

것을 필연적으로 앗아 가 버린다. 이 세상이 잠시적인 것들만을 안고 있는 이상, 무엇에도 예속되지 않으려면 아무것도 섬겨서는 안 된다고 여기는 사람들도 사실은 세상의 모든 부분을 섬기고 있는 셈이다.

**38.70.** 비참한 인간들은 사물들의 이 극단의 지경에 빠져서 자기의 악덕이 자기를 지배하는 수모를 견뎌야 하고, 정욕이나 오만이나 호기심 중의 하나나 둘이나 셋 다에 처해진 몸이라 할지라도, 아직 이승살이를 하는 동안은,[246] 자기가 아직 이해하지는 못하는 것이라도 믿는 조건하에서, 또 세상을 사랑하지 않는 조건하에서는, 그 (악덕에) 저항하고 이겨낼 수 있다. 하느님의 말씀이 있듯이 **세상에 있는 모든 것은 육체의 정욕과 눈의 정욕과 세속의 야심이다.** 이렇게 그 세 가지가 돋보인 것은 육체의 정욕은 저급한 쾌락을 사랑하는 사람들을 의미하고, 눈의 정욕은 호기심 많은 사람들을 가리키고, 세속의 야심은 교만한 사람들을 지적하는 연고다.

**38.71.** 진리께서는 인간을 취하셨는데, 그 인간에게는, 우리에게 경고하는 뜻으로 삼중의 유혹이 나타난 바 있다. 유혹자는 말했다: **이 돌더러 빵이 되라고 해 보시오.** 그러니 한 분밖에 안 계시는 저 스승께서는 **사람이 빵으로만 사는 것이 아니라 하느님의 모든 말씀으로 살리라**고 하셨다. 이렇게 해서 굶주림에도 무너지는 일이 없도록 쾌락의 정욕을 다스려야 한다고 가르치신 것이다. 하나 육체의 정욕에 넘어가지 않는 사람도 현세적 지배의 화려함에 넘어갈 수는 있었다. 그리하여 세상의 모든 나라를 보여주고서 이렇게 말했다: **당신이 내 앞에 절하면 이 모든 것을 당신에게 주겠소.** 그에게 이런 대답이 나왔다: **주님이신 너의 하느님을 경배하고 그분만을 섬겨라.** 그렇게 해서 오만이 제압되었다. 그러고는 마지막 호기심의

im, ut se de fastigio templi praecipitaret, urgebat nisi causa tantum aliquid experiendi. Sed neque hic uictus est et ideo sic respondit, ut intellegeremus non opus esse ad cognoscendum deum temptationibus uisibiliter diuina explorare molientibus: *Non temptabis*, inquit, *deum et dominum tuum*. Quamobrem quisquis intus dei uerbo pascitur, non quaerit in ista eremo uoluptatem, qui uni deo tantum subiectus est, non quaerit in monte, id est in terrena elatione iactantiam. Quisquis aeterno spectaculo incommutabilis ueritatis adhaerescit, non per fastigium huius corporis, id est per hos oculos praecipitatur, ut temporalia et inferiora cognoscat.

**XXXIX 72.** Quid igitur restat, unde non possit anima recordari primam pulchritudinem, quam reliquit, quando de ipsis suis uitiis potest? Ita enim sapientia dei pertendit usque in finem fortiter. Ita per hanc summus ille artifex opera sua in unum finem decoris ordinata contexuit. Ita illa bonitas a summo ad extremum nulli pulchritudini, quae ab ipso solo esse posset, inuidit, ut nemo ab ipsa ueritate deiciatur, qui non excipiatur ab aliqua effigie ueritatis. Quaere in corporis uoluptate, quid teneat; nihil aliud inuenies quam conuenientiam. Nam si resistentia pariunt dolorem, conuenientia pariunt

---

[247] 마태 4,3-10 참조. 세 가지 욕망에 대한 종교적인 답을 미리 시사하고 하나씩 해설한다.
[248] 지혜 8,1 참조.

기만도 극복되었다. (유혹자는) 그저 무엇을 시험해 볼 요량으로 성전 꼭대기에서 뛰어내리라고 재촉한 것이다. 그러나 이 경우에도 그분은 패하지 않으셨다. 하느님을 인식하는 데는 이리저리 유혹해서 굳이 눈에 보이게 신적인 것을 탐색할 필요가 없다는 답변이었다: **주님이신 너의 하느님을 시험하지 마라.**[247] 그러므로 하느님의 말씀에 내적으로 양육을 받은 사람은 이 광야에서 쾌락을 찾지 아니하고, 한 분이신 하느님께만 속하는 사람은 산 위에서, 다시 말해서 지상적인 출세에서 허세를 찾지 아니한다. 불변하는 진리의 영원한 장관을 바라보고 있는 사람은 이 육체의 꼭대기를 통해서, 곧 이 눈을 통해서 잠시적이고 저급한 사물들을 알아보자고 뛰어내리지는 않는다.

### 악습도 인간이 원초적 아름다움을 추구하라는 자극이다

**39.72.** 영혼이 (죄로) 잃어버린 원초적인 아름다움을 상기하지 못함에 비해서 자신의 악습을 이용해서는 (이를 상기)할 수 있다면 어떻게 되는가? 그래서 하느님의 지혜께서 끝에서 끝까지 힘차게 펼치신다.[248] 그리하여 이 (지혜를) 통해서 지존하신 예술가께서는 당신의 작품들을 영예로운 단일 목적에로 정향되도록 짜 놓으셨다. 따라서 가장 고귀한 사물에서 최하의 사물에 이르기까지, (하느님의) 선하심이 어떤 아름다움과도 상충하는 일이 없다. 무릇 일체의 아름다움은 (하느님) 한 분에게서만 올 수 있기 때문이다.[249] 따라서 그 어떤 인간이 진리에서 떨어져 나가더라도 반드시 진리의 어떤 영상影像은 간직하고 있다. 육체의 쾌감에서 그대를 매료하는 것이 무엇인지 물어보라. 조화造化 외에 다른 것을 발견하지 못할 것이다. 부조화가 고통을 유발한다면, 조화는 쾌감을 촉발한다. 그렇다면 그대는

---

[249] 일체의 사물은 존재의 위계 속에서 나름대로 '진리의 영상'(effigies veritatis)을 갖추고 있다. 다만 그 영상은 궁극 존재의 바래지고 퇴락한 분출(分出)이라기보다 궁극자를 가리키는 표지(標識)로서 의의가 있다.

uoluptatem. Recognosce igitur, quae sit summa conuenientia. Noli foras ire, in te ipsum redi. In interiore homine habitat ueritas. Et si tuam naturam mutabilem inueneris, transcende et te ipsum. Sed memento, cum te transcendis, ratiocinantem animam te transcendere. Illuc ergo tende, unde ipsum lumen rationis accenditur. Quo enim peruenit omnis bonus ratiocinator nisi ad ueritatem? Cum ad se ipsa ueritas non utique ratiocinando perueniat, sed quod ratiocinantes appetunt ipsa sit, uide ibi conuenientiam, qua superior esse non possit, et ipse conueni cum ea. Confitere te non esse, quod ipsa est — si quidem se ipsa non quaerit. Tu autem ad eam quaerendo uenisti non locorum spatio, sed mentis affectu, ut ipse interior homo cum suo inhabitatore non infima et carnali, sed summa et spiritali uoluptate conueniat.

73. Aut si non cernis quae dico, et an uera sint dubitas, cerne saltem, utrum te de his dubitare non dubites, et si certum est te esse dubitantem, quaere, unde sit certum. Non illic tibi, non omnino solis huius lumen occurret, sed *lumen uerum, quod illuminat omnem*

---

[250] 본서의 핵심을 이루는 글이다. 인간의 자기 인식이야말로 보편적인 아름다움과 일자를 인식하는 길임을 표명한 구절이다(ita enim animus sibi redditus, quae sit pulchritudo universitatis intellegit, quae profecto ab uno cognominata est: *De ordine* 1,2,3). 여기서 '자기 귀환'(in te ipsum redi!)과 '자기 초월'(transcende te ipsum!)은 동일한 행위가 된다.

[251] Unde ipsum lumen rationis accenditur: 3,4의 '지성의 정곡'(mentis acies, 각주 16)을 상기시킨다. 인간 내면(내적 인간)은 인간이 자기 존재를 의식하는 공간에 그치지 않고 인간이 (모든 판단의 토대가 되는) 어떤 전체 지평을 향하는 존재(esse ad)임을 깨닫는 공간이기도 하다. 자신을 초월하는 그 역동 중에 인간 내면에서 진리 자체, 하느님의 현존이 체험된다.

최고의 조화가 어떤 것인지 알아보도록 하라. 밖으로 나가지 마라. 그대 자신 속으로 돌아가라. 인간 내면에 진리께서 거하신다. 그리고 그대의 본성이 가변적임을 발견하거든 그대 자신도 초월하라.250 하지만 기억하라: 그대가 자신을 초월할 때 그대가 초월하는 바는 추론하는 영혼임을! 그러니 이성(을 비춰 주는) (원초적) 광명이 빛나고 있는 그곳을251 향하여 나아가라! 제대로 추론하는 모든 이는 진리 말고 어디에 이르겠는가? 진리 자체가 추론하면서 자기 자신에 이르는 것이 아니다. 그보다는 추론하는 인간들이 추구하는 대상이 곧 진리 자체다. 거기서 그보다 더 훌륭한 조화가 없는 (최상의) 조화를 보도록 하라. 그리고 그대 자신이 이 진리와 조화되도록 하라. 그대는 그 진리 자체가 아님을 고백하라. 진리는 자기 자신을 찾지 않는 까닭이다. 그대가 진리를 찾아 거기에 이르른 것이다. 그것도 공간의 간격을 거쳐서가 아니라 지성의 열망을 가지고서 이르른 것이다. 그리하여 내적 인간이 자기 안에 계시는 분과 합치하되252 저급하고 육적인 쾌감으로가 아니라 고귀하고 영적인 희열로 합치하기 위함이다.

**39.73.** 만약 내가 하는 말에 수긍 안 가고 참말인지 의심스럽거든, 적어도 이것은 생각해 보라. 즉, 그대가 이것에 관해서 의심한다는 사실을 의심하는지 생각해 보라. 만약 그대가 의심하고 있음이 확실하거든, 이 확실성이 어디서 오는지 질문하라.253 그것은 분명 이 (세상의 태양에서 오는) 빛이 아니다. 오직 **참빛, 이 세상에 오는 모든 사람을 비추는 빛이다.**254▶

---

252 '자기 귀환' = '자기 초월'(각주 250)을 성립시키는 문장이다. 내적 인간은 지성을 뜻하고, 안에 거하시는 분(inhabitator)은 성령을 뜻한다는 해석은 너무 간결하며 인식과 존재를 동일시하는 철학적 사색을 전제해야 하리라 본다.

253 신아카데미아 학파의 회의론을 공박하는 이 명제(Contra Academicos 3,11,24-26)는 훗날 "내가 속는다면, 나는 존재한다"(si fallor, sum: 『신국론』 11,26)로까지 발전한다. 진리(veritas)라는 궁극 실체(實體)가 없이는 진리 또는 진실(verum)이라는 술어(述語)가 성립되지 않는다는 관념을 전제로 한다(구미어에서는 '이다'와 '있다'가 구별되지 않음을 유의할 것: 아리스토텔레스 철학과 플라톤 철학의 분기점이기도 하다).

*hominem uenientem in hunc mundum,* quod his oculis uideri non potest nec illis, quibus phantasmata cogitantur per eosdem oculos animae impacta, sed illis, quibus ipsis phantasmatibus dicitur: Non estis uos, quod ego quaero, neque illud estis, unde ego uos ordino, et quod mihi inter uos foedum occurrerit, improbo quod pulchrum, approbo cum pulchrius sit illud, unde improbo et approbo. Quare hoc ipsum magis approbo et non solum uobis, sed illis omnibus corporibus, unde uos hausi, antepono. Deinde regulam ipsam, quam uides, concipe hoc modo: Omnis, qui se dubitantem intellegit, uerum intellegit et de hac re, quam intellegit, certus est. De uero igitur certus est. Omnis ergo, qui utrum sit ueritas dubitat, in se ipso habet uerum, unde non dubitet, nec ullum uerum nisi ueritate uerum est. Non itaque oportet eum de ueritate dubitare, qui potuit undecumque dubitare. Vbi uidentur haec, ibi est lumen sine spatio locorum et temporum et sine ullo spatiorum talium phantasmate. Numquid ista ex aliqua parte corrumpi possunt, etiamsi omnis ratiocinator intereat aut apud carnales inferos ueterascat? Non enim ratiocinatio talia facit, sed inuenit. Ergo antequam inueniantur, in se manent, et cum inueniuntur, nos innouant.

---

◂254 요한 1,9(직역). 본서 42,79와 52,101에도 같은 문맥이 인용된다.

255 "나는 의심한다"고 공언할 때 적어도 그 명제는 확실하다. 진실하다는 판단이 전제된다. 그것이 진실(verum)하다면, 진리(Veritas)는 존재한다(실재론을 떠나서 진리는 하나의 판단에 불과하다는 인식론을 내세우면 문제의 시각은 크게 달라지지만).

또 이 빛은 육안으로 보이는 것도 아니고, 육안에 의해서 영혼에 인각印刻된 표상表象들을 파악하는 그 (능력)에 의해서 보이는 것도 아니다. 도리어 이 표상들을 두고서 "내가 찾는 것은 너희가 아니다. 그렇다고 너희는 내가 너희를 배열하는 그 (원리)도 아니다. 만일 너희 가운데 추한 것이 있을 때는 배척하고 아름다운 것이 있을 때는 환영하는 그 (원리)도 아니다. 그리고 내가 배척하고 환영하는 그 원리는 (적용하는 대상보다) 더 아름다운 것임이 틀림없다. 그래서 나는 그 (원리)를 너희 (표상들)보다도, 아니 너희를 발생시키는 모든 물체보다도 앞세우는 것이다"라고 발언하는 그 (능력)으로 보이는 것이다. 그다음에는 그대가 보는 이 척도尺度를 이렇게 정식화定式化해 보라: "누구든지 자기가 의심하고 있음을 의식하는 자는 진실을 의식하고 있다. 그리고 자기가 의식하는 그 사실에 관해서는 확실하다. 따라서 그는 진실에 관해서 확실한 것이다. 그러므로 진리가 존재하는지 의심하는 자는 자기 자신 안에 [진리의 존재를 의심한다는] 진실을 (하나) 간직하고 있으며 그 진실에 관해서는 의심하지 않는다. 그리고 어떤 사물이 진실하다면 반드시 진리에 근거하여 진실한 것이 된다. 따라서 어떤 이유로든지 의심을 품을 수 있는 사람은, 진리의 존재에 관해서 의심하지 말아야 한다."[255] 이 같은 사실이 보인다면, 거기에는 빛이 있는 것이다. 공간의 간격도, 시간의 간격도, 그러한 간격의 표상도 없이 나타나는 빛 말이다. 그러면 이 진실들이 부분적으로나마 훼손당할 수 있을까? 추론하는 인간들이 결국 죽기 때문에, 혹은 그 인간들이 육체의 저 밑바닥으로 노쇠해가기 때문에 이 진실들이 아울러 부패될 수 있지 않을까? 추론이 진실을 만들어 내는 것이 아니라 오직 진실을 발견할 따름이다. 그러므로 발견되기 전에도 스스로 존재하고, 발견될 때는 우리를 쇄신할 뿐이다.[256]

---

[256] 진리는 사변에 그치지 않고 윤리로 직결된다는 고대사상을 계승한다(Plato, *Respublica* 514-518). 아우구스티누스의 일생이 그러했듯이 진리의 추구는 혼신의 투구(投球)이므로 진리의 빛은 지성을 밝히는 데 그치지 않고 인간 전체를 변혁시킨다.

**XL 74.** Ita renascitur interior homo et exterior corrumpitur de die in diem. Sed interior exteriorem respicit et in sua comparatione foedum uidet, in proprio tamen genere pulchrum et corporum conuenientia laetantem et corrumpentem, quod in bonum suum conuertit, alimenta scilicet carnis, quae tamen corrupta, id est amittentia formam suam, in membrorum istorum fabricam migrant et corrupta reficiunt in aliam formam per conuenientiam transeuntia et per uitalem motum diiudicantur quodam modo, ut ex eis in structuram huius uisibilis pulchri, quae apta sunt, assumantur, non apta uero per congruos meatus eiciantur, quorum aliud foeculentissimum redditur terrae ad alias formas assumendas, aliud per totum corpus exhalat, aliud totius animalis latentes numeros accipit et incohatur in prolem et siue conuenientia duorum corporum siue tali aliquo phantasmate commotum per genitales uias ab ipso uertice defluit in infima uoluptate. Iam uero in matre per certos numeros temporum in locorum numerum coaptatur, ut suas regiones quaeque membra occupent, et si modum parilitatis seruauerint, luce coloris adiuncta nascitur corpus, quod formosum uocatur et a suis dilectoribus amatur acerrime. Non tamen in eo plus placet forma, quae mouetur, quam uita, quae mouet. Nam illud animal si nos amet, allicit uiolentius, si oderit autem, suscensemus et ferre non possumus, etiamsi formam ipsam praebeat fruenti. Hoc totum est uolup-

---

[257] 2코린 4,16 참조.

**물체의 아름다움과 육체의 쾌락 그리고 죄인이 느끼는 벌**

**40.74.** 이렇게 하여 내적 인간은 새로 나고 외적 인간은 나날이 부패해 간다.[257] 그러나 내적 인간이 외적 인간을 바라보고, 자기와 비교해서 추루하게 보일 뿐이다. 외적 인간 그 자체로는 나름대로 아름답고, 육체의 조화를 향유하고, (다른 물체를) 분해하여 자기 유익으로 바꾼다. 곧, 육의 자양분은 분해되어 자기 형상을 잃어버리지만 이제는 (그것을 흡수하는 생명체의) 지체를 조성하는 데로 옮아가고 분해되어서 다른 형상으로 재구성된다. 이것은 조화를 통해 변전하여 다른 형상을 재구성하며, 생명의 작용을 통해 어느 모로 선택된다고 할 수 있다. 즉, 그중 적합한 것은 받아들여져 보기에 아름다운 (사물의) 조직에 (쓰이고), 적합하지 않은 것은 적당한 경로를 거쳐서 배설된다. 그러니까 (자양분에서) 어떤 것은 가장 불순한 것으로 흙으로 돌아와 다른 형상을 취하게 되고, 어떤 것은 (생명체의) 전신을 순환하며, 어떤 것은 생명체 전체의 '비밀한 숫자'[258]를 받아서 자손으로 발생한다. (이 마지막 것은) 두 개체의 결합이나 유사한 표상에 의해서 자극받아 (생명체의) 꼭대기에서, 생식기를 거쳐서, 저급한 쾌락을 동반한 가운데 방출된다. 그다음에는 모체 속에서 일정한 시간을 보내면서 일정한 공간 속에 배열되어 지체마다 고유한 자리를 차지하게 된다. 그래서 적절한 비례를 갖추고 나면 (선명한) 색채까지 띠고서 몸체가 출생한다. 모두 그것을 귀엽다고 부르며, 사랑하는 자들에게서 극진히 사랑받는다. 이 경우에는 움직여지는 형상이 더 멋있는 것이 아니라 그것을 움직이는 생명이 더 멋있다. 그 이유는 어느 생명체가 우리를 사랑할 때 우리 (사랑을) 더욱 끌지만, 우리를 미워하는 경우는, 그것의 (아름다운) 형태를 향유하는 사람에게는 어떨지 모르나, 우리로서는 혐오를 느끼고 도저히 참아 줄 수 없기 때문이다. 바로 이것이 쾌감이 지배하는 세계 전부요 저급

---

[258] '비밀한 숫자'(latentes numeri)란 29,52의 seminum numeri와 연관되는 것으로 스토아 학파의 λόγοι σπερματικοί를 연상시킨다. 창조가 일시에 일어났다고 전제하면, 사물이 생식·발전·변화하는 과정은 이 '종자의 숫자' 혹은 '비밀한 숫자'들이 좌우한다는 것이다.

tatis regnum et ima pulchritudo. Subiacet enim corruptioni. Quod si non esset, summa putaretur.

75. Sed adest diuina prouidentia, quae hanc ostendat et non malam propter tam manifesta uestigia primorum numerorum, in quibus sapientiae dei non est numerus, et extremam tamen esse miscens ei dolores et morbos et distortiones membrorum et tenebras coloris et animorum simultates ac dissensiones, ut ex his admoneamur incommutabile aliquid esse quaerendum. Et hoc facit per infima ministeria, quibus id agere uoluptatis est, quos exterminatores et angelos iracundiae diuinae scripturae nominant, quamuis ipsi nesciant, quid de se agatur boni. His similes sunt homines, qui gaudent miseriis alienis et risus sibi ac ludicra spectacula exhibent uel exhiberi uolunt euersionibus et erroribus aliorum. Atque ita in his omnibus boni admonentur et exercentur et uincunt et triumphant et regnant, mali uero decipiuntur, cruciantur, uincuntur, damnantur et seruiunt non uni omnium domino summo, sed ultimis seruis illis uidelicet angelis, qui doloribus et miseria damnatorum pascuntur et pro ista maleuolentia bonorum liberatione torquentur.

76. Ita ordinantur omnes officiis et finibus suis in pulchritudinem uniuersitatis, ut quod horremus in parte, si cum toto consideremus,

---

[259] 소수(primi numeri: 1과 그 수 자신 이외의 자연수로는 똑떨어지게 나눌 수 없는 자연수. 2,3,5,7,11 등)는 피타고라스 이래로 미학상 특별한 의미를 띤다.

[260] "그 지혜는 헤아릴 길 없으시다"(시편 147,5)는 구절을 풀어 아우구스티누스는 '하느님의 지혜는 숫자가 아니다'는 명제를 만든다.

한 아름다움이다. 그러니 부패에 예속될 수밖에 없다. 그렇지 않으면야 최상의 아름다움으로 여겨질 것이다.

**40.75.** 그러나 하느님의 섭리가 계시어 (이것들이 저급한 아름다움임을) 보여 주면서도, 동시에 그것 자체가 악이 아님을 입증한다. 그 사물 안에 '소수'素數의 흔적이 드러나고 있기 때문이다.[259] 물론 하느님의 지혜께서는 그 숫자에 들어가지 않는다.[260] 그러면서도 저급한 (아름다움임을) 보이고자 그 사물에 고통과 질병과 지체의 기형과 어두운 색깔과 정신들 사이에 있는 다툼과 불화를 섞어 놓은 것이다. 이 모든 것으로 우리는 불변하다는 다른 무엇이 있는지 찾아보라는 충고를 받는 셈이다. 이 목적을 위해 저급한 사물들이 이용되고 있는데, 성경이 소위 '멸망시키는 자' 또는 '분노의 천사들'이라고 부르는 역할을 한다고 하겠다.[261] 그 짓이 (이것들에게는) 유쾌한 짓이니, 그런 가운데 무엇인가 선을 이룩하고 있음을 알지 못하는 까닭이다. 비슷한 예를 든다면, 다른 사람의 비참함을 즐기는 자들, 타인의 실수와 불행을 우스개나 재미있는 구경거리로 삼거나 삼으려는 자들을 꼽을 수 있다.[262] 하지만 선량한 사람들은 (남의 이런 실수나 재앙에서) 교훈을 얻고 자신을 단련하며 이겨내고 승리하고 다스린다. 그 대신 악인들은 속아 넘어가고 번민하고 패배하고 단죄받고, 만유의 하나이시고 지존하신 주인을 섬기지 않고 제일 낮은 종들, 즉 저 (악한) 천사들을 섬긴다. 그 천사들은 단죄받은 자들의 고통과 비참을 즐기고, 바로 그 악의 때문에, 선인들이 해방되어 나가는 것을 괴로워하는 자들이다.

**40.76.** 그리하여 모든 사물이, 각자의 역할과 목적에 준하여, 우주의 아름다움을 (이루도록) 정해져 있다. 따라서 어느 한 부분이 그 자체로는 험

---

[261] 유딧 8,15; 1코린 10,10; 묵시 15,7 참조.
[262] 『고백록』 3,3에 비슷한 언급이 있다.

참된 종교 173

plurimum placeat, quia nec in aedificio iudicando unum tantum angulum considerare debemus nec in homine pulchro solos capillos nec in bene pronuntiante solum digitorum motum nec in lunae cursu aliquas tridui tantum figuras. Ista enim, quae propterea sunt infima, quia partibus imperfectis tota perfecta sunt, siue in statu siue in motu pulchra sentiantur, tota consideranda sunt, si recte uolumus iudicare. Verum enim nostrum iudicium, siue de toto siue de parte iudicet, pulchrum est, uniuerso quippe mundo superfertur nec alicui parti eius, in quantum uerum iudicamus, adhaeremus. Error autem noster parti adhaerens eius ipse per se foedus est. Sed sicut niger color in pictura cum toto fit pulcher, sic istum totum agonem decenter edit incommutabilis diuina prouidentia aliud uictis, aliud certantibus, aliud uictoribus, aliud spectatoribus, aliud quietis et solum deum contemplantibus tribuens, cum in his omnibus non sit malum nisi peccatum et poena peccati, hoc est defectus uoluntarius a summa essentia et labor in ultima non uoluntarius, quod alio modo sic dici potest: Libertas a iustitia et seruitus sub peccato.

**XLI 77.** Corrumpitur autem homo exterior aut profectu interioris aut defectu suo. Sed profectu interioris ita corrumpitur, ut totus in

---

[263] 사물들의 유한함, 인간 정신의 타락, 악의 존재 등을 아우구스티누스는 '작품 전체' 또는 '경기 전체'로 판단하는 안목에서 보라고 권유한다. 그의 역사관(『신국론』)과 예정설[*De praedestinatione sanctorum* (ad Prosperum et Hilarium)]의 기조사상이 되기도 한다.

[264] 인간에게 해당하는 악, 곧 죄와 죄의 벌을 여기서 간결하게 정의하고 있다. 죄: '최고의 유로부터의 고의적인 이탈'(defectus voluntarius a summa essentia), 죄벌: '저급한 사물에 본의 아니게 매이는 수고'(labor in ultima non voluntarius).

오를 자아낼지도 모르지만 전체로 본다면 매우 마음에 들 것이다.[263] 건축물을 판단할 때도 한 구석만 보고 판단하지 말고, 멋진 사람을 두고도 머리카락만 따지지 말며, 훌륭한 연사를 두고도 손가락의 동작만 보고 평하지 말고, 달의 운행도 초사흘의 모양새만 가지고 판단하지 말아야 한다. 저 사물들이 불완전한 부분들로 이루어졌다는 점에서는 미천하지만, 전체로서는 완전하기 때문이다. 부분들이 (이루어 내는) 이 아름다움은 정적인 상태에서도 동적인 상태에서도 감지된다. 따라서 (사물에 관하여) 올바른 판단을 하려면 전체를 놓고서 보아야만 한다. 우리 판단은 전체에 관한 판단이든 부분에 관한 판단이든, 그것이 진실한 판단이라는 점에서 아름다운 판단이다. 진리에 의거해서 판단한다는 점에서, 우리 판단은 전체 세계를 초월하고 있으며, 그것의 한 부분에 매이지 않는다. 그 대신 우리의 오류는, 그것이 (세계의) 한 부분에 고착하여 (초월하지 못한다는 점에서) 추루하다. 그림에서 검정색은 전체와 더불어 보면 아름다운 색이 된다. 마찬가지로 하느님의 불변하는 섭리는 저 모든 투기鬪技를 멋있게 연출하면서, 이미 패배한 자에게 (안배하는 바가) 다르고 지금 싸우고 있는 자에게 다르고 승리한 자들에게 다르고 구경꾼들에게 다르며 평정에 이르는 하느님만을 관상하는 자들에게 주는 것이 다르다. 이 모든 존재에게 정말 악이 되는 것은 죄와 죄의 벌뿐이니, 전자는 최고의 유有로부터의 고의적인 일탈逸脫이요, 후자는 저급한 사물에 본의 아니게 (매이는) 수고를 가리킨다.[264] 이상에서 말한 바를 달리 표현하면, 자유는 [사물들을 제 위치에 두고 대하는] 정의正義에서 말미암고 예속은 죄 밑에 들어가는 예속이다.[265]

## 죄벌에도 아름다움이 있다

**41.77.** 외적 인간은 내적 인간의 발전이나 자기 자신의 변질로 인해 부식腐蝕되어 간다. 그렇지만 내적 인간의 발전으로 그렇게 될 경우는 인간

---

[265] 로마 6,20 참조.

melius reformetur et restituatur in integrum in nouissima tuba, ut non iam corrumpatur neque corrumpat. Defectu autem suo in pulchritudines corruptibiliores, id est poenarum ordinem praecipitatur. Nec miremur, quod adhuc pulchritudines nomino. Nihil enim est ordinatum, quod non sit pulchrum. Et sicut ait apostolus: *Omnis ordo a deo est*. Necesse est autem fateamur meliorem esse hominem plorantem quam laetantem uermiculum, et tamen uermiculi laudem sine mendacio ullo copiose possum dicere considerans nitorem coloris, figuram teretem corporis, priora cum mediis media cum posterioribus congruentia et unitatis appetentiam pro suae naturae humilitate seruantia, nihil ex una parte formatum, quod non ex altera parili dimensione respondeat. Quid iam de anima ipsa dicam uegetante modulum corporis sui, quomodo eum numerose moueat, quomodo appetat conuenientia, quomodo uincat aut caueat obsistentia quantum potest et ad unum sensum incolumitatis referens omnia unitatem illam conditricem naturarum omnium multo euidentius [quam] corpore insinuet? Loquor de uermiculo animante qualicumque. Cineris et stercoris laudem uerissime atque uberrime plerique dixerunt. Quid ergo mirum est, si hominis animam, quae ubicumque sit et qualiscumque sit omni corpore est melior, dicam pulchre ordinari et de poenis eius alias pulchritudines fieri, cum ibi non sit, quando misera est, ubi esse beatos decet, sed ibi sit, ubi esse miseros decet.

---

[266] 1코린 15,52 참조.

[267] 로마 13,1 참조: 『재론고』 1,13,8에서는 자유로운 인용이라고 하면서 "존재하는 모든 것은 하느님에 의해 질서지어졌다"는 특이한 인용을 한다(non est potestas nisi a Deo를 잘라버린 채로).

전체는 더 좋게 변혁되고 마지막 나팔 소리에 전인全人으로 복원되기에 이를 것이다.²⁶⁶ 더 이상 부패하지도 않고 무엇을 부패시키지도 않는 존재가 되는 것이다. 그러나 자신의 변질로 그렇게 될 경우는 보다 심하게 부패할 아름다움으로 추락할 것이며 그리하여 죄벌의 질서로 떨어지게 된다. 그것을 여전히 '아름다움'이라고 부른다 해서 이상하게 여기지 말자. 질서에 속하는 것치고 아름답지 않은 것이 없다. 그리고 사도도 **모든 질서는 하느님에게서 온다**고 말한 바 있다.²⁶⁷ 희희낙락하는 벌레보다는 번민하는 인간이 더 낫다고 해야 할 것이다. 물론 거짓말 안 보태고 벌레에 관한 예찬을 길게 늘어놓을 수는 있다: 밝은 색깔과 동그란 몸매, 앞부분과 가운데와 가운데와 뒷부분의 조화, 그 비천한 본성에 맞추어서도 전부가 통일성을 지향하는 것이며, 신체의 어느 부분도 한 짝만 생겨나는 일 없이 반드시 다른 편에 대칭을 이루고 있는 점 등이다. 자기 몸에 양분을 취하는 생혼이며, 율동 있게 움직이는 동작이며, 자기에게 알맞은 것을 찾아내는 능력이며, 장애가 되는 것을 할 수 있는 데까지 이겨내고 피하는 것이며, 모든 것을 자기 보존의 본능에다 귀결시키면서 자기의 몸체보다도 그 (생혼으로) 대자연의 조물주인 일자를 더없이 명확하게 암시해 주는 것이며, 이 모든 일을 두고는 무슨 말을 할 수 있겠는가? 내가 하는 말은 어느 곤충에도 다 해당될 수 있다. 잿가루나 똥을 두고도 정말 솔직하게, 기나긴 예찬을 내놓은 사람들이 많다.²⁶⁸ 그렇다면 인간의 영혼은 그것이 어디에 있든 어떤 영혼이든 간에, 여하한 물체보다 훌륭하다고 해서 이상할 것이 무엇인가? 영혼은 참으로 아름답게 질서 잡혀 있다고 해야 하며 자기의 (죄)벌에서까지 또 다른 아름다움을 이끌어 낼 줄 안다. (영혼이) 불행해지면 행복한 자들이 가 있을 곳에는 가 있지 않고 불행한 자들이 가 있을 곳에 가 있기 때문이다.

---

²⁶⁸ Cicero, *Cato maior* 15,54; Fronto, *Laudes fumi et pulveris*(연기와 먼지 예찬).

**78.** Prorsus nemo nos fallat. Quidquid recte uituperatur, in melioris comparatione respuitur. Omnis autem natura quamuis extrema, quamuis infima in comparatione nihili iure laudatur. Et tum cuique non est bene, si esse melius potest. Quare si nobis potest bene esse cum ipsa ueritate, male sumus cum quolibet uestigio ueritatis. Multo ergo deterius cum extremitate uestigii, quando carnis uoluptatibus adhaeremus. Vincamus ergo huius cupiditatis uel blanditias uel molestias. Subiugemus nobis hanc feminam, si uiri sumus. Nobis ducibus et ipsa erit melior nec iam cupiditas, sed temperantia nominabitur. Nam cum ipsa ducit, nos autem sequimur, cupiditas illa et libido, nos uero temeritas et stultitia nuncupamur. Sequamur Christum caput nostrum, ut et nos sequatur, cui caput sumus. Hoc et feminis praecipi potest non maritali, sed fraterno iure, quo iure in Christo nec masculus nec femina sumus. Habent enim et illae uirile quiddam, unde femineas subiugent uoluptates, unde Christo seruiant et imperent cupiditati. Quod in multis uiduis et uirginibus dei, in multis etiam maritatis, sed iam fraterne coniugalia iura seruantibus Christiani populi dispensatione manifestum est. Quod si ab ea parte, cui dominari nos deus iubet atque, ut in nostram possessionem restituamur, et hortatur et opitulatur — si ergo ab hac parte per neglegentiam et impietatem uir subditus

---

[269] 『재론고』 1,13,8에서는, 윤리적 상대주의라는 비난을 염두에 두어선지, "이 말은 실체들과 자연 본성들을 두고 한 말이다. 거기서는 선한 행위와 죄 되는 행위를 논하던 마당이 아니었기 때문이다"라고 수정한다.

[270] '정신'(animus)과 '영혼'(anima)을 '사내와 계집'으로 표명한 것이다. 영혼($\psi\nu\chi\eta$)을 지성($\nu o\hat{u}s$)에 종속시키는 사조는 플라톤 및 그리스 지성계에서 유래한다. 본서 16,30(각주 119)과 이하 문장 참조.

[271] 참조: 1코린 11,3; 에페 4,15. 본서에서 누누이 반복되는 가치 서열의 주장이다.

**41.78.** 누구도 우리를 속여서는 안 된다. 정당한 이유가 있어 어떤 사물이 경멸당한다면 더 좋은 것과 비교해서 혐오를 받는 것이다.²⁶⁹ 모든 사물은 제아무리 보잘것없고 제아무리 낮은 것이라 하더라도 무無에 비하면 당연히 예찬을 받아야 한다. 또한 더 좋을 수 있는데도 (그렇지 못하면) 그 존재는 잘 있는 것이 아니다. 따라서 진리 자체와 더불어 있으면 우리가 잘 있는 것이요, 우리가 함께 있는 것이 진리의 어떤 자취에 불과하다면 우리가 잘 있는 것이 아니다. (진리의) 극단의 흔적만 가지고서 육의 쾌락에 집착하고 있다면 그보다 훨씬 나쁘다. 그러니 우리는 이 쾌락의 아첨이든 쾌락의 귀찮은 치근댐이든 다 이겨내기로 하자. 명색이 사내라면 이 '계집'을 우리에게 복종시키자.²⁷⁰ 우리가 대장 노릇을 하면 이 여자도 더 좋아질 것이며 그러면 '쾌락'이라 불리지 않고 도리어 그 이름이 '절제'가 될 것이다. 만약 이 여자가 대장 노릇을 하고 우리가 맹종한다면 이 여자는 '정욕'이요 '색욕'이라는 이름이 붙고 우리에게는 '겁쟁이'요 '바보'라는 이름이 따라다닐 것이다. 우리 머리이신 그리스도를 따르자. 그러면 우리가 머리 노릇 하는 그 존재도 우리를 따를 것이다.²⁷¹ 그런 대상에는 여자들에게도 명령을 내릴 수 있을 것이니, 다만 남편의 권리가 아니라 형제의 권리로 내리는 명령이다. 그리스도 안에서는 우리가 남자도 아니고 여자도 아니기 때문이다.²⁷² 여자들도 이 경우에는 남성적인 면을 띠게 되는데 그것은 여자들도 이 여성적인 정욕을 지배해야 하고 그리스도를 섬겨야 하며 쾌락에 명령을 내릴 수 있어야 하기 때문이다. 이것은 수많은 과부들과 하느님께 (봉헌된) 동정녀들과 남편을 두었으되 부부의 권리를 이미 오누이처럼 쓰는 여성들에게서 그리스도교 백성이 법규를 통해서 시행해 온 바다. 남자 — 다시 말해서 지성과 이성 — 가 본인의 소홀과 불경으로 여자에게 쥐어 잡힌다면, 하느님께서 우리에게 지배하라고 명하셨고, 다시금 우리 손아귀에 장악하라고 훈계하시고 도와주시는 그 부분에 우리가 사로

---

²⁷² 갈라 3,28 참조.

fuerit, id est mens et ratio, erit quidem homo turpis et miser, sed destinatur in hac uita et post hanc uitam ordinatur, quo eum destinari et ubi ordinari summus ille rector et dominus iudicat. Nulla itaque foeditate uniuersam creaturam maculare permittitur.

**XLII 79.** Ambulemus, dum diem habemus, id est dum ratione uti possumus, ut ad deum conuersi uerbo eius, quod uerum lumen est, illustrari mereamur, ne nos tenebrae comprehendant. Dies est enim praesentia illius luminis, *quod illuminat omnem hominem uenientem in hunc mundum.* Hominem dixit, qui ratione uti potest et, ubi cecidit, ibi incumbere ut surgat. Si ergo uoluptas carnis diligitur, ea ipsa diligentius consideretur; et cum ibi recognita fuerint quorundam uestigia numerorum, quaerendum est ubi sine tumore sint. Ibi enim magis unum est quod est. Et si tales sunt in ipsa motione uitali, quae in seminibus operatur, magis ibi mirandi sunt quam in corpore. Si enim numeri seminum sicut ipsa semina tumerent, de dimidio grano fici arbor dimidia nasceretur, neque de animalium seminibus etiam non totis animalia tota et integra gignerentur neque tantillum et unum semen uim haberet sui cuiusque generis innumerabilem. De uno quippe possunt secundum suam naturam uel segetes segetum uel siluae siluarum uel greges gregum uel populi populorum per saecula propagari, ut nullum folium sit uel nullus pilus per tam numerosam successionem, cuius non ratio in illo primo et

---

[273] 각주 263 참조.
[274] 요한 12,35와 요한 1,9 참조.

잡혀 있다면, 그는 추루하고 불쌍한 사람이다. 다만 그의 운명은 현세에서 든 사후에든 저 지존하신 통치자요, 주님께서 운명 짓고 배치하셔야겠다고 판단하시는 그곳으로 정해진다. 그런즉, 여하한 부패라도 그것 때문에 피조계 전체가 더럽혀지는 일은 허용되지 않는다.[273]

**육체의 쾌락은 수의 조화를 추구하게 만든다**

**42.79.** 그러니 낮 동안 거닐도록 하자. 즉, 이성을 쓸 수 있는 동안에 거닐도록 하자. 그리하여 하느님께 돌아와서 참빛이신 그분의 말씀에 비추임을 얻을 수 있도록 하고 어둠이 우리를 사로잡지 말도록 하자. 낮은 **이 세상에 오는 모든 사람을 비추는**[274] 그 빛의 현존을 말한다. '사람'이라고 한 것은 이성을 쓸 줄 알기 때문이고, 넘어지고 나면 바로 그곳에 의지해서 일어설 (줄 알아야 할 것이다). 그러므로 만일 육체의 쾌락이 더 사랑받는다면, 육체 자체에 더 관심을 기울이게 마련이리라. 또 그 쾌락 속에 어떤 수數의 (조화의) 흔적을 인식해 냈다면, 그것은 연장延長이 없는 곳이 어딘지 물어봐야 한다.[275] 그곳에서는 존재하는 사물이 더욱 (완전하게) 일자一者로 드러날 것이다. 만일 그런 숫자들이 종자種子 속에서 작용하는 생명 운동 속에서 발견되거든, 몸체 속에 있는 (숫자보다도) 더욱 경이로운 것임이 틀림없다. 종자들 속에 있는 수가 종자와 똑같이 발달한다면, 무화과의 반쪽 씨앗에서부터는 무화과나무 반쪽이 발생할 것이며 따라서 온전하지 못한 동물의 종자에서는 온전한 동물이 출생하지 못할 것이고 딱 한 개의 씨앗에서 같은 종의 무수한 개체를 만들어 내는 힘도 없는 것이다. 그런데 한 개의 종자에서 그 본성대로 세대가 흐르면 식목과 식목, 산림과 산림, 양 떼와 양 떼, 민족과 민족이 무수히 퍼진다. 그리하여 무수히 돋고 떨어지는 어느 이파리 하나, 털 한 개도 최초의 하나의 종자에서 (존재) 이

---

[275] 40,74(각주 258) 참조. 사물 안에 존재하는 영원한 진리는 수(numeri)로서 존재한다는 그리스 철학을 염두에 둔 것이다. 수는 질료적 성질을 띠지 않으므로 일자 · 진리 등을 지향하는 성격이 강한 것처럼 설명된다.

uno semine fuerit. Deinde illud cogitandum est, quam numerosas, quam suaues sonorum pulchritudines uerberatus aer traiciat cantante luscinia, quas illius auiculae anima non cum liberet fabricaretur, nisi uitali motu incorporaliter haberet impressas. Hoc et in ceteris animantibus, quae ratione carentia sensu tamen non carent, animaduerti potest. Nullum enim horum est, quod non uel in sono uocis uel in cetero motu atque operatione membrorum numerosum aliquid et in suo genere moderatum gerat, non aliqua scientia, sed tamen intimis naturae terminis ab illa incommutabili numerorum lege modulatis.


**XLIII 80.** Redeamus ad nos et omittamus ea, quae cum arbustis et bestiis habemus communia. Vno modo namque hirundo nidificat et unumquodque auium genus uno aliquo suo modo. Quid est ergo in nobis, quo et de illis omnibus iudicamus, quas figuras appetant et quatenus impleant, et nos in aedificiis aliisque corporeis operibus tamquam domini omnium talium figurarum innumerabilia machinamur? Quid in nobis est, quod intus intellegit has ipsas uisibiles corporum moles proportione magnas esse uel paruas et omne corpus habere dimidium, quantulumcumque sit, et si dimidium, innumerabiles partes? Itaque omne granum milii suae parti tantae,

---

276 음악에서 운율의 장단을 numerus라고 부르기 때문에, 특히 음악은 수의 원리와 이치가 철저히 응용되는 학문으로 여긴다(*De musica*).

277 '육체의 욕망'(37,68-44,82)에 관한 논술은, 쾌락(voluptas)이 추구하는 아름다움 또는 형상의 종국은 '진리'(veritas prima forma)라는 결론으로 맺는다(43,80-81).

유가 없었던 것은 하나도 없다. 그다음에 생각해 볼 일은 밤꾀꼬리 한 마리가 울 때 공기가 진동하여 그 얼마나 감미롭고 아름다운 멜로디를 만들어 내는가 하는 점이다. 그 아름다운 소리는 조그마한 새가 멋대로 내는 것이 아니라 생명의 운동에 의해서 (새에게) — 물체를 초월하여 — 각인된 아름다움이 아니겠는가? 이것은 다른 동물에도 해당되는 설명이니, 그들이 비록 이성은 결여되어 있지만 감관은 결여되지 않았다. 그중 목소리나 움직임이나 지체의 어떤 동작으로 일종의 율동이나 제 나름의 (계산된) 가락을 보이지 않는 것은 하나도 없다. 이것은 어떤 지식으로 그렇게 하는 것이 아니라 본성에 의해 내면에 자리 잡고 있고 수의 불변하는 법칙에 의해 조정되는 어떤 기능에 의해 그렇게 한다.[276]

**물체와 시간을 판단하는 능력은 영원한 진리 속에 자리한 질서의 기준이다**[277]

**43.80.** 이제 우리 인간에게로 돌아와 초목이나 짐승과 공통된 점은 빼놓고 이야기하자. 제비가 둥지를 짓는 모양은 똑같고 날짐승마다 종류에 따라 각기 제 방식이 있으나 언제나 같다. 우리에게는 도대체 무슨 (능력이) 있기에 저 모든 사물이 어떤 형태를 추구하는지 판단하고 그 형태를 어느 정도까지 달성하였는가도 판단하는 것일까? 그리고 정작 우리도 건물을 짓거나 다른 구상적인 작품을 만들면서 마치 그 모든 형태의 주인이나 되는 것처럼 무수히 많은 형체를 창안해 내는 것일까? 우리 안에 무엇이 있기에 눈에 보이는 저 모든 물체의 형체들을 두고서 어떤 것은 비례상으로 크고 어떤 것은 작다고 파악하며, 모든 사물은 아무리 작더라도 반분半分할 수 있는 것이라든가, 일단 반분된다면 무한히 쪼갤 수 있다고 착상하는 것일까?[278] 수수알 한 톨은 잘게 쪼개진 자기 조각들에 비하면 꽤나 큰 것

---

[278] 아우구스티누스는 수를 가지적 수(numeri intelligibiles, ἀριθμοί, 숫자)와 감각적 수(numeri sensibiles, 물체의 크기)로 나누고, 감각적 수는 (물질은 분할할 수 있으므로) 무한히 작게 쪼갤 수 있으나 (물질 세계는 한도가 있으므로) 무한히 키울 수는 없다고 하였다(*Epistulae* 3,2). 여기서는 '감각적 수'를 논하고 있기 때문에 무한히 쪼개는 데서 논의를 끝낸다.

quantam in hoc mundo nostrum corpus tenet, tam magnum esse, quam mundus est nobis, totumque istum mundum figurarum ratione pulchrum esse non mole, magnum autem uideri non pro sua quantitate, sed pro breuitate nostra, id est animalium, quibus plenus est. Quae rursus cum habeant infinitatem diuisionis, non ipsa per se, sed in aliorum et maxime ipsius uniuersi comparatione tam parua sunt? Nec in spatio temporum alia ratio est, quia ut omnis loci sic omnis temporis longitudo habet dimidium sui. Quamuis enim sit breuissima, et incipit et progreditur et desinit. Itaque non potest nisi habere dimidium, dum ibi diuiditur, qua transit ad finem. Ac per hoc et breuis syllabae tempus in comparatione longioris breue et hora brumalis aestiuae horae comparata minor est. Sic mora omnis horae ad diem et diei ad mensem et mensis ad annum et anni ad lustrum et lustri ad maiores circuitus et ipsi ad uniuersum tempus relati breues sunt, cum illa ipsa numerosa successio et quaedam gradatio siue localium siue temporalium spatiorum non tumore uel mora, sed ordinata conuenientia pulchra iudicetur.

**81.** Ipse autem ordinis modus uiuit in ueritate perpetua nec mole uastus nec protractione uolubilis, sed potentia supra omnes locos magnus, aeternitate supra omnia tempora immobilis, sine quo ta-

---

[279] '고대 로마의 시간은 hora aequinoctialis(밤낮의 길이를 합산하여 균등하게 나눈 시간)가 아니고 낮은 낮대로 12등분하고 밤은 밤대로 12등분하였으므로, 겨울 낮의 한 시간은 여름 낮의 한 시간보다 짧았다.

[280] Lustrum이라는 시간 단위: lustrum은 로마가 5년마다 풍속 감독관(censor)의 주관으로 거행하던 전 시민의 속죄제(贖罪祭)였으며, 여기서 '5년 기간'이라는 연대 계산이 생겼다.

이다. 우리 몸체를 이 세상 전부와 비교하는 것과 비슷하다. 세계가 우리에게 엄청나게 크듯이, 한 톨의 낟알도 그 조각들에게는 엄청나게 크다. 이 세계 전체는 형체들의 비례에 의해 아름답지 크기 때문에 아름다운 것은 아니다. 그런데 우리가 이 모든 것을 어떻게 아는 것일까? 세계가 크게 보이는 것은 자체의 크기 때문이 아니라 우리가 작아서, 또는 세계를 가득 메우는 생물들이 작아서다. 생물들이 무한히 반분半分될 수 있다면 그것도 그 자체로 보아서 그렇게 작은 것이 아니라 다른 물체와 비교해, 특히 우주와 비교해 그렇게 작은 것이다. 이것은 어떻게 아는 것일까? 시간에 있어서도 다른 척도가 해당하지 않는다. 공간의 길이가 그렇듯이 시간의 길이도 반분이 가능하다. (시간은) 아무리 짧아도 시작이 있고 전개가 있고 종말이 있다. 그러므로 둘로 나뉠 수밖에 없으며 종말을 향해 진행되는 그 순간부터 (전후로) 나눌 수 있다. 또 한 음절의 짧은 시간도 단음절이 장음절에 비해 짧다는 말을 한다. 겨울 낮의 한 시간은 여름 낮의 한 시간에 비해 짧다고 한다.[279] 시간은 날에 비해 짧고, 날은 달에 비해 짧고 달은 해에 비해 짧고 해는 5년이라는 시간 단위에[280] 비해 짧고 5년은 더 큰 시간 단위에 비해, 보편적 시간에 비해 상대적으로 짧다. 이리하여 운율에 의한 연속이나 시공간의 계속階續은 아름답다고 판단되는데 그 연장이나 기간에 의해서가 아니라 질서 있는 조화에 의해 그렇게 판단된다.[281]

**43.81.** 이 질서의 기준은 영원한 진리 속에 자리 잡고 있다. 이 기준은 크기에 의해 광범한 것도 아니고 시간에 의해 변하는 것도 아니며, 그 가능성에 의거하여 모든 공간 위에 크고 영원성에 의해 모든 시간 위에 불변

---

[281] '운율에 의한 연속'(numerosa successio)이나 '시공간의 계속'(gradatio spatiorum)이나 늘 길이[시간이면 duratio(지속), 공간이면 extensio(연속)]를 염두에 두는 계산법이지만, 그 미는 숫자가 아닌 조화(ordinata convenientia)에 있다고 한다.

men nec ullius molis uastitas in unum redigi nec ullius temporis productio potest ab errore cohiberi et aliquid esse uel corpus, ut corpus sit, uel motus, ut motus sit. Ipsum est unum principale nec per finitum nec per infinitum crassum nec per finitum nec per infinitum mutabile. Non enim habet aliud hic aliud alibi aut aliud nunc aliud postea, quia summe unus est pater ueritatis, pater suae sapientiae, quae nulla ex parte dissimilis similitudo eius dicta est et imago, quia de ipso est. Itaque etiam filius recte dicitur ex ipso, cetera per ipsum. Praecessit enim forma omnium summe implens unum, de quo est, ut cetera quae sunt, in quantum sunt uni similia, per eam formam fierent.

**XLIV 82.** Horum alia sic sunt per ipsam, ut ad ipsam etiam sint, ut omnis rationalis et intellectualis creatura, in qua homo rectissime dicitur factus ad imaginem et similitudinem dei. Non enim aliter incommutabilem ueritatem posset mente conspicere. Alia uero ita sunt per ipsam facta, ut non sint ad ipsam. Et ideo rationalis anima si creatori suo seruiat, a quo facta est et per quem facta est et ad qu-

---

[282] 30,56(각주 205) 참조. 길이나 시간을 최고도로 수렴하는 궁극자는 일자(Unum)이지만, 그것이 공간의 판단 기준이 되는 이유는 (무한한 공간이기 때문이 아니라) 가능성(potentia)이며, 시간의 판단 기준이 되는 이유는 (무한한 시간이기 때문이 아니라) 영원(aeternitas)이다.

한다.²⁸² 그러면서도 그 어느 몸체의 크기도 이것이 없다면 단일체로 귀결 안 되고, 그 어느 시간의 연속도 이것이 없으면 분산을 피할 길이 없다. 이 기준 없이는 아무 물체도 물체로 존재할 수 없고 아무 운동도 운동으로 존재하지 못한다. 이것이 곧 원초적인 일자다: 이것은 유한한 사물에 의해서든 무한한 사물에 의해서든 연장延長되는 일이 없고, 유한한 사물에 의해서든 무한한 사물에 의해서든 변화하는 일이 없다. 여기서는 이렇고 저기서는 저렇거나 지금은 이렇고 다음에는 저렇거나 할 수 없다. 왜냐하면 최고로 일자이신 분은 진리의 아버지, 당신 지혜의 아버지이신 연고다. 그리고 이 진리이시며 지혜께서는 어느 면에서도 다름이 없으면서도 그분의 유사성이라고 불리시고, 그분에게서 유래하시므로 모상이라고 불리신다. 그러므로 마땅히 아들이라고도 불리시느니, 다른 것은 모두 그분에게서 이분을 통하여 존재한다. 이분은 만유의 형상으로서 (만유에) 앞서 계셨고, 당신이 유래한 그 일자를 최고도로 성취하셨다. 그 밖에 존재하는 모든 것은, 그것들이 일자와 비슷하다는 점에서, 이 형상을 통해서 존재하기에 이른다.

**성자는 하느님의 모상. 모든 피조물은 이 모상에서 기인한다**

**44.82.** 이런 사물들 중의 어떤 것은 이 형상을 통해서 존재할뿐더러 이 형상을 향해서 존재하고 있으니 이성과 오성을 갖춘 모든 피조물이 그러하며, 그 가운데 사람을 두고는 옳게도 하느님의 모상에 따라, 하느님과 비슷하게 만들어졌다고 말한다.²⁸³ 그렇지 않았다면 불변하는 진리를 지성으로 관상할 수 없을 것이다. 다른 피조물들은 이 (형상을) 통해서 만들어지기는 했지만 이 (형상을) 향해서 존재하지는 않는다. 그러므로 이성적 영혼이 만일 자기 창조주를 섬긴다면 — 영혼은 그분에 의해서 창조되었

---

²⁸³ 창세 1,26-27 참조. "그 가운데 사람을 두고는 …"은 천사나 신령체들을 전제로 하는 표현이다.

em facta est, cuncta ei cetera seruient, et uita ultima, quae tam uicina illi est et est adiutorium eius, per quod imperat corpori, et ipsum corpus, extrema natura et essentia, cui omnimodo cedenti ad arbitrium dominabitur nullam de illo sentiens molestiam, quia iam non ex illo nec per illud quaeret beatitudinem, sed ex deo per se ipsam percipiet. Reformatum ergo corpus ac sanctificatum sine detrimento corruptionis et sine onere difficultatis administrabit. *In resurrectione enim neque nubent neque nubentur, sed erunt sicut angeli in caelis. Esca uero uentri et uenter escis. Deus autem et hunc et illas destruet,* quoniam *non est regnum dei esca et potus, sed iustitia et pax et gaudium.*

**XLV 83.** Quapropter etiam in ista corporis uoluptate inuenimus, unde commemoremur eam contemnere, non quia malum est natura corporis, sed quia in extremi boni dilectione turpiter uolutatur, cui primis inhaerere fruique concessum est. Cum trahitur auriga et suae temeritatis dat poenas, quidquid illud est quo utebatur accusat, sed imploret auxilium, iubeat dominus rerum, obsistatur equis alia iam spectacula de illius praecipitatione facientibus et, nisi subueniatur, de morte facturis, restituatur in locum, super rotas collocetur, habe-

---

[284] 마태 22,30; 1코린 6,13; 로마 14,17에서 각각 한 구절씩 인용했다.

[285] 지금부터는 '바른 철학'의 두 번째 탈선인 '세속의 야심'(ambitio saeculi), 즉 오만(superbia)에 대한 처방을 논한다(45,83-48,93).

고 그분을 통해서 창조되었고 그분을 향해서 창조되었다 —, 그 밖의 모든 것이 (인간을) 섬길 것이다. 그러면 영혼에 그토록 가깝고 육체를 지배하는 도움으로 주어진 궁극의 생명도 그렇게 할 것이다. 또 (인간의) 가장 낮은 본성이자 유(有)인 육체 자체까지도 자유의지에 온전히 양보할 것이고, 따라서 육체에 대해 아무런 불편도 느끼지 않을 것이니, 그것은 (영혼이) 육체에서 육체를 통해서 행복을 찾지 아니하고, 하느님에게서 영혼 자신을 통해서 행복을 얻을 것이기 때문이다. 그때는 (영혼이) 부패의 허물도 없고 방해의 짐도 없이, 변혁되고 성화된 육체를 다스리게 될 것이다. **부활 때에는 장가드는 일도 시집가는 일도 없이 하늘에 있는 천사들과 같아진다. 음식은 배를 위하여 있고 배는 음식을 위하여 있다. 하지만, 하느님께서는 이것도 저것도 다 없애 버리실 것이다. 하느님의 나라는 먹고 마시는 일이 아니라, 성령 안에서 누리는 의로움과 평화와 기쁨이다.**[284]

**쾌락의 덧없음은 보다 숭고한 것을 향하도록 우리를 떠민다**[285]

**45.83.** 그리하여 육체의 저 쾌감에서도 우리는 바로 이 쾌감을 멸시하라는 훈계를 발견하게 된다. 그것도 육체의 본성이 악해서가 아니라, 우리는 첫째가는 사물들에 애착하고 그것들을 향유하도록 허용된 존재들임에도 불구하고 가장 낮은 선에 대한 사랑에 말려들기 때문이다. 마차 경주자가 (떨어져 마차에) 끌려가는 일이 있어 그 경솔한 실수의 대가를 치르게 되면, 자기가 부리던 것이 무엇이든 죄다 욕하는 것이 상례다. 그 대신에 그가 구원을 부르짖는다고 해 보자. (시합의) 주최자가[286] 개입한다고 하자. 그를 떨어뜨려서 이미 굿거리를 만들어 놓은 말들이 누가 손을 쓰지 않으면 아예 그를 (밟아) 죽일 지경인데 그 말들을 바로 잡는다고 하자. 그를 제자리에 올라서게 하고 마차 위에 올려놓고 다시 고삐를 손에 쥐어 준다

---

[286] Dominus rerum은 마차 경주 행사 전체의 경비를 대는 '주최자'일 수도 있고, 경주자(auriga)를 고용하여 시합에 출전시키는 '물주'일 수도 있으나, 문맥은 후자에 가깝다.

narum iura reddantur, regat cautius obtemperantes et edomitas bestias: Tunc sentiet, quam bene currus et tota illa iunctio fabricata sit, quae ruina eius et ipsum affligebat et cursum decentissimae moderationis amiserat, quia et huic corpori imbecillitatem peperit animae male utentis auiditas in paradiso usurpans uetitum cibum contra medici disciplinam, qua sempiterna continetur salus.

**84.** Si ergo in ista ipsa uisibilis carnis imbecillitate, ubi beata uita esse non potest, inuenitur admonitio beatae uitae propter speciem de summo usque ad ima uenientem, quanto magis in appetitione nobilitatis et excellentiae et in omni superbia uanaque pompa huius mundi? Quid enim aliud in ea homo appetit, nisi solus esse si fieri possit, cui cuncta subiecta sint, peruersa scilicet imitatione omnipotentis dei? Quem si subditus imitaretur secundum eius praecepta uiuendo, per eum haberet subdita cetera nec ad tantam deformitatem ueniret, ut bestiolam timeat, qui uult hominibus imperare. Habet ergo et superbia quendam appetitum unitatis et omnipotentiae, sed in rerum temporalium principatu, quae omnia transeunt, tamquam umbra.

---

[287] 히포의 사제 아우구스티누스는 자신의 체험에 비추어 범죄의 초자연적인 심리를 깊이 통찰하고 있다. 정욕이 불변의 완전한 미를 추구하는 영혼의 '불안한 충동'이듯이 오만도 단독자·전능·자유 등을 추구하는 영혼의 요동임을 설명하고 있다. 죄스러운 타락과 지고의 것을 향하는 영의 상승 사이에 어떤 유사성이 있음을 본다. 영의 타고난 정신적 열망 속에서 죄의 뿌리를 본다. 본서에서 후렴처럼 되풀이되는 주제다.

고 하자. 이미 재갈이 물려 순해진 짐승들은 이제는 더 조심해서 다루라고 말해 준다고 하자. 그때는 느껴 알 것이다. 마차가 얼마나 잘 만들어졌고, 이음쇠들이 얼마나 튼튼히 용접되어 있는지 알게 될 것이다. 그러고는 자기를 떨어뜨렸고, 품위 있고 당당한 한 바퀴 주행을 빼앗기게 만든 사고의 진짜 원인이 누구에게 있는지 알게 될 것이다. 마찬가지로 낙원에서도 사물을 악용하는 영혼의 탐욕이 이 육체에 허약함을 초래하였으며, 그 탐욕은 영원한 건강[구원]을 간직한, 의사의 훈계를 거슬러 금지된 음식을 훔쳐 먹게 만들었다.

**45.84.** 가시적인 육의 허약함에서 — 거기서는 행복한 삶이 발견되지 않는다 — 행복한 생활을 (추구하라는) 권유가 나올 수 있다면, 최고의 (존재자)로부터 최하의 존재들에게까지 내려오는 (아름다운) 형상을 보고서 행복한 생활을 추구하라는 권유가 나올 수 있다면, 이 세상의 온갖 오만과 헛된 허영 속에서 그래도 고귀함과 탁월함을 얻으려는 열망에서는 (행복한 생활을 모색하라는) 충고가 얼마나 강력하게 나타나겠는가? 인간이 (오만과 허영에서) 바라는 것은, 할 수만 있다면, 단독자單獨者가 되어 모든 것을 자기 밑에 복종시키겠다는 것 말고 무엇이겠는가? 이것은 전능하신 하느님을 잘못 모방하는 것이다.[287] 그 대신 인간이 하느님의 계명에 따라 살면서 하느님께 복속함으로써 그분을 모방하려고 한다면, (하느님의 능력을 입어) 다른 모든 사물도 자기에게 복종함을 볼 것이다. 그리하면 인간들을 지배하겠노라는 자가 조그마한 짐승 하나를 무서워하는 기형적인 처지에까지 이르지는 않을 것이다. 그렇다면 오만까지도 통일성과 전능함을 추구하는 어떤 동경을 나타내는 것이다. 단지 그것은 그림자처럼 지나가는 현세적 사물들 위에 군림하는 지배라는 (점만 다르다).[288]

---

[288] 교부는 우리 과오와 죄에서마저 신을 향한 몸부림과 갈망을 간파한다.

**85.** Inuicti esse uolumus et recte. Habet enim hoc animi nostri natura post deum, a quo ad eius imaginem factus est, sed eius erant praecepta seruanda, quibus seruatis nemo nos uinceret. Nunc uero dum ipsa, cuius uerbis turpiter consensimus, domatur dolore pariendi, et nos in terra laboramus et cum magno dedecore superamur ab omnibus, quae nos commouere ac perturbare potuerint. Itaque nolumus ab hominibus uinci et iram non possumus uincere. Qua turpitudine quid exsecrabilius dici potest? Fatemur hominem hoc esse, quod nos sumus, qui tametsi habeat uitia, non est tamen ipse uitium. Quanto igitur honestius homo nos uincit quam uitium? Quis autem dubitet immane uitium esse inuidentiam, qua necesse est torqueatur et subiciatur, qui non uult in rebus temporalibus uinci? Melius est ergo, ut homo nos uincat quam inuidentia uel quodlibet aliud uitium.

**XLVI 86.** Sed nec ab homine uinci potest, qui uitia sua uicerit. Non enim uincitur, nisi cui eripitur ab aduersario, quod amat. Qui ergo id amat solum, quod amanti eripi non potest, ille indubitanter inuictus est nec ulla cruciatur inuidia. Id enim diligit, ad quod diligendum et percipiendum quanto plures uenerint, tanto eis uberius gratulatur. Diligit enim deum ex toto corde, ex tota anima, ex tota mente et diligit proximum tamquam se ipsum. Non illi ergo inui-

---

[289] 창세 3,16-17 참조.

[290] 훗날 노예제도에 관한 아우구스티누스의 이론이 이와 비슷하다(『신국론』 19,15). 인간 세계의 어느 악도 절대악이 아닌 만큼 인간이 (자기보다 비천한) 어떤 악덕의 노예가 되느니 (자기와 동등한) 다른 인간의 노예가 더 낫다는 논리다. 물론 노예제도를 정당화하는 말은 아니다.

**45.85.** 우리는 패배하지 않으려고 하며 이는 옳은 생각이다. 우리 정신의 본성이 이것을 하느님에게서 받았으며, 다만 그분의 계명을 지켜야 했으며 그것을 우리가 지키는 한 그 누구도 우리를 이길 수는 없었다. 지금 우리가 부끄럽게도 그 말을 따랐던 여자는 해산의 고통에 처해 있고 우리는 땅 위에서 힘들여 일하고 있으며, 정말 수치스럽게도 온갖 것들에 지배당하며, 그것들은 (멋대로) 우리를 움직이고 뒤흔들게 되었다.[289] 그래서 인간들에게 지는 것도 원치 않으면서 (자신의) 분노도 이겨 낼 수 없는 몸이다. 이 수치보다 더 부끄러운 일이 또 있겠는가? 인간이란 우리가 생겨먹은 그대로임을 인정하기로 하자. 비록 악덕을 지니고는 있지만 악덕 그 자체는 아니다. 그러니 악덕한테 지느니 차라리 인간에게 지는 편이 더 영예스럽지 않을까? 시기猜忌라는 것은 크나큰 악덕이요, 지상 사물에 패배하지 않으려는 사람도 자칫 질투에 시달리고 사로잡히는 일이 있음을 누가 부정하겠는가? 그러니 시기나 다른 악덕보다는 차라리 인간이 우리를 지배하는 편이 더 낫다.[290]

### 억지로 빼앗기지 않는 유일한 사랑은 하느님, 그리고 이웃 사랑

**46.86.** 하지만 자기 악덕을 이기는 자는 인간에게도 패하지 않는다. 자기가 사랑하는 것을 적에게 빼앗기는 사람만이 패하였다고 한다. 사랑하는 자에게서 빼앗을 수 없는 것만 사랑한다면, 그는 불패不敗의 인간이요 질투 때문에 시달리지도 않는다. 그는 되도록 많은 인간이 사랑하고 획득할수록 그만큼 풍요해지는 대상만 사랑한다. 그는 마음을 다하고 영혼을 다하고 지성을 다하여 하느님을 사랑하고, 이웃을 자기 몸처럼 사랑한다.[291] 따라서 누가 자기처럼 된다고 해서 그를 질투하지 아니하고 (그렇게

---

[291] 마태 22,37-39 참조.

det, ut sit quod ipse est, immo adiuuat etiam quantum potest. Nec potest amittere proximum, quem diligit tamquam se ipsum, quia neque in se ipso ea diligit, quae oculis subiacent aut ullis aliis corporis sensibus. Ergo apud se ipsum habet, quem diligit tamquam se ipsum.

**87.** Ea est autem regula dilectionis, ut quae sibi uult bona prouenire et illi uelit, quae accidere sibi mala non uult et illi nolit. Hanc uoluntatem erga omnes homines seruat, nam erga neminem operandum est malum et *dilectio proximi malum non operatur*. Diligamus ergo, ut praeceptum est, etiam inimicos nostros, si uere inuicti esse uolumus. Non enim per se ipsum quisquam hominum inuictus est, sed per illam incommutabilem legem, cui quicumque seruiunt soli sunt liberi. Sic enim eis quod diligunt auferri non potest, quae res una inuictos facit et perfectos uiros. Nam si uel ipsum hominem homo dilexerit non tamquam se ipsum, sed tamquam iumentum aut balneas aut auiculam pictam uel garrulam, id est ut ex eo aliquid temporalis uoluptatis aut commodi capiat, seruiat necesse est non homini, sed, quod est turpius, tam foedo et detestabili uitio, quo non amat hominem sicut homo amandus est. Quo uitio dominante usque ad extremam uitam uel potius mortem perducitur.

---

[292] 역자에 따라서는 apud se ipsum을 "자기 안에"(Pégon, Porro)라고 번역한다.

[293] '사랑의 규범'(regula dilectionis)은 마태 7,12; 루카 6,31; 토빗 4,16을 염두에 둔 것이다. 종교적 의미의 사랑과 순 인간적인 사랑을 용어상으로 구분하는 데는 별로 신경을 쓰지 않고 amor, dilectio, caritas를 섞어 쓴다. 플로티누스의 사랑($\H{\epsilon}\rho\omega\varsigma$)과도 무관하지 않으나 (*Enneades* 6,8,1,5) 이웃 사랑이 첨가되어 크게 의의가 달라진다.

[294] 로마 13,10(직역).

되도록) 할 수 있는 데까지 남을 돕는다. 그는 자기 몸처럼 사랑하는 이웃을 잃지도 않는다. 왜냐하면 눈앞에 떨어진 것이나 육체의 다른 감관에 떨어진 것을 사랑하지 않기 때문이다. 그러므로 자기 몸처럼 사랑하는 자들을 곁에[292] 두는 것이다.

**46.87.** 자기에게 이루어지기 바라는 선善이 상대방에게도 이루어지고, 자기에게 일어나지 않기 바라는 악惡은 상대방에게도 일어나지 않기를 바라는 것이 사랑의 법칙이다.[293] 이런 의지를 모든 사람에게 보여야 한다. (사랑은) 누구에게도 악을 행해서는 안 되기 때문이다. **이웃 사랑은 악을 행하지 않는다.**[294] 그러므로 정말 지기 싫거든, 계명에 있는 그대로, 우리 원수도 사랑하도록 하자.[295] 사람은 아무도 자력으로 불패의 인간이 되는 것이 아니고, 저 불변하는 법의 힘으로 그렇게 되는 것이며, 또 그 법에 복종하는 사람만이 진정 자유로운 사람이다. 따라서 (이 법을) 사랑하는 사람들에게서는 빼앗을 수가 없으니, 이 한 가지만이 인간들을 불패의 인간, 완전한 인간으로 만든다. 만일 사람이 사람을 사랑하되 자기 몸처럼 사랑하지 않고 가축이나 욕탕浴湯이나 깃이 곱고 목청이 아름다운 새를 사랑하듯이 사랑한다면, 다시 말해서 현세적 쾌락이나 편리 때문에 사랑한다면, 그는 인간을 섬기는 것이 아니다.[296] 더없이 추루한 일로서, 그는 추하고 천박한 악덕을 섬기는 셈이다. 인간은 인간답게 사랑받아야 하는데 그렇게 사랑을 않는 것이다. 이런 악덕이 지배하면 살아 있는 마지막까지, 곧 죽음에까지 (그대로) 끌려간다.

---

[295] 마태 5,44 참조.

[296] 『그리스도교 교양』(1,22,21)에서는 "하느님 때문에 이웃을 사랑함"(diligere proximum propter Deum)이라고 명확히 한다.

**88.** Sed nec sic quidem ab homine homo diligendus est, ut diliguntur carnales fratres uel filii uel coniuges uel quique cognati aut affines aut ciues. Nam et ista dilectio temporalis est. Non enim ullas tales necessitudines haberemus, quae nascendo et moriendo contingunt, si natura nostra in praeceptis et in imagine dei manens in istam corruptionem non relegaretur. Itaque ad pristinam perfectamque naturam nos ipsa ueritas uocans praecipit, ut carnali consuetudini resistamus, docens neminem aptum esse regno dei, qui non istas carnales necessitudines oderit, neque hoc cuiquam inhumanum uideri decet. Magis enim est inhumanum non amare in homine quod homo est, sed amare quod filius est. Hoc est enim non in eo amare illud, quod ad deum pertinet, sed amare illud, quod ad se pertinet. Quid ergo mirum, si ad regnum non peruenit, qui non communem, sed priuatam rem diligit. Immo utrumque, ait quispiam. Immo illud unum, dicit deus. Dicit enim uerissime ueritas: *Nemo potest duobus dominis seruire.* Nemo enim potest perfecte diligere quo uocamur, nisi oderit unde reuocamur. Vocamur autem ad perfectam naturam humanam, qualem ante peccatum nostrum deus fecit. Reuocamur autem ab eius dilectione, quam peccando meruimus. Quare oderimus oportet, unde ut liberemur optamus.

---

[297] 『재론고』(1,13,8)에서 그는 이 대목을 상세히 수정·보완한다. 인류가 범죄를 저지르지 않았더라도 불사성(不死性)을 띤 부모에게서 불사의 자녀들이 태어날 수 있었으리라는 것이다. 후대의 무수한 의인(義人)들이 태어나도록 하느님께서 예정하셨을 것이기 때문이다. 다만 원죄가 없었더라면 성과 자녀생산이 음욕의 그림자를 띠지 않았으리라는 주장은 견지한다(『신국론』 14,23).

**46.88.** 인간이 인간을 사랑함에 있어서는 육친들 사이처럼, 곧 형제·자녀·부부, 그 밖의 친척이나 인척이나 동네 사람들처럼 사랑할 것이 아니다. 이 사랑도 잠시적인 것이기 때문이다. 우리 본성이 하느님의 계명과 모상 속에 그대로 머물러 지금같이 부패에 매이지 않았더라면, 나고 죽는 데서 맺어지는 이런 인연들이 생기지 않았을 것이다.[297] 진리께서 이 원초적이고 완전한 인간성을 향해서 우리를 부르신다면, 그것은 육적인 관습에 저항하라고 명하시는 것이며, 그런 혈육의 인연을 미워하지 않는 사람은 하느님 나라에 합당하지 못하다고 가르치시는 것이다.[298] 이것을 비인간적이라 여길 사람은 아무도 없을 것이다. 사람을 사람으로 사랑하지 않고 사람을 아들로 사랑하는 것이 더 비인간적이다. 이것은 사람에게서 하느님께 속하는 것을 사랑하지 않고 자기에게 속하는 것을 사랑하는 행위다. 그러니 공동의 것을 사랑하지 않고 사사로운 것을 사랑하는 자는 (하느님) 나라에 이르지 못한다고 이상할 것이 무엇인가? 양자를 다 사랑한다고 혹자는 말할지 모른다. 그러나 그 하나만을 사랑해야 한다는 것이 하느님의 말씀이다. 진리께서는 정말 옳은 말씀을 하신다: **아무도 두 주인을 섬길 수 없다.**[299] 우리 중의 그 누구도 자기가 (등지고) 돌아서야 할 대상을 미워하지 않고서는 부름 받은 대상을 온전히 사랑하지 못한다.[300] 우리가 부름 받는 대상은 완전한 인간성이며, 우리가 죄짓기 전에 하느님이 만드신 본성이다. 그 대신에 어떤 사물에 대한 사랑을 (버리고) 돌아서라고 타이름을 받는 경우는, 우리가 죄를 지어서 (그 응보로) 얻은 사랑일 뿐이다. 그러니 우리가 벗어나려는 대상은 필히 미워하지 않으면 안 된다.

---

[298] 루카 9,62 및 14,26의 자구적인 해석이다.

[299] 마태 6,24.

[300] 다른 대목에도 나오지만 교부는 가변적이고 유한한 사물에 대한 애착을 청산하고(aversio, revocari) 하느님께로 돌아서는(conversio, vocari) 두 단계의 전향(轉向)을 내세운다.

**89.** Oderimus ergo temporales necessitudines, si aeternitatis caritate flagramus. Diligat homo proximum tamquam se ipsum. Certe enim sibi ipse nemo est pater aut filius aut affinis aut aliquid huius modi, sed tantum homo. Qui ergo diligit aliquem tamquam se ipsum, hoc in eo debet diligere, quod sibi ipse est. Corpora uero non sunt, quod nos sumus. Non ergo in homine corpus est expetendum aut desiderandum. Valet enim ad hoc etiam, quod praeceptum est: *Ne concupiscas rem proximi tui.* Quapropter quisquis in proximo aliud diligit quam sibi ipse est, non eum diligit tamquam se ipsum. Ipsa igitur natura humana sine carnali condicione diligenda est, siue sit perficienda siue perfecta. Omnes sub uno deo patre cognati sunt, qui eum diligunt et faciunt uoluntatem ipsius, et inuicem sibi sunt et patres, cum sibi consulunt, et filii, cum sibi obtemperant, et fratres maxime, quia eos unus pater testamento suo ad unam hereditatem uocat.

**XLVII 90.** Quapropter cur iste non sit inuictus hominem diligendo, cum in eo nihil praeter hominem diligat, id est creaturam dei ad eius imaginem factam, nec ei possit deesse perfecta natura quam diligit, cum ipse perfectus est? Sicut enim uerbi gratia si quisquam diligat bene cantantem, non hunc aut illum, sed tantum bene cantantem quemlibet, cum sit cantator ipse perfectus, ita uult omnes

---

[301] 본서에서 caritas라는 어휘가 정식으로 등장한다[각주 293대로 플로티누스의 에로스를 염두에 둔 고의적인 용어 채택(ἀγάπη의 번역)으로 보인다]. 그리스도교 전통에서 종교적 동기의 사랑을 이 용어로 표현하는 관습이 생긴다.

[302] 탈출 20,17을 특이한 시각에서 인용한다.

[303] 마태 12,48-50 참조.

**46.89.** 영원에 대한 애덕[301]으로 불타면 현세적인 인연을 미워하게 된다. 사람은 이웃을 자기 몸처럼 사랑해야 한다. 그 누구도 자기 자신에게 아버지가 되거나 아들이 되거나 인척이 되거나 하지 못하며 오직 사람이 될 따름이다. 누구를 자기 몸처럼 사랑하는 자는 내가 나인 그것을 상대방에게서 사랑하는 셈이다. 육체는 내가 아니다. 따라서 사람에게서 추구하고 갈망할 대상이 육체여서는 안 된다. **이웃의 소유는 무엇이든 탐내서는 안 된다**는 계명은 여기에도 해당된다.[302] 그러므로 이웃에게서 내가 나인 그것이 아니고 딴것을 사랑하는 자는 그를 자기 몸처럼 사랑하는 것이 아니다. 육적인 조건이 전혀 없이 인간성 자체를, 아직 완성되어야 할 것 또는 이미 완성된 것으로서 사랑해야 마땅하다. 모두가 한 분이신 하느님 아버지 밑에 친척이 된다.[303] 모두가 그분을 사랑하고, 그분의 뜻을 행하고, 서로 타이를 때는 서로 아버지가 되고 서로 복종할 때는 서로 아들이 되며, 한 분이신 아버지께서 당신의 유언서로 동일한 유산을 차지하도록 (부르신다는 점에서는) 각별히 서로 형제가 된다.

**참된 이웃 사랑은 지장받지 않는다**

**47.90.** 사람을 사랑하되 사람이라는 점 외에는 아무것도 사랑하지 않는 자, 즉 하느님의 모상대로 만들어진 피조물이라는 점에서만 사랑하는 자 역시 왜 완전무결하지 말라는 법이 있는가?[304] 그 자신이 완전한 존재인 이상, 어떤 완전한 자연 본성을 사랑한다고 해서 그 사람 안에 (그 완전한 자연 본성이) 결여되어 있다고 할 수는 없지 않은가?[305] 예를 들어 누가 노래 잘하는 사람을 좋아한다고 하자. 그것도 이 가수 저 가수가 아니라 노래 잘하는 사람이면 누구든 좋아한다고 하자. 본인도 완벽한 가수여서 모

---

[304] 본서 중간 중간에 철학적 사변을 떠나 그의 문장력을 과시하는 산문(散文)이 나오는데 이 대목도 그중 한 페이지다.

[305] "자신이 완전한 인간인 한, 완전한 인간성을 사랑한다고 해서, 그것이 자기에게 결핍되어 있다는 뜻은 아니다." 따라서 그 사랑은 질투(선망)의 성격을 띠지 않는다(이 장 끝 부분 참조).

tales esse, ut tamen non ei desit quod diligit, quia ipse bene cantat. Nam si cuiquam inuidet bene cantanti, non iam illud diligit, sed laudem aut aliquid aliud, quo bene cantando uult peruenire, et potest ei minui uel auferri, si et alius bene cantauerit. Qui ergo inuidet bene cantanti, non amat bene cantantem, sed rursus, qui eo indiget, non cantat bene. Quod multo accommodatius de bene uiuente dici potest, quia et inuidere nulli potest: Quo enim perueniunt bene uiuentes, tantundem est omnibus, nec minus fit, cum plures habuerint. Et potest esse tempus, quo bonus cantator cantare non decenter queat et indigeat uoce alterius, qua sibi exhibeatur quod diligit, tamquam si alicubi conuiuetur, ubi eum cantare turpe sit, sed deceat audire cantantem. Bene uiuere autem semper decet. Quare quisquis hoc et diligit et facit non solum non inuidet imitantibus, sed et his se praebet libentissime atque humanissime quantum potest, nec eis tamen indiget. Nam quod in illis diligit, in se ipso habet totum atque perfectum. Ita cum diligat proximum tamquam se ipsum, non inuidet ei, quia nec sibi ipsi, praestat ei quod potest, quia et sibi ipsi, non eo indiget, quia nec se ipso. Tantum eo indiget, cui adhaerendo beatus est. Nemo autem illi eripit deum. Ille ergo uerissime atque certissime inuictus homo est, qui cohaeret deo,

든 사람이 다 자기처럼 되기를 바라며, 자기가 노래를 잘하기 때문에 자기가 좋아하는 바를 남이 못 갖추는 일이 없기를 바랄 것임이 틀림없다. 그 대신에 노래 잘하는 다른 사람을 시기한다면, 그는 노래 자체를 좋아하는 것이 아니라 찬사라든가 노래를 잘하여 자기에게 돌아오기 바라는 어떤 것을 좋아하는 셈이다. 그렇다면 남이 노래를 잘한다면 자기 몫이 줄거나 자기 몫을 빼앗긴다는 생각도 할 만하다. 따라서 노래 잘하는 사람을 시기하는 자는 이미 가수를 사랑하지 않는 것이며, 거기다가 자신에게 부족한 것이 있으니 자기는 노래를 잘 못한다는 말이 된다. 잘사는 [덕 있는] 사람에게도 같은 말을 할 수 있다. 그는 누구도 시기할 이유가 없다. 잘사는 사람들이 도달한 선은 항상 여일하여 거기 도달하는 사람들이 많아진다고 해서 그 선이 줄지는 않는다. 노래의 경우는 때에 따라서는 노래를 잘하는 가수가 노래를 부르는 것이 체통을 잃는 일이 되고, 거기서는 다른 사람의 목청을 필요로 하는 경우도 있다. 다른 사람의 목소리를 들어 자기가 좋아하는 바를 표명하면 된다. 잔칫집처럼 가수가 노래를 부르는 일이 천박해지는 자리라면 남이 노래하는 것을 듣기만 하면 된다. (그에 비해서) 잘사는 일은 언제 어디서나 품위 있는 것이다. 따라서 (잘사는) 그것을 좋아하고 실천하는 사람은 (자기를) 모방하는 사람들을 질투하지 않을뿐더러 할 수 있는 데까지 기꺼이 나서서 인간적으로 그들을 도우며, 그렇다고 상대방을 필요로 하지도 않는다. 상대방에게서 내가 사랑하는 것이 내게 전적으로 또 완전하게 갖추어져 있는 연고다. 따라서 이웃을 자기 몸처럼 사랑하는 사람은 이웃을 질투하지 않는다. 자기 자신을 질투하지 않는 까닭이다. 능력이 미치는 대로 그를 돕는 것이 곧 자기 자신을 돕는 일이기 때문이다. 남을 필요로 하지도 않는 인간이 (자기 자신이 없어서) 자기를 필요로 하는 경우는 없기 때문이다. 단, 자기가 의탁함으로써 행복해지는 그 대상은 극히 필요하다. 그런 사람에게서 하느님을 앗아 갈 자는 아무도 없다. 그런 사람은 정말로 또 확실히 불패의 인간이다. 하느님과 합일하는 까닭이다. 하느님에게서 (하느님 외의) 어떤 선익을 얻기 위함이 아니다.

non ut ab eo aliquid boni extra mereatur, sed cui nihil aliud quam ipsum haerere deo bonum est.

**91.** Hic uir quamdiu est in hac uita, utitur amico ad rependendam gratiam, utitur inimico ad patientiam, utitur quibus potest ad beneficentiam, utitur omnibus ad beneuolentiam. Et quamquam temporalia non diligat, ipse recte utitur temporalibus et pro eorum sorte hominibus consulit, si aequaliter non potest omnibus. Quare si aliquem familiarium suorum promptius quam quemlibet alloquitur, non eum magis diligit, sed ad eum habet maiorem fiduciam et apertiorem temporis ianuam. Tractat enim tempori deditos tanto melius, quanto ipse minus obligatus est tempore. Cum itaque omnibus, quos pariter diligit, prodesse non possit, nisi coniunctioribus prodesse malit, iniustus est. Animi autem coniunctio maior est quam locorum aut temporum, quibus in hoc corpore gignimur, sed ea maxima est, quae omnibus praeualet. Non ergo iste affligitur morte cuiusquam, quoniam qui toto animo deum diligit nouit nec sibi perire, quod deo non perit. Deus autem dominus est et uiuorum et mortuorum. Non cuiusquam miseria miser est, quia nec cuiusquam iniustitia fit iniustus. Et ut nemo illi iustitiam et deum, sic nemo aufert beatitudinem. Et si quando forte alicuius periculo uel errore uel dolore commouetur, usque ad illius auxilium aut correctionem aut consolationem, non usque ad suam subuersionem ualere patitur.

---

[306] 육적인 신앙과 영적인 신앙을 판별하는 기준이다: 하느님이 아닌 딴것을 획득할 목적에서 하느님을 도구로 부리는 것은 육적인 신앙이고 우상숭배이다(시편 73,28 참조).

[307] 『그리스도교 교양』(1,4,4)의 주제가 되듯이, 신만이 인간이 향유(frui)할 대상이고 그 밖에는 (자기 자신과 타인도 포함해서) 신을 향유하기 위해 사용(uti)할 대상이다. 그리스도인

오로지 하느님께 다름 아닌 자기 자신을 합일시키는 그것만이 그에게는 선이기 때문이다.[306]

**47.91.** 그런 사람은 이승에 사는 동안에 친구를 이용하여 호의를 주고받으며, 원수를 이용하여 (자신의) 인내를 단련하고, 내가 선익을 베풀 상대를 찾으며, 모든 이를 이용하여 자애를 표명한다. 그는 현세적 사물들을 사랑하지는 않으나 그것들을 올바로 이용해서 사람들의 필요에 호응해 준다.[307] 모든 사람에게 잘해 줄 수 없을 경우에는 사람들의 처지에 맞추어 베푸는 것이다. 남보다 집안의 누구를 먼저 돕는다면 그것은 그를 다른 사람보다 더 사랑한다기보다는 그에게 더 신뢰가 가고 시간상으로 더 자주 왕래하기 때문이다. 시간에 덜 매인 사람일수록 시간의 일에 깊이 몰두하는 사람들을 더 잘 돕게 된다. 모든 이를 사랑하기는 하지만 모두 도울 수 없는 경우에 보다 연분이 짙은 사람들에게 우선을 두지 않는다는 것은 불의하다. 정신적 연분이 우리 몸이 태어난 장소와 시간의 연분보다 짙은 것이며, 그래도 이 모든 사람에게 두루 미치는 연분을 가장 짙은 연분으로 보아야 한다. 그러한 사람은 누가 죽어도 심하게 비통해하지 않는다. 정신을 다하여 하느님을 사랑하는 이는, 하느님께 없어지지 않는 것이면 자기에게도 없어지지 않으리라는 것을 아는 까닭이다. 하느님은 산 사람의 하느님도 되시고 죽은 사람들의 하느님도 되신다.[308] (경지에 이른 사람은) 남의 비참으로 비참해지지 않는다. 남의 불의로 불의한 사람이 되지 않는 것과 같다. 아무도 그에게서 정의와 하느님을 빼앗아 가지 못하듯이 아무도 그의 행복을 앗아 가지 않는다. 그리고 만일 남의 위험이나 잘못이나 고통으로 마음이 흔들린다면, 그를 돕고 바로잡고 위로하는 정도까지만 마음을 주며, 그것 때문에 자신이 넘어지지는 않는다.

---

들이 현세 사물을 보는 시각으로 정착된다.

[308] 로마 14,9 참조.

**92.** In omnibus autem officiosis laboribus futurae quietis certa exspectatione non frangitur. Quid enim ei nocebit, qui bene uti etiam inimico potest? Eius enim praesidio atque munimento inimicitias non pertimescit, cuius praecepto et dono diligit inimicos. Huic uiro in tribulationibus parum est non contristari, nisi etiam gaudeat sciens, *quod tribulatio patientiam operatur, patientia probationem, probatio spem, spes autem non confundit, quoniam caritas dei diffusa est in cordibus nostris per spiritum sanctum, qui datus est nobis.* Quis huic nocebit? Quis hunc subiugabit? Homo, qui prosperis rebus proficit, asperis quid profecerit discit. Cum enim mutabilium bonorum adest copia, non eis confidit, sed cum subtrahuntur agnoscit, utrum eum non ceperint, quia plerumque cum adsunt nobis putamus, quod non ea diligamus, sed cum abesse coeperint, inuenimus qui simus. Hoc enim sine amore nostro aderat, quod sine dolore discedit. Videtur ergo uincere, cum uincatur, qui superando ad id peruenit, quod cum dolore amissurus est, et uincit, cum uinci uideatur, quisquis cedendo ad id peruenit, quod non amittit inuitus.

**XLVIII 93.** Quem delectat ergo libertas, ab amore mutabilium rerum liber esse appetat, et quem regnare delectat, uni omnium regnatori deo subditus haereat plus eum diligendo quam se ipsum. Et haec est perfecta iustitia, qua potius potiora et minus minora diligi-

---

[309] 로마 5,3-5(직역).

[310] 아우구스티누스는 ambitio saeculi(세속의 야심)가 동경하는 바가, 남을 이기려는 권능(potentia), 남에게 지지 않으려는 질투(invidia), 무엇에도 매이지 않으려는 자유(libertas)라고 규정한다: "오만도 진실한 자유와 진실한 통치의 그림자이니 …."

**47.92.** 직무로 말미암은 온갖 수고 중에도 그는 장차 올 안식에 확고한 기대를 두기에 좌초하지 않는다. 원수까지도 선용할 줄 아는 사람을 무엇이 해칠 수 있겠는가? (하느님의) 주재와 보호를 받아 그는 원한도 무서워하지 않으며, 그분의 계명과 은총에 힘입어 원수도 사랑한다. 이런 사람은 환난 중에서도 슬퍼하지 않고 오히려 즐거워하는 것이 별로 힘든 일이 아니다. **고통은 인내를 낳고 인내는 시련을 이겨내는 끈기를 낳고 그러한 끈기는 희망을 낳는다. 희망은 우리를 실망시키지 않는다. 우리가 받은 성령께서 우리의 마음속에 하느님의 사랑을 부어 주셨기 때문이다**[309]라는 말씀을 알기 때문이다. 누가 이런 사람을 해치겠는가? 누가 이 사람을 얽매겠는가? 순조로운 일에서 이득을 거두는 사람은 역경에서도 얼마나 이득을 거둘 수 있는가를 배운다. 현세적 재산이 풍족할 때도 거기에 마음을 주지 않는다. 재산이 없어질 때 그것이 과연 그를 사로잡았었는지 아닌지를 알게 된다. 재산을 지니고 있는 동안은 우리는 곧잘 그것을 사랑하지 않노라고 말한다. 그러다가 그것이 손에서 빠져나가기 시작하면 우리가 과연 어떤 인간인지 눈뜨게 된다. 괴로움을 주지 않은 채 우리에게서 멀어져 가는 그것이야말로 우리의 사랑을 차지하지 않은 채 거기 있었던 것이다. 그리하여 패배하면서 승리하는 것처럼 보이는 경우가 있다. (남을) 이겨 내면서 도달한 것은 고통을 당하면서 잃게 마련이다. 그런가 하면 패하는 것처럼 보이면서 승리하기도 한다. (남에게) 양보하면서 도달한 것은 잃어도 마지못해 잃지 않는다.

**완전한 정의란 어떤 것인가?**

**48.93.** 자유가 좋은 사람은 가시적인 사물들에 대한 사랑에서 자유롭도록 힘쓸 것이다.[310] 다스리는 것이 좋은 사람은 만유의 한 분 통치자이신 하느님께 복종하도록 할 것이다. 그분을 자기 몸보다 더 사랑하는 가운데! 완전한 정의正義란 다음과 같은 것이니, 더한 것은 더 사랑하고 덜한 것은

mus. Sapientem animam atque perfectam talem diligat, qualem illam uidet, stultam non talem, sed quia esse perfecta et sapiens potest, quia nec se ipsum debet stultum diligere. Nam qui se diligit stultum, non proficiet ad sapientiam nec fiet quisque qualis cupit esse, nisi se oderit qualis est. Sed donec ad sapientiam perfectionemque ueniatur, eo animo ferat stultitiam proximi, quo suam ferret, si stultus esset et amaret sapientiam. Quapropter si et ipsa superbia uerae libertatis et ueri regni umbra est, etiam per ipsam nos commemorat diuina prouidentia, quid significemus uitiosi et quo debeamus redire correcti.

**XLIX 94.** Iam uero cuncta spectacula et omnis illa quae appellatur curiositas quid aliud quaerit quam de rerum cognitione laetitiam? Quid ergo admirabilius, quid speciosius ipsa ueritate, ad quam spectator omnis peruenire se cupere confitetur, cum uehementer ne fallatur inuigilat et inde se iactat, si aliquid acutius ceteris et uiuacius in spectando cognoscat et iudicet? Ipsum denique praestigiatorem nihil aliud quam fallaciam profitentem diligenter intuentur et cautissime obseruant, et si eluduntur, quia sua non possunt, illius delectantur scientia, qui eos eludit. Nam si et ille nesciret, quibus causis fallantur intuentes, uel nescire crederetur, pariter

---

[311] '완전한 정의'(perfecta iustitia), 또는 '사랑의 규범'(각주 293 참조)으로 존재의 위계대로 사랑하라는 명제가 나온다.

덜 사랑하는 것이다.³¹¹ 현명하고 완전한 영혼은 그대의 눈에 비치는 그대로 사랑하라. 어리석은 영혼은 눈에 비치는 그대로 사랑하지 마라. 그 영혼도 완전하고 지혜로워질 수 있으니까. 자기 자신도 어리석은 자신을 사랑할 수 없지 않은가? 어리석은 자신을 사랑하는 자는 지혜를 향해 향상하지 않을 것이니, 자기의 모습을 미워하지 않고는 자기가 되고자 꿈꾸는 다른 모습이 되지 못할 것이다. 지혜와 완전에 이르기까지는, 자기 어리석음을 감수하는 같은 심경으로 이웃의 어리석음도 감수할 것이니, 그도 비록 어리석은 사람이지만 지혜를 사랑할지 모르기 때문이다. 오만이라는 것도 실은 (우리가 추구하는) 진실한 자유와 진실한 통치의 그림자이니, 하느님의 섭리는 그 오만을 이용해서도 우리에게 환기시키는 바 있다. 악덕에 젖어 사는 우리가 이르러야 할 지점이 어딘지, 우리가 (그 악덕을) 바로잡은 뒤에 어디로 돌아가야 하는지 우리에게 가리켜 보이시는 것이다.

### 호기심은 진리를 관조하라는 권유이기도 하다³¹²

**49.94.** 저 많은 흥행興行이며 호기심好奇心이라 일컫는 저 모든 것이 희구하는 바는 사물들을 인식하는 데서 오는 기쁨이 아니고 무엇이겠는가? 진리 자체보다 경이롭고 아름다운 것이 어디 있는가? 관객들은 누구나 바로 이 진리에 이르기를 갈망한다고 고백하지 않는가? 그래서 관객들은 하나라도 빠뜨리지 않으려고 눈을 부릅뜨고, 관람에서 남보다 예리하고 생생하게 관찰하거나 판단하고 나면 얼마나 우쭐하던가? 마술사는 (자기 기술이) 어디까지나 (관객들을) 속여 넘기는 술수라고 공언하고 다니는 만큼, 관객들이 더욱 열심히 지켜보고 날카롭게 관찰하는데 그래도 속아 넘어가고 말면 관객들로서는 자기네 (지식을) 뽐내지는 못하고 자기네를 속여 넘긴 그 사람들의 지식을 두고 재미있어한다. 그 대신에 관객들이 속아 넘어가는 이유를 마술사 자신도 모르거나 모르는 것처럼 보이면 서로 비겼다

---

³¹² '진정한 철학을 하는 길'의 세 번째 탈선인 '눈의 욕망', 즉 '호기심'을 논한다(49,94-52,101).

erranti nullus plauderet. Si quis autem de populo unus eum deprehenderit, maiorem illo laudem se mereri putat, non ob aliud, nisi quia decipi fallique non potuit. Si autem multis apertus sit, non ille laudatur, sed irridentur ceteri, qui talia deprehendere nequeunt. Ita omnis palma cognitioni datur et artificio et comprehensioni ueritatis, ad quam nullo modo perueniunt, qui foris eam quaerunt.

**95.** Itaque in tantas nugas et turpitudines mersi sumus, ut cum interrogati, quid sit melius, uerum an falsum, ore uno respondeamus uerum esse melius. Iocis et ludis tamen, ubi nos utique non uera, sed ficta delectant multo propensius quam praeceptis ipsius ueritatis haereamus. Ita nostro iudicio et ore punimur, aliud ratione approbantes aliud uanitate sectantes. Tamdiu autem est ludicrum et ioculare aliquid, quamdiu nouimus, in cuius ueri comparatione rideatur. Sed diligendo talia excidimus a uero et non iam inuenimus, quarum rerum imitamenta sint, quibus tamquam primis pulchris inhiamus, et ab eis recedentes amplexamur nostra phantasmata. Nam redeuntibus nobis ad inuestigandam ueritatem ipsa in itinere occurrunt et nos transire non sinunt nullis uiribus, sed magnis insidiis la-

---

[313] 호기심이란 사실상 인식(cognitio)을, 진리(verum)를 추구하는 본능이므로 단죄보다는 상찬의 대상이다.

[314] "밖에서 진리를 찾다 보니."

[315] 연극과 경기의 관람에 대한 교부들과 아우구스티누스의 입장은 앞의 22,43(각주 166) 참조.

하여 아무도 박수를 치지 않을 것이다. 또 구경꾼들 중에서 누가 마술사의 술수를 꼬집어 내기라도 한다면, 그는 자기가 마술사보다 더 큰 찬사를 들어야 하는 것으로 자부하는데, 마술사에게 속아 넘어가지 않았다는 한 가지 이유만으로 (그처럼 큰 박수를 기대하는 셈이다). 그런데 그 술수를 다수 관객이 눈치채는 경우에는, 꼬집어 낸 그 사람은 칭찬을 못 받고, 그 대신 아직껏 그 술수를 눈치 못 챈 사람들이 도리어 웃음거리가 되어 버린다. 이렇게 볼 때 진리에 대한 여하한 인식과 수완과 파악에도 반드시 찬사가 돌아가게 되어 있다.[313] 다만 밖에서 진리를 찾는 사람들은 결코 거기에 이르지 못한다.

**49.95.** 그러다 보니[314] 우리는 무수한 농간과 추잡한 놀이에 휩쓸리게 되었고, 누가 만일 "어느 것이 더 좋소, 진리요 거짓이요?" 하고 (터무니없는) 질문을 해도 일제히 "진리가 더 좋소" 하는 대답을 (천연덕스럽게) 이구동성으로 외쳐 대는 처지까지 되었다. 그런 말을 하고서도 우리는 진리의 계율을 따르기보다는 경기와 연극에 몰두하는데, 거기서는 그야말로 진실이 아니라 허구虛構를 보면서 희희낙락하는 것이다. 이렇게 해서 우리는 판단으로도 입으로도 벌을 받게 되는 것이니, 이성으로는 다른 것을 인정하면서도 허영으로는 또 다른 것을 따라가니까 말이다. 그러나 우리가 경기와 유희를 즐기는 것은 일정한 시점까지다.[315] 우리가 어떤 진리를 깨닫고 그것과 비교해서 이 모든 (오락을) 비웃게 되기까지만 (그것을 즐길 수가 있다). 어떻든 이런 (유희)를 사랑함으로써 우리는 진리에서 멀어져가고, 이 모든 것이 어떤 사물을 모사模寫한 것인지조차도 기억 못 하게 된다. 이것들이 마치 첫째가는 아름다움이기나 하듯이 매료되고 (공연장에서) 돌아갈 즈음에는 (황당한) 상상을 품고서 떠나간다. 우리가 정신 차려 진리를 탐구하는 길에 다시 들어서더라도 이것이 도중에 다시 나타나서 지나가게 놓아두지 않는다.[316]▶ 그것도 완력으로 (가로막는 것이 아니라)

trocinantia, non intellegentibus quam late pateat, quod dictum est: *Cauete a simulacris.*

96. Itaque alii per innumerabiles mundos uaga cogitatione uolutati sunt, alii deum esse non posse nisi corpus igneum putauerunt, alii candorem lucis immensae per infinita spatia usquequaque porrectum ex una tamen parte quasi nigro quodam cuneo fissum duo aduersa regna opinantes et talia rebus constituentes principia cum suis phantasmatibus fabulati sunt. Quos si iurare cogam, utrum haec uera esse sciant, fortasse non audeant, sed uicissim dicant: Tu igitur ostende, quid uerum sit. Quibus si nihil responderem, nisi ut illam lucem quaerant, qua eis apparet et certum est aliud esse credere aliud intellegere, iurarent et ipsi nec oculis uideri posse istam lucem nec cum aliqua locorum uastitate cogitari et nusquam non praesto esse quaerentibus et nihil ea certius atque serenius inueniri.

97. Quae rursus omnia, quae de hac luce mentis nunc a me dicta sunt, nulla alia quam eadem luce manifesta sunt. Per hanc enim intellego uera esse, quae dicta sunt, et haec me intellegere per hanc rursus intellego. Et hoc rursus et rursus, cum quisque se aliquid intellegere intellegit et id ipsum rursus intellegit, in infinitum pergere

---

◀316 『고백록』(3,2)에는 아우구스티누스 개인의 체험을 상술하고 있다.

317 1요한 5,21 참조. 인간의 사유와 창작의 결실인 문학 · 연극 · 무언극 등이 인간의 심리적인 유약(柔弱)을 초래하고 진리 추구를 소홀하게 만든다 하여 '우상'[simulacra, "어떤 사물을 모사(模寫)한 것"이라는 어원 그대로]에다 포함시키고 있다.

대단한 기만으로 강도질을 하는데, 그것은 우리가 **우상들을 조심하라**[317]는 말씀이 얼마나 넓은 의미를 지니는지 몰랐던 데서 기인한다.

**49.96.** 그러다 보니 어떤 사람들은 사색을 편력하며 무수히 많은 세계를 유전流轉하게 되었고, 어떤 사람들은 신이라는 것이 불로 된 몸체 외에 다른 것일 수가 없다고 생각하였다. 딴 사람들은 거대한 빛의 광채가 있어 무한한 공간을 통해서 사방으로 두루 퍼져 나가는데 그 (광체의) 한쪽이 검은 쐐기 같은 것에 박혀 있다 하여, 마치 두 개의 상반되는 왕국이 있다는 주장을 하고[318] 사물들에게 두 개의 원리를 구성하는 것이라고 그럴듯한 상상으로 이야기를 꾸며냈다. 정말 그것이 진실인지 알 수 있느냐고 묻고 맹세하라고 다그치면 감히 맹세는 못 하고 오히려 "그럼 진리가 무엇인지 당신이 증명해 보이라"는 답변을 할 것이다. 나는 그들에게 어떤 것은 믿을 대상이고 어떤 것은 인식할 대상이라는 확신을 주는 빛이 무엇인지 찾아보라는 대답만 할 것이다. 그러면 그들도 이 빛은 육안으로 볼 수 없는 것이요 공간의 넓이로는 개념할 수 없는 것이라고 맹세할 것이다. 이 빛은 찾는 사람들에게 어디에나 즉시 나타나며 이 빛보다 확실하고 밝은 것이 또 없다고 설명할 것이다.

**49.97.** 내가 지금 지성의 빛[319]에 관해서 한 말들은 모두 이 빛에 의해서 밝혀진 것 외에 다른 것이 아니다. 이 빛을 통하여, 나는 내가 한 말이 진실이라는 것을 이해하고, 내가 이 빛을 통해서 이것들을 이해한다는 사실도 다시 이해한다. 이런 작용은 거듭거듭 발생하기 때문에, 누구든지 자기가 무엇인가 이해하고 있음을 이해하는 사람에게는, 자기가 무엇인가 이

---

[318] 마니교도들의 상상적인 세계 해석이었던 것 같다.

[319] 본서 전체에서 '진리'는 판단의 내용, 어떤 이데아라는 각도에서 소개되지 않고 '지성의 빛'(lux mentis), 영혼 안에 내재하고, 영원으로부터 존재하는 빛으로 제시되고 있음을 상기하기 바람. 아름다움 · 선 · 일자에 대해서도 마찬가지다.

intellego et nulla hic esse spatia cuiusquam tumoris aut uolubilitatis intellego. Intellego etiam non me posse intellegere, nisi uiuam, et me uiuaciorem intellegendo fieri certius intellego. Aeterna enim uita uitam temporalem uiuacitate ipsa superat, nec quid sit aeternitas nisi intellegendo conspicio. Mentis quippe aspectu omnem mutabilitatem ab aeternitate seiungo et in ipsa aeternitate nulla spatia temporis cerno, quia spatia temporis praeteritis et futuris rerum motibus constant. Nihil autem praeterit in aeterno et nihil futurum est, quia et quod praeterit esse desinit et quod futurum est nondum esse coepit. Aeternitas autem tantummodo est, nec fuit, quasi iam non sit, nec erit, quasi adhuc non sit. Quare sola ipsa uerissime dicere potuit humanae menti: *Ego sum qui sum.* Et de illa uerissime dici potuit: *Misit me qui est.*

**L 98.** Cui si nondum possumus inhaerere, obiurgemus saltem nostra phantasmata et tam nugatorios et deceptorios ludos de spectaculo mentis eiciamus. Vtamur gradibus, quos nobis diuina proui-

---

[320] 앞의 29,53(각주 197) 참조. 현대 철학의 개념을 빌리자면, 인간 지성의 자기 귀존(自己歸存, reditio completa ad se ipsum), 절대초월(absolute Transzendenz), 전이해(前理解, Vorverständnis) 등으로 그는 지성의 궁극 대상인 영원성에 도달하고 있다.

[321] 아우구스티누스에게 영원(aeternitas)은 일체의 변화를 배제하는 개념이므로 곧 신을 의미한다(*Enarrationes in Psalmos* 101,10). 시간이 변화의 장(場)인 이상, 창조와 더불어 시간이 나타났다는 이론으로(『고백록』 11,14 참조), 시간의 무한한 연속으로서의 영원을 탈피한다. 그래서 영원에는 '시간의 간격'(spatia temporum)이 성립 안 된다. 아우구스티누스가 보기에 시간과 영원은 피조물과 최고유의 각기 고유한 존재 양식이다.

해하고 있음을 이해한다는 사실이 다시 인식된다. 나는 이것이 무한히 소급될 수 있음을 이해하며, 여기에는 변화나 발전의 여지가 따로 없음도 이해한다. 내가 살아 있지 않는 한 이해 못 하리라는 것도 나는 이해하고, 내가 이해하면 할수록 내 생명의 강도強度가 높아진다는 것도 나는 이해한다. 영원한 생명은 바로 이 강도에 의해서 현세적 생명을 초월하는 것이며, 영원이라는 것은 내가 이해하여 관조하는 것 외에 다른 것이 아니다.[320] 나는 지성의 시력으로 가변적인 모든 것을 영원으로부터 분리해 낸다. 그리고 그 영원성 안에는 시간의 간격이라는 것이 결코 존재하지 않음을 안다.[321] 시간의 간격이라는 것은 사물들의 지나간 운동과 닥쳐올 운동에 의해서 성립되기 때문이다. 영원에서는 아무것도 지나가지 않고 아무것도 닥쳐오지 않는다. 왜냐하면 지나간 것은 이미 존재를 그친 것이고 닥쳐올 것은 아직 존재를 시작하지 않은 것이기 때문이다. 영원성이라는 것은 '있으며', 이미 존재 않는 것처럼 '있었던' 것도 아니고, 아직 존재 않는 것처럼 '있을' 것도 아니다. 바로 이 영원성만이 인간 지성에게 진실로 이렇게 말할 수 있다: **나는 있는 자다.** 그리고 바로 이분을 두고 진실로 이런 말씀이 있다: **있는 분이 나를 보내셨다.**[322]

**성경 해석의 원리: 네 가지 우의**

**50.98.** 영원자와의 합일이 아직은 이루어지지 않는 만큼, 적어도 우리의 상상은 자제하고 어리석고 기만적인 경기들을 우리 지성의 공연장에서 몰아내기로 하자. 하느님의 섭리께서 우리에게 엮어 주신 사다리를[323] 사용

---

[322] 탈출 3,14의 Ego sum qui sum(ἐγώ εἰμι ὁ ὤν)은 이미 알렉산드리아의 필론(De vita Mosis 1,75) 이래로 존재론적인 해석이 교부들의 전통이 되었다. 아우구스티누스는 Ego sum qui sum을 '불변'(incommutabilis), 혹은 '불사'(immortalis)하는 존재라는 뜻으로 채택하였으며(Sermones 7,7: esse nomen est incommutabilitatis; Soliloquia 1,15,29: nulla igitur recte dicuntur esse, nisi immortalia), 그 이유로 '존재 자체'(ipsum esse)가 된다는 결론에 도달한다(De Trinitate 1,1,2: solum Deum dici oporteat essentiam … quia incommutabilis est).

[323] '권위와 이성'을 가리킨다. 권위는 바로 뒤에 다시 열거된다.

dentia fabricare dignata est. Cum enim figmentis ludicris nimium delectati euanesceremus in cogitationibus nostris et totam uitam in quaedam uana somnia uerteremus rationali creatura seruiente legibus suis per sonos ac litteras, ignem, fumum, nubem, columnam, quasi quaedam uerba uisibilia, cum infantia nostra parabolis ac similitudinibus quodam modo ludere et interiores oculos nostros luto huiusce modi curare non aspernata est ineffabilis misericordia dei.

99. Distinguamus ergo, quam fidem debeamus historiae, quam fidem debeamus intellegentiae, quid mandemus memoriae, uerum esse nescientes, sed credentes tamen, et ubi sit uerum, quod non uenit et transit, sed semper eodem modo manet, qui sit modus interpretandae allegoriae, quae per sapientiam dicta creditur in spiritu sancto. Vtrum a uisibilibus antiquioribus ad uisibilia recentiora eam perducere sufficiat an usque ad animae affectiones atque naturam, an usque ad incommutabilem aeternitatem, an aliae significent gesta uisibilia, aliae motus animorum, aliae legem aeternitatis, an aliquae inueniantur, in quibus haec omnia uestiganda sint, et quae sit stabilis fides siue historica et temporalis siue spiritalis et aeterna, ad quam omnis interpretatio auctoritatis dirigenda est, et quid prosit ad intellegenda et obtinenda aeterna, ubi finis est omnium bonarum actionum, fides rerum temporalium, et quid intersit inter allegoriam historiae et allegoriam facti et allegoriam sermonis

---

[324] '권위'의 내용이 치유 단계에서의 '진흙'으로 평가된다(요한 9,6 참조).
[325] 각주 130 참조. 단, 여기서는 반드시 성경 해석에 국한되는 이야기가 아님을 유의하기 바람.

하기로 하자. 우리가 이 허구적인 오락을 너무 즐기다 보면 우리의 상상 속에 묻혀 버리며, 인생 전체를 황당한 꿈으로 전락시킨다. 그러다 보니 하느님의 형언할 수 없는 자비는, 당신의 율법들을 섬기는 이성적인 피조물을 쓰시고, 소리와 문자, 불과 연기와 구름 (그리고 불과 구름의) 기둥 등을 마치 눈에 보이는 글자처럼 이용하여 우리의 유치한 연령을 상대하기로 하셨으니, 비유比喩와 직유直喩를 써서 우리의 유치함을 상대로 장난을 하시고, 이 세상의 진흙을 개어 그것으로 우리 내면의 눈을 낫게 하시는 일도 꺼리지 않으셨다.324

**50.99.** 그러니 우리는 역사에 할애할 믿음과 이해에 할애할 믿음을 구분하기로 하자. 그리고 (인간들이) 진리인지 (아닌지) 알지 못한 채 기억에만 의지하여 그냥 믿기만 하는 것이 무엇인지 보고, 오고 가는 일 없이 항상 여일하게 존속하는 진리는 어디서 찾아낼 것인지 (구분해서) 보아야 한다. 그다음에는 우의寓意라는 해석법이 무엇인지 알아야 한다.325 이 우의는 성령 안에서 지혜로부터 발설된 것으로 믿는다. (우의라는 것은 단지) 오래된 가시적 사물로부터 최근의 가시적인 사물로 이끌어 내면 충분한지, 아니면 영혼의 지각과 본성에까지 미쳐야 하는지, 나아가서는 불변의 영원성에까지 도달해야 하는지, 어떤 (우의는) 가시적 행적을 의미하고 어떤 것은 정신의 동태를 가리키고 어떤 것은 영원의 법을 가리키는지, 어떤 (우의는) 이 모든 의미를 전부 탐색해야 하는지 알아야 한다. 확고한 믿음을 논하는 데 어느 것이 역사적이고 시간적인 믿음이며, 어느 것이 영적이고 영원한 믿음인지도 식별할 필요가 있다. 권위(에 의거한) 해석은 모두 이 믿음에로 (사람을) 유도해야 하는 것으로 말한다. 그러고는 현세적인 사물들에 대한 믿음이 영원한 사물들을 이해하고 획득하는 데 무슨 도움이 되는지도 보아야 한다. 모든 선한 행동은 이 (영원한 사물의 이해와 획득에) 목적이 있는 것으로 되어 있다. 역사의 우의와 사실事實의 우의가 어떻게 다른지, 언어의 우의와 비사秘事의 우의가 어떻게 다른지도 살펴보아

et allegoriam sacramenti, et ipsa locutio diuinarum scripturarum secundum cuius linguae proprietates accipienda sit — habet enim omnis lingua sua quaedam propria genera locutionum, quae cum in aliam linguam transferuntur, uidentur absurda —, quid prosit tanta loquendi humilitas, ut non solum ira dei et tristitia et a somno expergefactio et memoria et obliuio et alia nonnulla, quae in bonos homines cadere possunt, sed etiam paenitentiae, zeli, crapulae nomina et alia huius modi in sacris libris inueniantur, et utrum oculi dei et manus et pedes et alia huius generis membra, quae in scripturis nominantur, ad uisibilem formam humani corporis referenda sint, an ad significationes intellegibilium et spiritalium potentiarum, sicut galea et scutum et gladius et cingulum et cetera talia. Et quod maxime quaerendum est: quid prosit generi humano, quod sic nobiscum per rationalem et genitalem et corporalem creaturam sibi seruientem diuina prouidentia locuta est. Quo uno cognito omnis ab animis proteruitas puerilis excluditur et introducitur sacrosancta religio.

**LI 100.** Omissis igitur et repudiatis nugis theatricis et poeticis diuinarum scripturarum consideratione et tractatione pascamus animum atque potemus uanae curiositatis fame ac siti fessum et aestuantem et inanibus phantasmatibus tamquam pictis epulis frustra refici satiarique cupientem. Hoc uere liberali et ingenuo ludo salu-

---

[326] 예를 들어 신의 분노(민수 11,1), 질투(탈출 20,5), 무기 이름(에페 6,14-17) 등이다.

[327] 역자마다 해석에 어려움을 느끼는 구절이다. "이성을 쓰는 피조물, 생식도 하는 피조물, 육체를 갖춘 피조물 등을 이용하여"(Pégon); "이성적이고 탄생하고 육체를 가진 피조물(즉, 그리스도)을 이용하여"(Vannini); 보통 인간을 지칭하는 이 번역 등, 상이하게 나온다.

야 한다. 성경에 실린 하느님의 언사言辭는 그 언어의 고유한 성격에 준하여 받아들여야 하는지도 연구해야 한다. 왜냐하면 모든 언사는 각기 고유한 유형이 있어 한 가지 언어를 다른 언어에 전이시키면 부자연스러워지기 때문이다. (성경에서 쓰는) 비천한 어법이 무슨 유익이 되는지, 다시 말해 (성경에는) 하느님의 분노와 슬픔, 잠에서 깨어나심, 잊으신다거나 기억해 내시는 일, 그 밖에 선량한 인간들에게 항용 일어날 수 있는 언행들이 실려 있을뿐더러, 후회니 질투니 폭음 포식 같은 단어나 비슷한 말들도 성경에 나오는데, 그것이 무슨 소용이 되는지도 따져야 한다. 그리고 하느님의 눈과 손과 발 그리고 다른 지체들의 이름도 나오는데 그것이 인간 신체의 가시적인 형태를 나타내려는 것인지, 아니면 가지적可知的이고 영적인 능력을 의미하는지 보아야 하며, 투구 · 방패 · 칼 · 허리띠 및 이와 유사한 단어들에 관해서도 마찬가지다.[326] 그리고 특히 살펴볼 것이 있다: 하느님의 섭리가 우리와 이야기를 나누시면서 이성을 쓰고 생식을 하고 육체를 갖춘 피조물을 이용하셨는데,[327] 그것이 인류에게 무슨 유익이 되느냐는 점이다. 이 한 가지만 인식하더라도 온갖 유치하고 거만한 태도가 우리 정신에서 배제될 것이고 그 대신 지극히 경건한 종교심이 우러나올 것이다.

### 성경 연구는 호기심의 치료제

**51.100.** 그러므로 우리는 극장과 시인들의 우치愚癡를 삼가고 배격하는 가운데 하느님의 성경을 연구하고 공부하여 우리 정신을 함양하기로 하자. 헛된 호기심의 기갈로 지치고, 마치 그림의 떡 같은 황당한 상상으로 배를 채우고 갈증을 풀려고 헛되이 욕심내는 우리 정신을 (성경 연구로) 해갈시키자. 여기서 우리는 자유롭고 순수한 놀이를 배우기에 힘쓰자.[328]

---

[328] 적어도 이 책까지는 성경이 구원의 계시로보다는 우리 지성의 '자유롭고 순수한 놀이'(ludus) 또는 우리 지성의 '단련'(exercitatio)으로 간주된다(『그리스도교 교양』에서도 같은 입장이다).

briter erudiamur. Si nos miracula spectaculorum et pulchritudo delectat, illam desideremus uidere sapientiam, quae *pertendit a fine usque ad finem fortiter et disponit omnia suauiter*. Quid enim mirabilius ui incorporea mundum corporeum fabricante et administrante? Aut quid pulchrius ordinante et ornante?

**LII 101.** Si autem omnes fatentur per corpus ista sentiri et animum meliorem esse quam corpus, nihilne per se animus ipse conspiciet aut quod conspiciet potest esse nisi multo excellentius longeque praestantius? Immo uero commemorati ab his quae iudicamus intueri, quid sit, secundum quod iudicamus, et ab operibus artium conuersi ad legem artium eam speciem mente contuebimur, cuius comparatione foeda sunt, quae ipsius benignitate sunt pulchra. *Inuisibilia enim dei a creatura mundi per ea, quae facta sunt, intellecta conspiciuntur et sempiterna eius uirtus et diuinitas*. Haec est a temporalibus ad aeterna regressio et ex uita ueteris hominis in nouum hominem reformatio. Quid est autum, unde homo commemorari non possit ad uirtutes capessendas, quando de ipsis uitiis potest? Quid enim appetit curiositas nisi cognitionem, quae certa esse non potest nisi rerum aeternarum et eodem modo se semper haben-

---

[329] 지혜 8,1. 본서 39,72에서도 인용된다.

[330] 인식론의 두 입장, 즉 감관에 있지 않은 것은 이성에도 있지 않다는 아리스토텔레스 철학과, 이데아를 상기한다는 플라톤 철학을 제시하면서, 그는 후자를 따른다. 단 '관조한다' (intueri)는 그 말이 과연 그 지각의 범주(categoriae)인지 지각의 대상(obiectum)인지는 논란의 대상이다.

[331] 로마 1,20(직역).

우리가 흥행의 경이驚異와 멋을 즐길 줄 안다면, 저 지혜 자체를 감상하는 흥미도 지녀 보도록 하자. **지혜는 세상 끝에서 끝까지 힘차게 퍼져 가며 만물을 훌륭히 통솔한다.**[329] 그러니 물질적인 세계를 만들고 다스리는 이 비물질적인 힘보다 더 경이로운 것이 또 있을까? (만유를) 배치하고 꾸며 주는 (이 힘보다) 더 아름다운 것이 또 있을까?

**호기심과 다른 악습도 덕을 닦는 기회**

**52.101.** (연극과 경기의 재미를) 육체를 통해서 감지한다는 것과 정신이 육체보다 월등하다는 것은 모두가 인정하는 바이다. 그렇다면 정신이 자력으로는 아무것도 인식하지 못하는 것일까, 아니면 (육체가 감지하는 것보다) 훨씬 탁월하고 훌륭한 것만을 인식하는 것일까?[330] (앞에서 논한 것처럼) 우리가 판단을 내리는 대상에 자극을 받아 우리는 판단을 내리는 기준이 무엇인가를 생각하게 되며, 예술의 작품에서부터 예술의 법칙으로 소급하게 된다. 그러므로 우리는 지성에 의해서 (아름다움의) 형상을 관상하게 될 것이다. 그리고 (그 형상 덕분에) 아름다운 사물도 (그 형상과 대조하면) 추루한 것이 된다. **하느님의 보이지 않는 특성들은 세상의 창조 때부터, 만들어진 작품들을 통해서 지성에 보이는 것으로 나타났으며, 그분의 영원하신 능력과 신성도 마찬가지다.**[331] 이것이 잠시적 사물에서 영원한 사물로의 소급遡及이며 묵은 인간에서 새 인간으로의 혁신革新이다.[332] 인간이 (만나게 되는 사물 가운데) 그를 일깨워 덕德을 습득하도록 자극하지 않는 것이 과연 무엇인가? 심지어 악덕까지도 그런 기능을 하지 않는가? 호기심이란 다름 아닌 인식을 갈망하는 것이며 그 인식이 확실한 것이 되려면 영원한 사물들 또는 언제나 여일한 사물들에 대한 인식이어야 하

---

[332] 본서 49,97(각주 321) 참조. 영원에로의 소급(regressio ad aeterna)은 인간의 모든 욕망에서부터 그 흔적이 보인다는 아우구스티누스의 입장이다. 다만 그것이 자연 본성에 그치는지, 은총의 차원도 포함되는지는 본서 102-103장에 암시된다.

tium? Quid appetit superbia nisi potentiam, quae refertur ad agendi facilitatem, quam non inuenit anima perfecta nisi deo subdita et ad eius regnum summa caritate conuersa? Quid appetit uoluptas corporis nisi quietem, quae non est nisi ubi nulla est indigentia et nulla corruptio? Cauendi sunt ergo inferiores inferi, id est post hanc uitam poenae grauiores, ubi nulla potest esse commemoratio ueritatis, quia nulla ratiocinatio, ideo nulla ratiocinatio, quia non eam perfundit *lumen uerum, quod illuminat omnem hominem uenientem in hunc mundum*. Quare festinemus et ambulemus, cum dies praesto est, ne nos tenebrae comprehendant. Festinemus a secunda morte liberari, ubi nemo est, qui memor sit dei, et ab inferno, ubi nemo confitebitur deo.

**LIII 102.** Sed miseri homines, quibus cognita uilescunt, et nouitatibus gaudent, libentius discunt quam norunt, cum cognitio sit finis discendi. Et quibus uilis est facilitas actionis, libentius certant quam uincunt, cum uictoria sit finis certandi. Et quibus uilis est corporis salus, malunt uesci quam satiari et malunt frui genitalibus membris quam nullam talem commotionem pati. Inueniuntur etiam, qui malunt dormire quam non dormitare, cum omnis illius uo-

---

[333] 요한 1,9(직역).

[334] 요한 12,35; 묵시 20,14; 시편 6,6 등이 간접 인용되고 있다. 아무도 진리(하느님)를 기억하지 않고 이성조차 마비된 최악의 상태로 인간의 멸망을 묘사하는 것이 무척 흥미롭다.

지 않겠는가? 오만이라는 것도 권세를 추구하는 것 외에 다른 무엇이 아니며, 이 권세는 행동을 용이하게 하는 데 있고, 그 용이함은 완전한 영혼이 하느님께 복종하고 최고의 사랑으로 하느님의 나라를 지향하지 않는 한 찾아내지 못하는 것이 아닐까? 육체의 정욕도 안식을 찾는 것이 아니겠으며, 그 안식이란 결핍이 전혀 없고 부패가 전혀 없는 곳에 있는 것이 아니겠는가? 그러니 제일 낮은 지옥을 (피하도록) 조심하라. 달리 말하면, 현세 생활 이후에 진리에 대한 기억마저도 도저히 가질 수 없는, 그런 중한 벌에 처해지지나 않을까 두려워하라는 것이다. 거기서는 이성의 활용이라는 것이 없으므로 진리에 대한 기억마저도 지닐 수 없고, 참빛, **이 세상에 오는 모든 사람을 비추는 참빛이**[333] (이성을) 비추어 주지 않기 때문에 이성의 활용이라는 것이 없다. 그러니 날이 밝은 동안에 서두르고 걸어, 어둠이 우리를 사로잡지 않게 할 것이다. 두 번째 죽음에서 풀려나도록 서두르자. 거기서는 아무도 하느님을 기억하지 못할 것이다. 그리고 지옥에서 벗어나도록 (서두르자). 거기서는 아무도 하느님을 찬미하지 않을 것이다.[334]

### 어리석은 사람들과 지혜로운 사람들은 목표가 다르다

**53.102.** 인식한 바를 경멸하고 신기한 것을 즐기며, 앎이 배움의 목적이거늘 앎보다는 배움을 좋아하는 사람들은 가련한 자들이다. 그들은 쉬운 행동을 멸시하는데, 싸우는 목적이 승리임에도 이기는 일보다는 싸우는 것을 더 좋아한다.[335] 그들에게는 몸의 건강은 대수로운 것이 못 되며, 배부른 것보다는 먹는 것을 더 좋아하고, 성욕의 광란을 느끼지 않는 상태가 되려 하기보다 오히려 적극적으로 성기를 향유한다. 그런가 하면 졸지 않으려 노력하기보다는 차라리 잠들어 버리려는 사람들도 있다. 이 모든 욕

---

[335] 책의 주제로 다시 돌아온다. 철학을, 인간 실존이 총체적으로 투신되고 변화되는, 하나의 '삶'으로 여기고 그렇게 실천해 온 아우구스티누스에게는 철학이 고작 하나의 '지성의 유희로 여겨지는 일을 방관할 수 없는 것이다.

luptatis finis sit non esurire ac sitire et non desiderare concubitum et non esse corpore fatigato.

**103.** Quare qui fines ipsos desiderant, prius curiositate carent cognoscentes eam esse certam cognitionem, quae intus est, et ea perfruentes, quantum in hac uita queunt. Deinde accipiunt actionis facilitatem peruicacia posita scientes maiorem esse facilioremque uictoriam non resistere animositati cuiusquam et hoc, quantum in hac uita queunt, sentiunt. Postremo etiam quietem corporis abstinendo ab his rebus, sine quibus agi haec uita potest. Ita gustant, quam suauis est dominus. Nec erit dubium, quid post hanc uitam futurum sit, et perfectionis suae fide, spe, caritate nutriuntur. Post hanc autem uitam et cognitio perficietur, quia *ex parte nunc scimus. Cum autem uenerit quod perfectum est*, non erit ex parte et pax omnis aderit. Nunc enim alia lex in membris meis repugnat legi mentis meae, sed liberabit nos de corpore mortis huius gratia dei per Iesum Christum dominum nostrum. Quia ex magna parte concordamus cum aduersario, dum cum illo sumus in uia, et tota sanitas et nulla indigentia et nulla fatigatio aderit corpori, quia corruptibile hoc tempore atque ordine suo, quo resurrectio carnis futura est, induetur incorruptione. Non mirum autem, si hoc dabitur his, qui in cognitione solam ueritatem amant et in actione solam pacem

---

[336] 지성으로 진리를 인식하는 노력과 더불어, 권위로 주어지는 (신앙의) 진리도 겸허하게 받아들임을 말한다. 그것이 신으로부터 온 '관후함'(animositas)이기 때문이다. 신은 진리를 깨닫기 쉽게 하려고(actionis facilitatem) 그것을 내렸다.

[337] 시편 34,9 참조.

망의 목표가 주림과 목마름이 없는 것, 더는 성욕이 없는 상태가 되는 것, 몸이 피곤해지지 않는 것임에도 말이다.

53.103. 그에 비해서 목표 자체에 도달하려는 사람들은 먼저 호기심에서 벗어나 있으니 내면에 있는 인식이 확실한 인식임을 아는 까닭이다. 이승에서 할 수만 있다면 이 인식을 향유한다. 그다음에는 고집을 버리고 쉬운 행동은 (쉬운 대로 순순히) 받아들인다.[336] 타인의 관후함에는 아무 저항을 하지 않는 것이 보다 크고 보다 무난한 승리임을 아는 까닭이다. 이승에서 할 수 있는 데까지 이런 (생각을) 간직한다. 끝으로, 이승에서 그것 없이도 삶을 영위할 수 있을 경우에 그런 사물들을 절제하는 가운데 신체의 안식을 도모한다. 그래서 주님이 얼마나 어지신지 맛 들인다.[337] 이승이 지나고 어떠한 미래가 있는지 의심하지 않으며, 그의 완덕完德은 믿음과 희망과 사랑으로 배양된다. 이승살이가 끝난 뒤에는 그의 인식도 완성을 보리니 **우리가 지금 아는 것도 불완전하지만, 완전한 것이 오면 불완전한 것은 사라지고** 충만한 평화가 깃들 것이다.[338] 지금은 내 지체 안에서 다른 법이 내 지성의 법과 맞부딪치지만, 때가 오면 우리 주 예수 그리스도를 통하여 주시는 하느님의 은총으로 이 죽음의 몸에서 나를 구하여 주실 것이다.[339] 우리가 우리의 이 원수와 함께 사는 동안은 대부분 그와 합의가 이루어진다. 그러나 (그날이 오면) 육체는 완전한 건강을 누리고 아무 부족함이 없고 아무런 피로도 느끼지 않을 것이니, 육체의 부활이 이루어지는 날에는 지금의 시간 속에서 그 본성상 썩어질 것이 썩지 않음을 입을 것이기 때문이다.[340] 인식에서는 오로지 진리를 사랑하고 행위에서는 오로지 평화를 사랑하고 육체에서는 오로지 건강을 사랑하는 이들에게는 이런

---

[338] 1코린 13,9-10(13) 참조.

[339] 로마 7,23-25 참조.

[340] 1코린 15,53 참조. 영혼의 감옥인 육체가 부활하리라는 생각은 플라톤 사상과 거리가 멀다.

et in corpore solam sanitatem. Hoc enim in eis perficietur post hanc uitam, quod in hac uita plus diligunt.

**LIV 104.** Qui ergo male utuntur tanto mentis bono, ut extra eam uisibilia magis appetant, quibus ad conspicienda et diligenda intellegibilia commemorari debuerunt, dabuntur eis exteriores tenebrae. Harum quippe initium est carnis prudentia et sensuum corporeorum imbecillitas. Et qui certaminibus delectantur, alienabuntur a pace et summis difficultatibus implicabuntur. Initium enim summae difficultatis est bellum atque contentio. Et hoc significare arbitror, quod ligantur ei manus et pedes, id est facilitas omnis aufertur operandi. Et qui sitire et esurire uolunt et in libidinem ardescere et defatigari, ut libenter edant et bibant et concumbant et dormiant, amant indigentiam, quod est initium summorum dolorum. Perficietur ergo in eis quod amant, ut ibi eis sit ploratus et stridor dentium.

**105.** Plures enim sunt, qui haec omnia initia simul diligunt et quorum uita est spectare, contendere, manducare, bibere, concumbere, dormire et in cogitatione sua nihil aliud quam phantasmata, quae de tali uita colligunt, amplexari et ex eorum fallacia superstitionis uel impietatis regulas figere, quibus decipiuntur et quibus inhaerent, etiamsi ab illecebris carnis se abstinere conentur, quia non bene utuntur talento sibi commisso, id est mentis acie, qua ui-

---

[341] 마태 22,13 참조.
[342] 로마 8,6-7 참조. '육의 교활한 지혜'(carnis prudentia)를 이미 멸망의 시작으로 본다.

일이 일어난다고 해서 이상할 것이 없다. 이승살이에서 보다 사랑하는 바가 이승살이가 끝난 뒤에 이루어지기 때문이다.

**단죄받은 이들의 형벌은 저지른 악덕에 비례한다**

**54.104.** 인간 지성은 가시적 사물을 대함으로써 가지적 사물을 관조하고 사랑해야 마땅하다. 그런데 지성이라는 선익을 악용하여, 지성을 떠나 가시적인 것을 더 사랑하게 된다면, 그런 사람들에게는 '바깥' 어둠이 내릴 것이다.[341] 이 어둠의 첫걸음이 육의 교활한 지혜와 육체적 감관들의 취약성이다.[342] 그들은 싸움을 즐긴다. 평화를 멀리한다. 쓰라린 곤경에 휘말린다. 극단의 곤란은 전쟁과 분쟁으로 시작한다. 이것은 인간들에게 손발을 묶고 행동하는 무난함을 모조리 박탈해 버리는 것이라고 나는 생각한다. 그리고 목마르고 굶주리는 것이 좋은 사람, 정욕에 불타는 것이 좋은 사람, 피로에 지치는 것이 좋은 사람, 다시 말해서 먹고 마시는 재미로, 성행위를 하고 잠자는 재미로 그것이 좋다는 사람은 결핍 그 자체를 사랑하는 사람인데, 이것은 참으로 큰 고통의 시작인 것이다. 그리하여 그들이 좋아하는 바가 과연 이루어질 것이니, 거기서는 통곡하고 이를 갈 것이다.[343]

**54.105.** (최악의 고통이) 시작되는 이 모든 순간을 사랑하는 사람이 많다. 그들의 삶은 구경하고 다투고 먹고 마시고 성교하고 잠자는 것이다. 그들은 생각으로 이따위 생활에서 얻어 낸 환상을 끌어안고 살며, 이런 환상에서 유래한 허위를 기반으로 미신迷信이나 불경不敬의 법규[344]를 나름대로 만들어 놓고 산다. 때로는 육의 충동을 자제해 보려고도 하지만, 이런 법규에 기만당하고 거기에 집착하는 데로 귀결되고 만다. 자신에게 위임

---

[343] 마태 22,13 참조.

[344] Regula rationalis disciplinae(17,33 합리적 배움의 규범), regula dilectionis(46,87 사랑의 규범)에 대조되는 '미신과 불경의 규범'(regula superstitionis vel impietatis)이다.

dentur omnes, qui docti aut urbani aut faceti nominantur, excellere, sed habent eam in sudario ligatam aut in terra obrutam, id est delicatis et superfluis rebus aut terrenis cupiditatibus inuolutam et oppressam. Ligabuntur ergo his manus et pedes et mittentur in tenebras exteriores. Ibi erit ploratus et stridor dentium, non quia ipsa dilexerunt — quis enim haec diligat? — sed quia illa, quae dilexerunt, initia istorum sunt et necessario dilectores suos ad ista perducunt. Qui enim magis amant ire quam redire aut peruenire, in longinquiora mittendi sunt, *quoniam caro sunt et spiritus ambulans et non reuertens*.

**106.** Qui uero bene utitur uel ipsis quinque sensibus corporis ad credenda et praedicanda opera dei et nutriendam caritatem ipsius uel actione et cognitione ad pacificandam naturam suam et cognoscendum deum, intrat in gaudium domini sui. Propterea talentum, quod male utenti aufertur, illi datur, qui talentis quinque bene usus est, non quia transferri potest acumen intellegentiae, sed ita significatum est posse hoc amittere neglegentes et impios ingeniosos et ad eam peruenire diligentes et pios quamuis ingenio tardiores. Non enim datum est illud talentum ei, qui acceperat duo, — habet enim et hoc, qui iam in actione et in cognitione bene uiuit —

---

[345] 참조: 마태 25,14-30; 루카 19,12-27.
[346] 마태 22,13 참조.

되어 있는 그 재능 혹은 지성의 명민함을 선용하지 않다 보니 그렇게 되는 것이다. 식자니 교양인이니 재사才士니 하는 사람들은 이 명민한 지성을 탁월하게 갖추고 있는 것처럼 보인다. 하지만 그들도 이 지성을 수건으로 싸 두거나 땅을 파고 묻어 둔 것과 매한가지라 하겠으니,[345] 그들의 지성이 미미하고 피상적인 사안이나 지상적인 욕망에 말려들고 짓눌려 있는 까닭이다. 그러니 그들은 손발이 묶인 채로 바깥 어두운 데로 내쳐질 것이다. 거기서는 통곡하고 이를 갈 것이다.[346] 그들이 (이를 갈고 통곡하는) 그 짓을 사랑했기 때문이 아니다. 이런 것을 좋아하는 사람이 누구겠는가? 이런 (비참)의 시발이 되는 것을 그들이 사랑하였기 때문이다. (이런 비참의 시발점이 되는 쾌락들은) 그것을 사랑하는 자들을 필히 이런 비참에로 이끌어들이게 마련이다.[347] 그들은 돌아오거나 (목적에) 도달하는 것보다는 (그냥) 가는 것을 더 좋아하는 사람들이다. 그러니 먼 곳으로 쫓겨날 수밖에 없다. 그들은 **한낱 고깃덩어리, 한번 가면 돌아오지 않는**[348] 까닭이다.

**54.106.** 그 대신 육신의 오관을 선용하여 하느님의 업적을 믿고 전하는 데 쓰거나 자기 자신에 대한 사랑을 함양하는 데 쓰는 사람, 행동과 인식을 선용하여 자기의 본성을 안돈시키고 하느님을 아는 데 쓰는 사람은 자기 주인의 즐거움에 동참하게 된다. 탈렌트를 악용한 사람에게서 빼앗아 탈렌트를 잘 쓴 사람에게 넘겨줄 것이다.[349] 이 말은 오성의 총명이 다른 사람에게 넘겨질 수도 있다는 뜻이 아니고, 총명하지만 등한하고 불경한 인간들은 그것을 상실할 수 있고 재능이 덜하지만 근면하고 경건한 사람들은 훌륭한 오성에 도달할 수 있다는 뜻이다. (빼앗은) 탈렌트를 둘 가진 사람에게 넘겨주지 않았다. 그는 행동과 인식에 있어서 선량하게 살았기

---

[347] 본서 20,40 Creatura fit poenalis dilectori suo(각주 152 참조).

[348] 시편 78,39(직역).

[349] 마태 25,21-23 참조.

sed ei, qui acceperat quinque. Nondum enim habet ad aeterna contemplanda idoneam mentis aciem, qui uisibilibus tantum, id est temporalibus credit, sed habere potest, qui horum omnium sensibilium deum artificem laudat et eum persuadet fide et exspectat spe et quaerit caritate.

**LV 107.** Quae cum ita sint, hortor uos, homines carissimi et proximi mei, meque ipsum hortor uobiscum, ut ad id, quo nos per sapientiam suam deus hortatur, quanta possumus celeritate curramus. Non diligamus mundum, quoniam *omnia, quae in mundo sunt, concupiscentia carnis et concupiscentia oculorum est et ambitio saeculi.* Non diligamus per carnis uoluptatem corrumpere atque corrumpi, ne ad miserabiliorem corruptionem dolorum tormentorumque ueniamus. Non diligamus certamina, ne angelis, qui talibus gaudent, in potestatem demur humiliandi, uinciendi, uerberandi. Non diligamus uisibilia spectacula, ne ab ipsa ueritate aberrando et amando umbras in tenebras proiciamur.

**108.** Non sit nobis religio in phantasmatibus nostris. Melius est enim qualecumque uerum quam omne, quidquid pro arbitrio fingi

---

[350] 비유의 다섯 탈렌트를 아우구스티누스는 오관(五官, quinque sensus)으로 풀이한다.
[351] 1코린 13,13 참조.
[352] 55,107-113은 에필로그로 분류된다.
[353] 7,12 이래로 로마니아누스가 대화 상대자였는데 갑자기 '그대들'(vos)이라는 복수로 바뀐다.

에 이것을 이미 지니고 있었다. 그 (탈렌트는) 다섯을 가진 사람에게 넘겨졌다.[350] 가시적 사물, 즉 잠시적 사물만 믿는 사람은 영원한 사물을 관조할 만한 지성의 명민함을 아직 갖추지 못하였다. 그러나 (이런 사물들을 보고) 하느님을 이 모든 감각적 사물들을 지으신 분으로 찬양하고, 그런 분이라고 신앙으로 굳게 믿고, 희망으로 그분을 기다리고, 사랑으로 그분을 찾는 사람은 (지성의 이 명민함을) 갖출 수 있다는 말이다.[351]

## 결론: 거짓 종교를 버리고 참종교를 맞이하라는 권유[352]

**55.107.** 사리가 이러하다면 내가 사랑하고 나와 가까운 사람들이여, 그대들[353]에게 충고한다. 아니, 그대들과 더불어 나 자신에게 충고한다. 하느님이 당신 지혜를 통해 우리를 부르시는 그곳에까지 빨리 달려가자. 세상을 사랑하지 말자. **세상에 있는 모든 것은 육의 욕망과 눈의 욕망과 세속의 야망이다.**[354] 육의 욕망으로 말미암아 부패시키고 부패하는 짓을 좋아하지 말자. 더욱 비참한 고통과 형벌의 부패에 이르지 않으려거든, 싸움을 좋아하지 말자. 싸움을 좋아하는 천사들에게 내맡겨져서 (우리를 마음대로) 굴욕시키고 짓이기고 채찍질하는 권한을 발휘하게 하지 않으려거든, 가시적인 구경거리를 좋아하지 말자. 진리 자체에서 떨어져 나가고 그림자를 사랑하다가 어둠 속에 던져지지 않으려거든.

**55.108.** 우리의 환상에다 종교를 세우지 않도록 하자.[355] 인간이 마음대로[356] 그려내는 온갖 것보다는 하나의 진실이 훨씬 좋다. 영혼이 거짓을 상

---

[354] 1요한 2,16 참조. 본서 3,4와 38,70에 이미 인용된 이 책의 모티프다.
[355] 성경 · 계시 · 권위 등을 지성에 의한 진리 직관을 준비하는 준비 과정으로 보는 아우구스티누스에게 표상적이고 감상적인 일체의 것에서 정화된 종교만이 참된 종교다. 영지주의자와 유치한 종교인들이 심리적인 표상과 기이한 환상을 신앙의 대상으로 삼는 데 대한 비난이다.
[356] 앞의 37,68-38,69 참조.

potest, et tamen animam ipsam, quamuis anima uera sit, cum falsa imaginatur, colere non debemus. Melior est uera stipula quam lux inani cogitatione pro suspicantis uoluntate formata, et tamen stipulam, quam sentimus et tangimus, dementis est credere colendam. Non sit nobis religio humanorum operum cultus. Meliores enim sunt ipsi artifices, qui talia fabricantur, quos tamen colere non debemus. Non sit nobis religio cultus bestiarum. Meliores enim sunt extremi homines, quos tamen colere non debemus. Non sit nobis religio cultus hominum mortuorum, quia si pie uixerunt non sic habentur, ut tales quaerant honores, sed illum a nobis coli uolunt, quo illuminante laetantur meriti sui nos esse consortes. Honorandi ergo sunt propter imitationem, non adorandi propter religionem. Si autem male uixerunt, ubicumque sint, non sunt colendi. Non sit nobis religio cultus daemonum, quia omnis superstitio, cum sit magna poena hominum et periculosissima turpitudo, honor est ac triumphus illorum.

**109.** Non sit nobis religio terrarum cultus et aquarum, quia istis purior et lucidior est aer etiam caliginosus, quem tamen colere non debemus. Non sit nobis religio etiam purioris aeris et serenioris cultus, quia luce absente inumbratur, et purior illo est fulgor ignis etiam huius, quem tamen quoniam pro uoluntate accendimus et ex-

---

[357] 죽은 조상이나 위인이 경신과 예배의 대상이 되는 것은 고대세계의 일반적 현상이었고 특히 로마 종교의 핵심이었다.

상해 낸다고는 하지만 영혼 자체는 진실하다는 말은 옳다. 그러나 그것을 근거로 영혼 자체를 숭배의 대상으로 삼아서는 안 된다. 환상을 좋아하는 사람이 뜻대로 허황된 생각으로 지어내는 빛보다는 차라리 진짜 지푸라기 한 오라기가 더 좋다. 하나 손에 만져지고 느껴지는 지푸라기를 예배의 대상으로 여기는 것이야말로 미친 사람의 짓이다. 우리에게는 종교가 인간의 작품을 받드는 숭배여서는 안 된다. 그런 작품을 만들어 내는 장인匠人들이 (작품보다) 더 훌륭한 것은 틀림없지만 그렇다고 해서 그 사람들을 예배해서도 물론 안 된다. 짐승을 숭배하는 종교여서도 안 된다. 아무리 비천한 사람이라도 (짐승보다는) 훌륭하다. 그렇다고 해서 그 사람을 섬겨서는 안 된다. 죽은 사람을 숭배하는 종교여서도 안 된다.[357] 그 사람이 경건하게 살았더라면 그 같은 영예를 찾지 않을 것임이 틀림없으며, 자기네가 (하느님의) 빛을 받아 즐거워하고 그 공로에 우리도 참여하기를 바라는 만큼, 하느님만 우리에게 섬김받으시기를 원할 것임이 틀림없다. 그런 사람들은 본받을 뜻으로 공경해야지 종교의 대상으로 예배해서는 안 된다.[358] 악하게 산 사람들이라면, 그들이 어디에 가 있든 간에 공경할 대상이 못 된다. 우리는 악마를 숭배하는 종교여서도 안 된다. 일체의 미신은 그 자체가 인간들에게 크나큰 벌이자 위험하기 짝이 없는 수치이면서, 동시에 악마들에게는 명예요 승리가 된다.

**55.109.** 우리에게는 땅과 물을 숭배하는 종교가 불가하다. 안개 자욱한 공기라도 그것들보다는 순수하고 맑은 것이다. 그렇다고 해서 공기를 예배해서도 안 된다. 보다 순수하고 보다 청명한 공기라 하더라도 그것을 숭배하는 종교가 되어서는 안 된다. (청명하다 하더라도) 빛이 없으면 어둠이 되고 그것보다는 차라리 우리가 만드는 불꽃이 더 순수하다고 하겠다. 하지만 이 불꽃도 우리가 마음대로 지피고 꺼뜨리고 할 수 있을 만큼 예배

---

[358] '공경'(honorare, venerari)과 '예배'(흠숭: adorare, colere)는 교부시대부터 구분해서 썼다.

stinguimus, colere utique non debemus. Non sit nobis religio cultus corporum aethereorum atque caelestium, quae quamuis omnibus ceteris corporibus recte praeponantur, melior tamen ipsis est quaecumque uita. Quapropter si animata sunt, melior est quaeuis anima per se ipsam quam corpus quodlibet animatum, et tamen animam uitiosam nemo colendam esse censuerit. Non sit nobis religio cultus illius uitae, qua dicuntur arbores uiuere, quoniam nullus sensus in illa est et ex eo genere est ista, qua nostri etiam corporis numerositas agitur, qua etiam capilli et ossa uiuunt, quae sine sensu praeciduntur. Hac autem melior est uita sentiens, et tamen uitam bestiarum colere non debemus.

**110.** Non sit nobis religio uel ipsa perfecta et sapiens anima rationalis siue in ministerio uniuersitatis siue in ministerio partium stabilita, siue quae in summis hominibus exspectat commutationem reformationemque portionis suae, quoniam omnis uita rationalis, si perfecta est, incommutabili ueritati secum intrinsecus sine strepitu loquenti obtemperat, non obtemperans autem uitiosa fit. Non ergo per se excellit, sed per illam, cui libenter obtemperat. Quod colit ergo summus angelus, id colendum est etiam ab homine ultimo, quia ipsa hominis natura id non colendo facta est ultima. Non enim aliunde sapiens angelus, aliunde homo, aliunde ille uerax, aliunde homo, sed ab una incommutabili sapientia et ueritate. Nam idipsum actum est temporali dispensatione ad salutem nostram, ut naturam

---

[359] Una incommutabilis sapientia et veritas: 지금까지 궁극 존재로 거론되어 온, '진리'와 '최고 존재'와 '일자'가 하나로 통합된 개념이다. 1코린 1,24 참조.

의 대상으로 삼아서는 안 된다. 천공天空과 천계天界의 몸체들을 숭배하는 것이 우리 종교가 되어서는 안 된다. 다른 모든 물체보다 우월한 것이기는 하지만 여하한 생명 하나도 그것들보다 훌륭한 연고다. 생혼을 지닌 것이라면, (생혼에 의해서) 살아나는 몸체보다는 생혼 자체가 더 훌륭하다. 그러나 결함이 많은 생혼을 섬겨야 마땅하다고 여기는 자는 아무도 없다. 식목을 살린다고 하는 그 생명을 숭배하는 것도 우리 종교여서는 안 된다. 거기에는 감각이 없다. 그 생명은 우리 육체의 조화도 이루어 내는 그런 종류의 것이며 머리카락이나 뼈는 바로 이 생명에 의해서 살아가며 그런 이유에서 절단하더라도 통각痛覺을 느끼지 않는다. 이런 생명보다는 감각하는 생명이 훌륭하지만 그렇다고 해서 짐승들의 생명을 예배의 대상으로 삼음도 불가하다.

**55.110.** 완전하고 지혜로운 이성적 영혼도 우리 종교의 대상이 되어서는 안 된다. 우주를 주재하는 영혼이든, 어느 한 부분을 관장하기로 된 영혼이든, 가장 훌륭한 인간들에게 자리 잡고 있으면서 자기 몫으로 돌아올 변화와 혁신을 기다리는 영혼이든 (숭배의 대상이 되어서는 안 된다). 그 까닭은 이성적 영혼은, 만일 완전하다면 아무 조건 없이 내면에서 말씀하시는 불변의 진리께 복종할 것임이 틀림없고, 복종하지 않는다면 그것으로 이미 결함 있는 영혼이 된다. 따라서 영혼은 그 자체로 탁월한 것이 아니라, 진리로 말미암아 훌륭한 존재이고 영혼은 이 진리에 쾌히 복종한다. 최고의 천사가 섬기는 그 대상을 맨 꼴찌 되는 인간도 섬겨야 마땅하다. 인간의 본성은 그것을 섬기지 않다가 가장 저급한 것이 되고 말았기 때문이다. 천사가 지혜로운 근거가 다르고 사람이 지혜로워지는 근거가 다른 것이 아니다. 천사는 이런 근거로 진실하고 인간은 저런 근거로 진실해지는 것도 아니다. 단일하고 불변하는 지혜와 진리에[359] 의거해서 천사도 인간도 지혜롭고 진실한 존재가 된다. 시간의 경륜에 따라서 우리의 구원을

humanam ipsa dei uirtus et dei sapientia incommutabilis et consubstantialis patri et coaeterna suscipere dignaretur, per quam nos doceret id esse homini colendum, quod ab omni creatura intellectuali et rationali colendum est. Hoc etiam ipsos optimos angelos et excellentissima ministeria dei uelle credamus, ut unum cum ipsis colamus deum, cuius contemplatione beati sunt. Neque enim et nos uidendo angelum beati sumus, sed uidendo ueritatem, qua etiam ipsos diligimus angelos et his congratulamur. Nec inuidemus, quod ea paratiores et nullis molestiis interpedientibus perfruuntur, sed magis eos diligimus, quoniam et nos tale aliquid sperare a communi domino iussi sumus. Quare honoramus eos caritate, non seruitute, nec eis templa constituimus, nolunt enim se sic honorari a nobis, quia nos ipsos, cum boni sumus, templa summi dei esse nouerunt. Recte itaque scribitur hominem ab angelo prohibitum, ne se adoraret, sed unum dominum, sub quo ei esset et ille conseruus.

**111.** Qui autem nos inuitant, ut sibi seruiamus et tamquam deos colamus, similes sunt superbis hominibus, quibus si liceat similiter

---

360 구원은 영원한 진리요 일자를 '관조'(觀照)하는 것이다. 육적 인간의 관점에서 '능력' 본위로 구원을 생각하면 신과 인간 사이는 무한한 심연이 있고 신에게 오로지 종속하는 귀의(歸依)에 구원이 있음에 비해서, 영적 인간의 관점에서 지성이 영원한 진리에 동화(同化)하는 것을 구원으로 본다면(이 책에서처럼), 구세주 그리스도의 의의가 인생을 '가르치는'(docere) 데 있다.

위하여 하느님의 이 능력, 하느님의 지혜, 불변하시고 성부와 본체를 같이 하시며 똑같이 영원하신 지혜께서 인간성을 취하시기로 하시었다. (사람이 되신) 지혜를 통해서 우리 인간이 섬길 대상은 오성과 이성을 갖춘 모든 피조물이 섬겨야 할 대상임을 가르치시기로 하신 것이다.[360] 가장 훌륭한 천사들도 하느님의 가장 고귀한 신하들도, 우리가 자기들과 더불어 하나이신 하느님을 섬기기 바라리라고 믿는다. 자기들도 하느님을 직관하면서 행복해지니까 말이다.[361] 우리도 천사들을 바라보아서 행복해지는 것이 아니고 진리를 바라보아서 행복해진다. 그 진리 때문에 우리는 천사들도 사랑하는 것이며 그들과 더불어 기뻐하고 있다. 천사들이 보다 직접 그리고 아무런 중간 장애가 없이 진리를 향유한다고 해서 우리가 천사들을 시기하지는 않는다. 오히려 (그 일로) 천사들을 더 사랑하게 되는데 그 이유는 우리도 같은 주님께 이와 비슷한 것을 기대하고 있기 때문이다. 그리하여 우리는 예속이 아니라 사랑으로 받들며, 따라서 그들에게 성전을 지어 바치는 일이 없고 본인들도 우리에게 그런 공경을 받고자 하지 않는다. 우리 자신부터가 선한 사람이 되는 한 지존하신 하느님의 성전임을 그들이 아는 까닭이다.[362] 그러니 성경에서 사람이 자기에게 예배를 바치는 것을 천사가 금지하고 한 분이신 주님을 숭배하라고 하는 말은 참 옳다. 자기도 주님 밑에서 함께 주님을 섬기는 종이라고 한다.[363]

**55.111.** 우리가 자신들을 섬기고 신으로 숭배하기 바라는 자들은 오만한 인간들이 할 수만 있으면 같은 모양으로 숭배받기 바라는 것과 다를 바

---

[361] '지복직관'(至福直觀, visio beatifica)이라고 불리는 이 표현("신을 직관하면서 행복하다", Dei contemplatione beati sunt)은 이후로 인간 완성의 경지에서 누리는 행복의 내용이 무엇이냐는 질문에 대한 그리스도교의 답변으로 확립된다. 아우구스티누스는 이 지성 위주의 개념에 "신을 사랑하고 그분을 향유하는 가운데 우리가 행복하게 산다"(quem diligentes et quo fruentes beate vivimus: 113 끝 부분)라는 의지적 측면을 덧붙이는데 후대에 갈수록 그의 저서들에는 이 후자가 부각된다.

[362] 1코린 3,16 참조.  [363] 묵시 22,8-9 참조.

coli uolunt. Sed istos homines perpeti minus periculosum est —
omnis enim hominum dominatus in homines aut dominantium aut
seruientium morte finitur — seruitus autem sub angelorum malorum superbia propter ipsum tempus, quod est post mortem, magis
metuenda est. Illud etiam cuiuis cognoscere facile est, quod sub homine dominante liberas cogitationes habere concessum est. Illos
autem dominos in ipsis mentibus formidamus, qui unus est oculus
intuendae ac percipiendae ueritatis. Quare si omnibus potestatibus,
quae dantur hominibus ad regendam rem publicam, pro nostro uinculo subditi sumus, reddentes Caesari, quod Caesaris est, et deo,
quod dei est, non est metuendum, ne hoc post nostram mortem aliquis exigat. Et aliud est seruitus animae, aliud seruitus corporis. Iusti autem homines et in uno deo habentes omnia gaudia sua, quando per eorum facta deus benedicitur, congratulantur laudantibus,
cum uero ipsi tamquam ipsi laudantur, corrigunt errantes, quos possunt; quos autem non possunt, non eis gratulantur et ab illo uitio
corrigi uolunt. Quibus similes uel etiam mundiores atque sanctiores
si sunt boni angeli et omnia sancta dei ministeria, quid metuimus,
ne aliquem illorum offendamus, si non superstitiosi fuerimus, cum
ipsis adiuuantibus ad unum deum tendentes et ei uni religantes animas nostras, unde religio dicta creditur, omni superstitione careamus?

---

[364] 마태 22,21 참조.

없다. 그러나 저따위 인간을 섬기는 것이 저 (천사들을) 섬기는 것보다도 덜 위험스럽다. 인간이 인간 위에 군림하는 것은 지배자들이 죽어서든, 섬기는 자들이 죽어서든 끝장나게 마련이다. 하나 악한 천사들의 교만 밑으로 들어가는 예속은 죽은 뒤에 오는 시간으로 말미암아 훨씬 두렵다. 인간이 다스릴 때에는 적어도 자유로이 생각하는 것만은 허용되어 있음을 쉽게 알 수 있다. 그러나 저 (천사들이) 지배자가 된 경우는 지성 자체가 (사용이) 두려운 것이다. 우리가 진리를 직관하고 파악하는 유일한 눈이 이 지성인데도 말이다. 우리가 (사회적인) 결속 때문에, 국가를 다스리기 위하여 인간들에게 부과되는 일체의 권한에 복종한다면, 즉 카이사르의 것은 카이사르에게 돌리고 하느님의 것은 하느님께 돌린다면[364] 죽은 다음에도 누가 그것을 요구할까 두려울 것이 없다. 영혼의 예속과 육체의 예속은 서로 다른 것이다. 의인義人들은 자기네의 모든 기쁨을 한 분 하느님께만 두는 사람들로서, 자기들의 행실로 하느님께서 찬미받으실 때는 찬미하는 사람들과 더불어 함께 즐거워한다. 그러나 자기들이 찬양을 받게 되면, 하는 데까지 그 잘못을 고쳐 주려고 애쓴다. 그래도 안 될 때에는 즐거워하지도 않을뿐더러 제발 그 악습에서 벗어나기를 바랄 따름이다. 선한 천사들과 하느님의 거룩한 모든 신하도 그들과 비슷하거나 훨씬 정淨하고 훨씬 성스럽다. 우리가 미신을 행하지 않는 한, 그리고 그들의 도움을 받아 가면서 한 분이신 하느님을 지향하는 한, 천사 중 누구의 마음이 상할까 염려할 필요가 무엇이겠는가? 우리 영혼이 한 분 하느님께만 '매여' — 이 말에서 종교라는 단어가 유래한 것으로 믿는다[365] — 일체 미신을 벗어나 있다면 두려울 것이 무엇인가?

---

[365] '종교'(religio)를 '다시 매다'(re-ligare)로 풀이한 것은 교부들의 전통이 되는데(Lactantius, *Divinae institutiones* 4,28), 아우구스티누스는 『재론고』(1,13,9)에서 키케로(*De natura deorum* 2,28,72)를 인용하여 religere(re-legere: 다시 모으다) 또는 같은 어원의 relegere(re-ligere: 다시 택하다)가 어원으로 지적되고 있음을 보충한다.

**112.** Ecce unum deum colo unum omnium principium et sapientiam, qua sapiens est, quaecumque anima sapiens est, et ipsum munus, quo beata sunt, quaecumque beata sunt. Quisquis angelorum diligit hunc deum, certus sum, quod etiam me diligit. Quisquis in illo manet et potest humanas preces sentire, in illo me exaudit. Quisquis ipsum habet bonum suum, in ipso me adiuuat nec mihi eius participationem potest inuidere. Dicant mihi ergo adoratores aut adulatores partium mundi, quem non optimum sibi conciliet, qui hoc unum colit, quod omnis optimus diligit, et cuius cognitione gaudet, et ad quod principium recurrendo fit optimus. Quisquis uero angelus excessus suos diligit et ueritati esse subditus non uult et priuato suo laetari cupiens a communi omnium bonorum et uera beatitudine lapsus est, cui omnes mali subiugandi et premendi, nullus autem bonus, nisi exercendus in potestatem datur. Nullo dubitante non est colendus, cuius laetitia est nostra miseria et cuius damnum est nostra reuersio.


**113.** Religet ergo nos religio uni omnipotenti deo, quia inter mentem nostram, qua illum intellegimus patrem et ueritatem, id est lucem interiorem, per quam illum intellegimus, nulla interposita

---

[366] '섬기는 자'(adoratores)와 '아첨하는 자'(adulatores)는 라틴어로 매우 유사하여 이런 조롱이 가능하다.

**55.112.** 그리하여 나는 하나이신 하느님을, 만유의 하나뿐인 원리이시고 지혜이시고 상급賞給이신 분을 섬긴다. 어떤 영혼이 지혜롭다면 그 지혜로 말미암아 지혜롭고, 무엇이 행복하다면 어디까지나 그 상급으로 말미암아 행복해지는 것이다. 어떤 천사도 이 하느님을 사랑하며, 내가 확신하거니와 또한 나를 사랑한다. 어느 누구도 하느님 안에 있으면 인간들의 기도를 들을 것이고 따라서 하느님 안에서 나의 기도를 들어줄 것이다. 누구든지 하느님을 자기의 선善으로 모시고 있는 자는 하느님 안에서 나를 도울 것이고 따라서 내가 그 선에 참여한다고 해서 질투하지 못할 것이다. 그러므로 세상의 어느 한 부분을 숭배하는 자들 또는 아첨하는 자들은[366] 내게 답변해 보라. 이 하나의 존재만을 숭배하는 자야말로 최고의 선을 자기편으로 모셔 들이는 것이 아니겠는가? 최선의 존재들이 이 존재를 사랑하고, 이 존재를 인식하여 즐거워하고, 이 존재를 원리로 삼아 돌아감으로써 최선의 존재자들이 되니까 말이다. 따라서 어떤 천사든 간에[367] 자기의 탈선을 사랑하고 진리께 복속하기 싫어하며 자기 고유의 선을 즐기고자 하거나 만유의 공통된 선이요 행복으로부터 이탈한 경우, 그런 천사를 결코 숭배하면 안 된다는 것은 뻔한 노릇이다. 그자는 어느 면에서도 선하지 못하며, 그에게 (주어진 권한이 있다면) 모든 악인을 잡아넣고 괴롭히는 권한을 행사하는 것뿐이다. 그자의 기쁨은 우리의 비참뿐이고 그자에게 손해가 있다면 우리가 회개하는 것이다.

**55.113.** 그러므로 종교는 하나이시고 전능하신 하느님께 우리를 다시 매는 것이어야 하겠다. 우리 지성과 진리 자체 사이에는 어떠한 피조물도 가로놓여 있지 않다. 우리가 하느님을 아버지로 인식하는 우리 지성과, 우리로 하여금 그분을 인식하게 만드는 내면의 빛이신 진리 사이에는 (여하

---

[367] '천사들'이 숭배의 대상이 되어서는 안 된다는 말이 거듭 나오는 까닭은 마니교에서 최고유로부터 파생되는 존재들, primus homo(최초 인간), tertius legatus(제3의 사자) 등을 천사와 비슷한 위치로 바꾸어 섬기는 습속을 염두에 둔 것이다.

creatura est. Quare ipsam quoque ueritatem nulla ex parte dissimilem in ipso et cum ipso ueneremur, quae forma est omnium, quae ab uno facta sunt et ad unum nituntur. Vnde apparet spiritalibus animis per hanc formam esse facta omnia, quae sola implet, quod appetunt omnia. Quae tamen omnia neque fierent a patre per filium neque suis finibus salua essent, nisi deus summe bonus esset, qui et nulli naturae, quae ab ipso bona esse posset, inuidit, et in bono ipso alia, quantum uellent, alia, quantum possent, ut manerent, dedit. Quare ipsum donum dei cum patre et filio aeque incommutabile colere et tenere nos conuenit: unius substantiae trinitatem unum deum, a quo sumus, per quem sumus, in quo sumus, a quo discessimus, cui dissimiles facti sumus, a quo perire non permissi sumus, principium, ad quod recurrimus, et formam, quam sequimur, et gratiam, qua reconciliamur; unum, quo auctore conditi sumus, et similitudinem eius, per quam ad unitatem formamur, et pacem, qua unitati adhaeremus, deum, qui dixit: *Fiat*, et uerbum, per quod factum est omne, quod substantialiter et naturaliter factum est, et donum benignitatis eius, quo placuit et conciliatum est auctori suo, ut

---

368 '일자'라고 일컫는 궁극자와 '지혜' 혹은 '진리'라고 일컫는 로고스 사이가 이 문장에서 그리스도교의 '아버지'와 '아들'의 관계로 확연하게 정립된다. 그러나 곧이어 "삼위이신 하느님이 곧 일자이시다"라는 명제가 나온다.

369 이성과 의지를 갖춘 존재(인간과 천사)는 '하고 싶은 만큼' 선 자체(ipsum bonum)에 참여하고 존속하며, 다른 사물들은 '할 수 있는 만큼'만 참여하고 존속한다.

한 피조물도 끼어 있지 않은 것이다). 그러므로 어느 면에서도 그분으로부터 다른 점이 없으신 이 진리를 우리는 그분 안에서, 그분과 더불어 예배한다. 이분은 만유의 형상이시니, 그 모든 존재는 그 일자에게서 창조되었고 그 일자에게로 향하는 것이다. 따라서 영적인 영혼들에게는 만유가 이 형상을 통해 창조되었음과, 만유가 동경하는 바를 오로지 이 형상이 충족시켜 주실 수 있음이 밝히 드러난다. 그러나 하느님이 최고로 선하신 분이 아니시라면, 만유가 성자를 통하여 성부께로부터 조성되지도 않았을 것이고[368] 사물마다 각자의 테두리 내에서 온전한 사물로 존속하지도 못할 것이다. 그분은 어느 자연물도 시기하지 않으신다. 당신 덕분에 그것이 선할 수 있는 연고다. 그리고 그것들이 어느 것은 하고 싶은 만큼, 어느 것은 할 수 있는 만큼,[369] 선 자체 안에서 존속되게 허용하신다. 그러므로 우리는 성부와 성자와 더불어 하느님의 선물이신 분도 동일하게 불변하시는 분으로 숭배해야 지당하고 아울러 우리가 향유해야만 한다. 단일한 실체의 삼위이시자 유일하신 하느님, 그분에게서 우리가 존재하고 그분을 통해 존재하며 그분 안에서 존재한다.[370] 그분에게서 우리가 멀어졌고 그분과 달라졌으며, 그럼에도 불구하고 우리가 멸망하게 버려두지 않으신 분은 그분이시다. 그분은 우리가 되돌아가는 원천이시고, 우리가 뒤따라가는 형상이시며, 우리가 화해하는 은총이시다. 그분은 일자이시니, 그분을 창조자로 하여 우리가 만들어졌고, 그분과 비슷함 때문에 단일성을 형성해 가며, 그분과의 평화로 인하여 이 단일성에 우리가 결합되어 있다. **생겨라!** 하신 분이 바로 이 하느님이시다.[371] 그리고 말씀, 그분을 통해서 모든 것이 만들어졌고 실체와 본성을 갖추어 만들어졌다. 그리고 하느님의 자애의 선물, 그분 덕택에 (피조물이 하느님의) 마음에 드는 자가 되었고 자기

---

[370] 로마 11,36 참조.
[371] 참조: 창세 1,3; 요한 1,3. 플라톤의 형이상학적 신을 성경의 창조주 하느님과 동일한 존재로 선언한다.

non interiret, quidquid ab eo per uerbum factum est, unum deum, quo creatore uiuimus, per quem reformati sapienter uiuimus, quem diligentes et quo fruentes beate uiuimus, unum deum, ex quo omnia, per quem omnia, in quo omnia. Ipsi gloria in saecula saeculorum. Amen.

창조주께 화해가 되었으며, 말씀을 통하여 하느님에게서 창조된 것이라면 어느 하나도 잃지 않게 되었다. 유일하신 하느님, 그분을 창조주로 하여 우리가 살아 있고, 그분을 통하여 쇄신됨으로써 지혜롭게 살아가며, 그분을 사랑하고 그분을 향유하는 가운데 우리가 행복하게 산다. 유일하신 하느님, 그분으로 말미암아, 그분을 통하여, 그분 안에서 모든 것이 존재한다. 그분에게 세세대대에 영광이 있어지이다. 아멘.[372]

---

[372] 필사본들에는 Aurelii Augustini liber De vera religione explicit(아우렐리우스 아우구스티누스의 책 『참된 종교』 끝)이라는 문장이 첨가되어 있다.

# RETRACTATIONES 1.13.1-9

**13.1.** Tunc etiam *De vera religione* librum scripsi, in quo multipliciter et copiosissime disputatur unum verum Deum, id est Trinitatem Patrem et Filium et Spiritum Sanctum, religione vera colendum, et quanta misericordia eius per temporalem dispensationem concessa sit hominibus christiana religio, quae vera religio est, et ad eumdem cultum Dei quemadmodum sit homo quadam sua vita coaptandus. Maxime tamen contra duas naturas Manichaeorum liber hic loquitur.

**13.2.** In hoc libro quodam loco: *Sit, inquam, tibi manifestum atque perceptum, nullum errorem in religione esse potuisse, si anima pro Deo suo non coleret animam aut corpus aut phantasmata sua.* Hic animam pro universa creatura incorporali posui non loquens more Scripturarum, quae animam, quando non translato verbo utuntur, nescio utrum velint intellegi nisi eam qua vivunt animalia mortalia, in quibus et homines sunt, quamdiu mortales sunt. Paulo post autem eumdem sensum melius sum breviusque comple-

---

[1] 본서 10,18 첫머리.

## 재론고

**13.1.** 그다음에 『참된 종교』*De vera religione*를 집필하였다. 그 책에서는 참다운 종교심을 가지고 한 분이신 참하느님을 삼위일체로, 곧 아버지와 아들과 성령으로 섬겨야 한다는 사실을 다양하고 풍부한 논거로 논하고 있다. 그리고 그리스도교가 하느님의 크나큰 자비로 인간들에게 베풀어진 것임을 논한다. 이 참된 종교가 시간적 경륜을 통해서 인간들에게 베풀어졌다는 뜻이다. 또 인간들은 자기의 모모한 삶으로 하느님을 섬기는 예배에 알맞은 사람이 되어야 한다는 사실도 얘기한다. 하지만 이 책은 특히 (선과 악) 두 가지 자연 본성이 존재한다는 마니교도들의 이론을 반박하여 논하고 있다.

**13.2.** 이 책의 어떤 대목에서 **그러므로 우선 그대에게 확연하게 납득이 가는 것은, 영혼이 하느님 대신 어떤 신령체**anima**나 어떤 물체나 그 표상 … 을 예배하는 일이 없는 한, 종교 문제에 아무런 잘못이 없으리라는 점이다**라고 하였다.[1] 나는 여기서 anima라는 단어를 비육체적 피조물 전반을 가리키는 의미로 사용하였다.[2] 이것은 성경 용법과는 다른 것이었다. 성경이 이 단어를 전의적轉義的 용법으로 구사하지 않을 경우에 인간이 사멸할 존재라는 점에서, 인간을 포함하여 사멸할 동물들을 살리는 [원리를] 가리키는 것 외에 다른 뜻으로 알아들으려고 한 적이 있는지 나는 알지 못한다. 그러나 조금 뒤에 나는 같은 생각을 더 나은 간략한 문장으로 표현

---

[2] anima라는 용어를 '영혼'을 가리키는 성경 용법과 달리 '신령체' 혹은 천사들을 가리키는 경우 교부는 해설을 달았다. *De musica*(『음악론』)에서도 같은 경우가 있다(*Retractationes* 1,11,4).

xus, ubi dixi: *Non ergo creaturae potius quam Creatori serviamus nec evanescamus in cogitationibus nostris, et perfecta religio est.* Creaturam quippe uno nomine utramque, id est spiritalem corporalemque, significavi. Restat quod ibi dixi: *aut phantasmata sua;* propter quod hic dixi: *nec evanescamus in cogitationibus nostris.*

**13.3.** Item quod dixi: *Ea est nostris temporibus christiana religio, quam cognoscere ac sequi securissima et certissima salus est,* secundum hoc nomen dictum est, non secundum ipsam rem, cuius hoc nomen est. Nam res ipsa, quae nunc christiana religio nuncupatur, erat et apud antiquos nec defuit ab initio generis humani, quousque ipse Christus veniret in carne, unde vera religio, quae iam erat, coepit appellari christiana. Cum enim eum post resurrectionem ascensionemque in caelum coepissent Apostoli praedicare, et plurimi crederent, primum apud Antiochiam, sicut scriptum est, appellati sunt discipuli "Christiani". Propterea dixi: *Haec est nostris temporibus christiana religio,* non quia prioribus temporibus non fuit, sed quia posterioribus hoc nomen accepit.

**13.4.** Alio loco: *Intende igitur,* inquam, *in haec quae sequuntur, diligenter et pie, quantum potes, tales enim adiuvat Deus.* Quod non ita intellegendum est, quasi tantummodo tales adiuvet, cum

---

[3] 본서 10,19 첫머리.
[4] 본서 10,19 끝 부분.

하여 그러니 창조주 대신에 피조물을 섬기는 일을 삼갈 것이요, 우리 자신의 사고 속에 함몰되어 버리는 일이 없도록 할 것이니, 그렇게 하는 것이 **완전한 종교다**[3]라고 하였다. 나로서는 피조물이라는 한 단어로 양편 다, 즉 영적 피조물과 물체적 피조물을 의미했던 것이다. 그 대목에서 내가 **그 표상**이라고 한 부분은 그대로 둘 것이니 이 구절 때문에 여기서 **우리 자신의 사고 속에 함몰되어 버리는 일이 없도록 하자**고 말한 것이다.

**13.3.** 또 같은 대목에서 **바로 그 (피조물이) 우리 시대에는 그리스도 종교이며, 그것을 알고 따르는 것이 가장 안전하고 가장 확실한 구원(의 길)이다**[4]라고 했는데 (그리스도 종교)라는 표현은 내가 명칭을 두고 한 말이지 그 명칭이 가리키는 사물을 두고 한 말이 아니었다. 지금 그리스도 종교라고 일컫는 그 사물은 옛사람들에게도 엄존하였고, 심지어 인류 초창기부터 그리스도 친히 육으로 오실 때까지 없던 적이 없었다. 그렇게 이미 존재하던 저 참된 종교가 (그리스도께서 육으로 오신 다음) 드디어 그리스도 종교라는 이름으로 불리기 시작하였다. 왜냐하면 그분의 부활과 승천이 있고 나서 사도들이 설교를 시작하였고, 기록으로 남아 있듯이,[5] 제자들이 안티오키아에서 처음으로 "그리스도인"이라고 불렸기 때문이다. 내가 **우리 시대에는 그리스도 종교다**라고 말한 것도 (이 종교가) 선대에는 존재하지 않았기 때문이 아니라 후대에 그 명칭을 얻었기 때문이다.

**13.4.** 다른 데서 내가 **그리고 그에 뒤따라오는 바에 대해서는 그대의 힘이 미치는 데까지 근면하고도 경건한 주의를 기울이라. 그렇게 하는 사람들에게는 하느님의 도우심이 있다**[6]라는 말을 하였는데, 하느님이 오로지 그런 사람들만 도우신다는 뜻으로 알아들어서는 안 된다. 하느님은 그렇

---

[5] 『성경』 사도 11,26: "그들은 … 수많은 사람을 가르쳤다. 이 안티오키아에서 제자들이 처음으로 '그리스도인'이라고 불리게 되었다."
[6] 본서 10,20 끝 부분.

adiuvet etiam non tales ut sint tales, id est ut diligenter et pie quaerant; tales autem adiuvat ut inveniant. Itemque alibi: *Deinde, inquam, iam erit consequens, ut post mortem corporalem, quam debemus primo peccato, tempore suo atque ordine suo hoc corpus restituatur pristinae stabilitati.* Quod sic accipiendum est, quia etiam pristina stabilitas corporis, quam peccando amisimus, habebat tantam felicitatem, ut in defectum non vergeret senectutis. Huic ergo pristinae stabilitati restituetur hoc corpus in resurrectione mortuorum. Sed habebit amplius ut nec alimentis corporalibus sustentetur, sed ad sufficientiam *vivificetur solo spiritu, cum resurrexerit in spiritum vivificantem,* qua causa etiam spiritale erit. Illud autem quod primum fuit, quamvis non moriturum nisi homo peccasset, tamen animale factum est, hoc est *in animam viventem.*

**13.5.** Et alibi: *Usque adeo, inquam, peccatum voluntarium malum est, ut nullo modo sit peccatum, si non sit voluntarium.* Potest videri falsa haec definitio; sed si diligenter discutiatur, invenietur esse verissima. Peccatum quippe illud cogitandum est, quod tantummodo peccatum est, non quod est etiam poena peccati, sicut superius ostendi, cum quaedam commemorarem ex libro tertio *De libero arbitrio.* Quamvis et illa quae non immerito non voluntaria peccata dicuntur, quia vel a nescientibus vel a coactis perpetrantur, non omnimodo possunt sine voluntate committi, quoniam et ille qui

---

[7] 본서 12,25 첫머리.

[8] 『성경』 1베드 3,18: "육으로는 살해되셨지만 영으로는 다시 생명을 받으셨습니다."

[9] 『성경』 1코린 15,45: "마지막 아담은 생명을 주는 영이 되셨습니다."

지 못한 사람들도 그런 사람이 되도록, 다시 말해서 근면하고도 경건하게 (진리를) 추구하도록 도우시고 이미 그런 사람들은 (진리를) 발견하도록 도우시는 까닭이다. 다른 대목에서 나는 **여기서 나오는 결과는, 우리가 첫 번의 범죄 때문에 무릅써야 하는 육체적 죽음 이후에는, 제 때와 제 순서가 오면, 이 육체가 원초의 (영속적) 상태를 되찾을 것**[7]이라는 말을 했다. 이 말은 우리가 죄를 지어 상실한, 신체의 원초의 영속적 상태는 노쇠의 결함을 겪지 않을 만큼 행복을 갖추고 있다는 뜻으로 받아들여야 한다. 죽은 이들의 부활에서는 이 신체에 원초의 이 영속적 상태가 회복될 것이다. 그렇지만 그 상태는 더욱 확대되어 신체적 양분에 의해 지탱되는 일도 없고 **영으로만 생명을 받으며**[8]부활할 때에는 **살리는 영으로 부활할 것이요**[9] 그런 이유로 몸도 영적인 몸이 될 것이다. 먼저 있었던 몸은 사람이 죄를 짓지 않았더라면 죽지 않을 몸이기는 하였지만, 어디까지나 동물적인 몸, 다시 말해서 **살아 있는 혼**으로 만들어졌던 까닭이다.[10]

**13.5.** 그리고 다른 대목에서 **죄라는 것은 고의적 악이기 때문에, 고의적이 아닌 것은 결코 죄가 되지 않는다**[11]라는 말을 내가 했다. 이 정의가 틀린 것처럼 보일 수도 있겠다. 하지만 철저하게 토론한다면 극히 맞는 정의임을 발견하리라. 여기서 말하는 죄란 오로지 죄만을 생각해야지 죄의 벌이 되는 것은 고려하지 말아야 한다. 내가 앞서 『자유의지론』 제3권에서 벌써 이 문제를 언급한 바 있다.[12] 모르고 했거나 강요당해 행하였으므로 비고의적임에도 불구하고 엄연히 죄라고 부르는 일이 부당하지는 않으니 그것도 의지가 전혀 없이는 범할 수 없는 까닭이다. 몰라서 죄짓는 사람도

---

[10] animale factum est, hoc est in animam viventem: '살아 있는(생명 있는) 혼'(anima vivens)은 '살리는(생명을 주는) 영'(spiritus vivificans)과 대조된다.

[11] 본서 14,27 첫머리.

[12] Retractationes 1,9,5; 『자유의지론』(성염 역주, 분도출판사 1998) 3,18,50-51 참조.

peccat ignorans voluntate utique peccat, quod, cum faciendum non sit, putat esse faciendum, et ille qui *concupiscente adversus spiritum carne,* non ea quae vult facit, concupiscit quidem nolens, et in eo non facit quod vult, sed si vincitur, concupiscentiae consentit volens, et in eo non facit nisi quod vult, liber scilicet iustitiae servusque peccati. Et illud quod in parvulis dicitur originale peccatum, cum adhuc non utantur arbitrio voluntatis, non absurde vocatur etiam "voluntarium", quia ex prima hominis mala voluntate contractum, factum est quodammodo haereditarium. Non itaque falsum est quod dixi: *Usque adeo peccatum voluntarium malum est, ut nullo modo sit peccatum, si non sit voluntarium.* Ideo gratia Dei non solum reatus omnium praeteritorum solvitur in omnibus qui baptizantur in Christo, quod fit Spiritu regenerationis, verum etiam in grandibus voluntas ipsa sanatur et praeparatur a Domino, quod fit spiritu fidei et caritatis.

**13.6.** Alio loco in eo quod dixi de Domino Iesu Christo: *Nihil egit vi, sed omnia suadendo et monendo,* non mihi occurrerat quod vendentes et ementes flagellando eiecit de templo. Sed quid hoc, aut quantum est? Quamvis et daemones nolentes ab hominibus non

---

[13] quod, cum faciendum non sit, putat esse faciendum: 의무 사항이 아닌데도 의무 사항인 줄 알고서 수행하지 않았다면, 그는 모르고서 잘못을 저질렀지만 의무 여부를 모르면서도 의지를 개입시켜 행동한 것만은 사실이다.

[14] 『성경』 갈라 5,17: "육이 욕망하는 것은 성령을 거스르고, 성령께서 바라시는 것은 육을 거스릅니다."

[15] 참조: 로마 6,19-20("이제는 자기 지체를 의로움에 종으로 바쳐 성화에 이르십시오. 여러분이 죄의 종이었을 때에는 의로움에 매이지 않았습니다").

꼭 해야 하는 일이 아님에도 해야 할 일이라고 여기는 이상, 결국 의지로 죄짓는 것이다.[13] 또 **육이 영을 거슬러 욕정을 일으키는**[14] 바람에 자기가 원하는 바는 행하지 않고, 원치 않으면서도 욕정을 일으킨다면, 그런 상태에서는 원하는 바에 입각해서 행동하지 않는 것이다. 그렇지만, 만일 (욕정에) 진다면 원해서 욕정에 동의하는 것이며, 원하는 바가 아니면 그에 입각해서 행동하지 않는 셈이므로, 그는 정의에 매이지 않아 자유로운 것 같지만 결국 죄의 종이 된다.[15] 그리고 어린아이들을 두고 하는 원죄라는 것도 있다. 어린아이들이 의지의 자유를 아직 행사하지 않음에도 불구하고 '고의적' 죄라고 부르는 것도 모순은 아니니 인간 최초의 악한 의지에 의해서 범해졌기 때문이고, 유업으로 물려받는 죄처럼 되었기 때문이다. 그러니 **죄라는 것은 고의적 악이기 때문에 고의적이 아닌 것은 결코 죄가 되지 않는다**라고 한 내 말은 거짓이 아니다. 따라서 하느님의 은총은 그리스도 안에서 세례 받는 모든 사람에게서 지나간 모든 죄를 사하는 ― 이 일은 재생의 성령으로 인해서 이루어진다 ― 데 그치지 않고, 단계적으로 의지 자체를 낫게 하며, 주님에 의해서 그러한 준비가 이루어진다 ― 이 일 역시 신앙과 사랑의 영에 의해서 이루어진다.[15a]

**13.6.** 다른 곳에서는 주 예수 그리스도에 관하여 이야기하다가 그분은 **힘으로 이루시는 것은 하나도 없고 오직 모든 것을 설득하고 충고하여 이루셨다**[16]고 했는데 사고파는 사람들을 채찍질하여 성전에서 쫓아내신 일화를 내가 기억하지 못한 소치였다. 하지만 그 일화가 여기서는 무슨 의미를 가지고 얼마만 한 비중을 가지겠는가? 악마들이라면 싫다는데도 설득하는 말씀으로 하신 것이 아니라, 권세의 능력으로 사람들에게서 쫓아내

---

[15a] 아우구스티누스는 세례로 얻는 '재생의 영'과 세례 받은 사람의 의지를 선업을 행하게 준비시키는 '신앙과 사랑의 영'을 구분하고 있다.

[16] 본서 16,31 첫머리.

sermone suasionis, sed vi potestatis eiecerit? Item alio loco: *Prius, inquam, isti sequendi sunt, qui unum Deum summum, solum, verum Deum et solum colendum esse dicunt. Si apud hos veritas non eluxerit, tum demum migrandum est.* Quod ita potest videri dictum, quasi de huius religionis veritate dubitaverim. Dixi autem sicut ei congruebat ad quem scribebam. Sic enim dixi: *Si apud hos veritas non eluxerit,* nihil dubitans quod apud eos elucesceret, quemadmodum ait Apostolus: *Si Christus non resurrexit,* non utique dubitans quod resurrexerit.


**13.7.** Item quod dixi: *Nec miracula illa in nostra tempora durare permissa sunt, ne anima semper visibilia quaereret, et eorum consuetudine frigesceret genus humanum, quorum novitate flagravit,* verum est quidem; non enim nunc usque, cum manus imponitur baptizatis, sic accipiunt Spiritum Sanctum, ut loquantur linguis omnium gentium, aut nunc usque ad umbram transeuntium praedicatorum Christi sanantur infirmi, et si qua talia tunc facta sunt, quae postea cessasse manifestum est. Sed non sic accipiendum est quod dixi, ut nunc in Christi nomine fieri miracula nulla credantur. Nam ego ipse, quando istum ipsum librum scripsi, ad Mediolanensium corpora martyrum in eadem civitate caecum illuminatum fuis-

---

[17] 본서 25,46 후반부.

[18] 『성경』 1코린 15,14: "그리스도께서 되살아나지 않으셨다면, 우리의 복음 선포도 헛되고 여러분의 믿음도 헛됩니다."

지 않으셨던가? 그 외에도 다른 데서 **그러니 먼저 하나이신 하느님, 지존하시고 유일하시고 참된 하느님이 계시고 그분만을 섬겨야 한다고 말하는 사람들을 따라야 한다. 그리고 그들에게서 진리가 나타나지 않을 때에야 비로소 다른 데로 나아가야만 한다**[17]고 말한 적이 있다. 내가 이 말을 한 것은 마치 이 종교의 진실성에 의심을 가졌기 때문인 것처럼 들릴 수도 있겠다. 실은 그 대목에서 내가 상대하여 글을 쓰던 사람들과 말을 맞추느라고 그 말을 하였다. 내가 실제로 한 말은, 저 사람들에게서 진리가 드러난다는 점을 내가 추호도 의심치 않지만 **만약 저 사람들한테서 진리가 드러나지 않거든** (딴 데로 가도 좋다는) 뜻이었다. 마치 (바오로) 사도가 **만약 그리스도께서 살아나지 않으셨다면**[18]이라고 하더라도 (주님이) 부활하셨음을 추호도 의심치 않았던 것과 마찬가지다.

**13.7.** 그리고 또 내가 **기적들이 우리 시대까지 지속되도록 허용되지 않았다. 그 이유는 영혼이 늘 가시적인 것을 찾지 않게 하려는 것이고, (기적이 빈번하게 일어나다 보면) 인류가 냉담해져서 기적의 신비가 주는 뜨거운 감정을 못 느끼는 일이 없게 하려는 것이었다**[19]고 한 말은 참말이다. 오늘날에는 세례 받은 자들에게 손을 얹어 성령을 받게 하더라도 만민의 언어를 한꺼번에 말하는 (기적이 일어나지 않으며)[20] 그리스도의 말씀을 선포하는 설교자들이 지나가더라도 그 그림자에 병든 사람들이 낫는 기적도 일어나지 않는다.[21] 그 당시에는 저런 사건들이 일어났지만 후에 중단되었음이 분명하다. 하지만 내가 한 말을 지금은 그리스도의 이름으로 기적이 전혀 일어나지 않는다는 뜻으로 알아들어서는 안 된다. 그 책을 집필하던 당시만 해도 밀라노 순교자들의 시신 가까이 갔다가 바로 그 도시에서 소

---

[19] 본서 25,47 첫머리.
[20] 참조: 사도 2,4; 10,46.
[21] 사도 5,15 참조.

se iam noveram et alia nonnulla, qualia tam multa etiam istis temporibus fiunt, ut nec omnia cognoscere nec ea quae cognoscimus, enumerare possimus.

**13.8.** Et alio loco illud quod dixi: *Sicut ait Apostolus: "Omnis ordo a Deo est"*, non eisdem verbis hoc dixit Apostolus, quamvis eadem videatur esse sententia. Ait quippe ille: *Quae autem sunt, a Deo ordinata sunt.* Et alibi: *Prorsus, inquam, nemo nos fallat, quidquid recte vituperatur, in melioris comparatione respuitur.* Hoc de substantiis atque naturis dictum est, inde enim disputabatur, non de bonis actionibus atque peccatis. Itemque alibi: *Sed nec sic quidem, inquam, ab homine homo diligendus est, ut diliguntur carnales fratres vel filii vel coniuges vel quique cognati, aut affines aut cives, nam et ista dilectio temporalis est. Non enim ullas tales necessitudines haberemus, quae nascendo et moriendo contingunt, si natura nostra in praeceptis et imagine Dei manens, in istam corruptionem non relegaretur.* Hunc sensum prorsus improbo, quem iam et superius improbavi in primo libro *De Genesi contra Manichaeos*. Ad hoc enim ducit, ut credantur illi coniuges primi non generaturi posteros homines nisi peccassent; tamquam necesse fuerit ut morituri gignerentur, si de concubitu maris et feminae gigneren-

---

²² 참조: 『고백록』 (최민순 역, 바오로딸 1965) 9,7; 『신국론』 (성염 역주, 분도출판사 2004) 22,8,2.

²³ 본서 41,77 상반부.

²⁴ 『성경』 로마 13,1: "하느님에게서 나오지 않는 권위란 있을 수 없고, 현재의 권위들도 하느님께서 세우신 것입니다."

²⁵ 본서 41,78 첫머리.

경이 빛을 보게 되었음을 내가 알았고,[22] 그 밖에 다른 몇몇 기적이 그 시기에 하도 많이 일어났으므로 우리로서는 그 모든 기적을 알 수도 없고 일일이 헤아릴 수도 없다.

**13.8.** 또 다른 곳에서 내가 한 말이 있다. 그리고 사도도 '모든 질서는 하느님에게서 온다'고 말한 바 있다.[23] 문장은 비슷해 보이지만 사도가 이 말 그대로 한 것은 아니었다. 그가 한 말은 이렇다. **존재하는 모든 것은 하느님에 의해 질서지어졌다**[24]. 그리고 다른 대목에서 나는 **누구도 우리를 속여서는 안 된다. 정당한 이유가 있어 어떤 사물이 경멸당한다면 더 좋은 것과 비교해서 혐오를 받는 것이다**[25]는 말을 하였다. 이 말은 실체들과 자연 본성들을 두고 한 말이다. 거기서는 선한 행위와 죄 되는 행위를 논하던 마당이 아니었기 때문이다.[26] 그런가 하면 다른 곳에서는 이런 말을 하였다. 인간이 인간을 사랑함에 있어서는 육친들 사이처럼, 곧 형제·자녀·부부 그 밖의 친척이나 인척이나 동네 사람들처럼 사랑할 것이 아니다. 이 사랑도 잠시적인 것이기 때문이다. 우리 본성이 하느님의 계명과 모상 속에 그대로 머물러 지금같이 부패에 매이지 않았더라면, 나고 죽는 데서 맺어지는 이런 인연들이 생기지 않았을 것이다.[27] 『마니교도 반박 창세기 해설』 제1권을 두고 내가 이미 철회한 바 있지만[28] 나로서는 여기서 이 입장을 완전히 철회하는 바이다. 이런 입장이 나온 것은 저 최초의 부부가 죄를 짓지 않았더라면 후손을 낳지 않았으리라는 믿음에서였다. 사내와 계집의 동침에서 사람이 태어난다면 필연적으로 죽을 인간이 태어나

---

[26] 실체(substantia) 혹은 자연 본성(natura: 사물)은 그 자체가 선하다. 오직 사물에서 파생하는 행위는 선하거나 악할 수 있다는 논리는, 사물 자체를 선악으로 나누거나 질료를 포함하는 정도에 따라서 악한 사물로 여기는 마니교 이론을 반박하는 기본 입장이다.

[27] 본서 46,88 첫머리.

[28] 참조: *De Genesi contra Manichaeos* 1,19,30-20,31; *Retractationes* 1,10,2.

tur. Nondum enim videram fieri potuisse, ut non morituri de non morituris nascerentur, si peccato illo magno non mutaretur in deterius humana natura, ac per hoc, si et in parentibus et in filiis fecunditas felicitasque mansisset, usque ad certum sanctorum numerum, quem *praedestinavit Deus,* nascerentur homines non parentibus successuri morientibus, sed cum viventibus regnaturi. Essent ergo etiam istae cognationes atque affinitates, si nullus delinqueret nullusque moreretur.


**13.9.** Item alio loco: *Ad unum Deum tendentes, inquam, et ei uni religantes animas nostras, unde religio dicta creditur, omni superstitione careamus.* In his verbis meis ratio quae reddita est, unde sit dicta religio, plus mihi placuit. Nam non me fugit aliam nominis huius originem exposuisse latini sermonis auctores, quod inde sit appellata religio, quod religitur. Quod verbum compositum est a legendo, id est eligendo, ut ita latinum videatur "religo" sicut "eligo".

Hic liber sic incipit: *Cum omnis vitae bonae ac beatae via.*

---

[29] 로마 8,28 참조.

[30] 본서 55,111 끝 부분.

리라고 전제했던 것이다. 그 당시로서는, 저 크나큰 죄로 말미암아 인간 본성이 더 나쁘게 변하지만 않았더라면, 죽지 않을 인간으로부터 죽지 않을 인간이 태어날 수 있다는 사실을 내가 아직 알지 못했다. 만일 부모에게서나 자식들에게서나 풍부한 다산 능력과 행복이 존속한다면 **하느님이 예정하신** 성도들의 일정한 숫자가 이루어지기까지,[29] 사람들이 태어나되, 부모가 죽어 대를 잇자고 사람들이 태어나는 것이 아니라, 부모와 함께 살아서 길이 다스리자고 사람들이 태어날 참이었다. 따라서 만약 아무도 범죄하지 않아서 아무도 죽지 않았더라도 친척 관계와 인척 관계는 존재하였을 것이다.

**13.9.** 그 밖에도 내가 **우리 영혼이 한 분 하느님께만 '매여'** — 이 말에서 **종교라는 단어가 유래한 것으로 믿는다** — **일체 미신을 벗어나 있다면**[30]이라고 말하는 대목이 나온다. 이 문장에는 종교라는 말이 어디서 유래하느냐를 두고 내가 제일 마음에 들어 하는 어원이 표명되어 있다. 라틴어 작가들이 이 명사의 유래를 두고 다른 어원을 제시할 수 있다는 사실을 내가 모르지 않는다.[31] (혹자는) '다시 뽑는다'고 해서 종교라고 한다. 그럴 경우 이 단어는 '뽑는다'는 동사와 합성되어 '다시 뽑는다'는 말이 되는데, 그래서 라틴어로는 eligo 동사 못지않게 religo 동사가 쓰이는 것이다.[32]

(『참된 종교』라는) 이 책은 **참종교에 선하고 행복한 삶의 길이 있으며**라는 문장으로 시작한다.

---

[31] '하느님께 매이다'라는 뜻에서 re-ligare를 어원으로 꼽는 사람들(Lucretius, *De rerum natura* 1,931: religionum animos nodis exsolvere pergo; Servius, *Commentarium ad Aeneidem* 8,349; Lactantius, *Divinae institutiones* 4,28)과 달리 키케로(*De natura deorum* 2,28,72)는 '신 앞에 다시 결단하다'는 의미를 부각시킨다.

[32] 종교의 어원이 re-ligare '다시 매다, 다시 묶다' (← ligare '매다, 묶다')라는 일반적인 통설에 re-ligere '다시 뽑다, 다시 택하다'(← eligere ← legere '뽑다, 택하다')는 어원을 첨가하고 있다. 『신국론』 10,3에서도 재론한다.

## 색인 성경

| 구약 | | 코헬 | |
|---|---|---|---|
| 창세 | | 1,2-3 | 102 |
| 1,3 | 241 | | |
| 26-27 | 187 | 지혜 | |
| 2,16-17 | 71 | 1,1 | 152 |
| 17 | 97 | 13 | 69 |
| 3,16-17 | 192 | 8,1 | 164  218 |
| | | 9,15 | 104 |
| 탈출 | | | |
| 3,14 | 213 | 이사 | |
| 20,5 | 216 | 65,1 | 108 |
| 17 | 198 | | |
| | | 신약 | |
| 민수 | | 마태 | |
| 11,1 | 216 | 3,12 | 48 |
| | | 4,3-10 | 164 |
| 토빗 | | 5,39 | 38 |
| 4,16 | 194 | 44 | 39  195 |
| | | 6,4.6.18 | 52 |
| 유딧 | | 19-21 | 38 |
| 8,15 | 173 | 24 | 197 |
| | | 7,12 | 194 |
| 시편 | | 11,30 | 153 |
| 2,11 | 88 | 12,48 | 84 |
| 4,8 | 103 | 48-50 | 198 |
| 5,3 | 52 | 13,24-30 | 123 |
| 6,6 | 220 | 22,13 | 224-6 |
| 34,9 | 222 | 21 | 236 |
| 46,11 | 152 | 30 | 188 |
| 73,28 | 202 | 37-39 | 193 |
| 78,39 | 227 | 37-40 | 73 |
| 147,5 | 172 | 40 | 73 |
| | | 23,26 | 74 |

| | | | |
|---|---|---|---|
| 25,14-30 | 226 | 19-20 | 250 |
| 25,21-23 | 227 | 20 | 175 |
| 27,26 | 85 | 7,23-25 | 223 |
| | | 8,6-7 | 224 |
| 루카 | | 10 | 70 |
| 2,51 | 84 | 11 | 74 |
| 3,17 | 48 | 23 | 103 |
| 6,31 | 194 | 28 | 80  256 |
| 9,62 | 197 | 11,36 | 241 |
| 14,11 | 38 | 13,1 | 176  254 |
| 26 | 197 | 10 | 194 |
| 17,21 | 39 | 14,9 | 203 |
| 18,14 | 38 | 17 | 188 |
| 19,12-27 | 226 | | |
| | | 1코린 | |
| 요한 | | 1,24 | 232 |
| 1,1 | 155 | 2,6 | 124 |
| 1-3 | 36 | 10-17 | 52 |
| 3 | 241 | 15 | 73  138 |
| 9 | 155  168  180  220 | 3,1-3 | 124 |
| 12 | 153 | 16 | 235 |
| 14 | 82 | 22 | 108 |
| 2,4 | 84 | 6,13 | 188 |
| 3,14 | 46 | 9,24 | 72 |
| 19-21 | 59 | 10,10 | 173 |
| 5,22 | 138 | 11,3 | 108  178 |
| 8,56 | 59 | 19 | 52  58 |
| 9,6 | 214 | 13,9-10 | 223 |
| 12,35 | 180  220 | 9-10(13) | 223 |
| 18,36-37 | 85 | 13 | 228 |
| 19,26-27 | 84 | 15,14 | 252 |
| | | 45 | 248 |
| 로마 | | 50 | 70 |
| 1,20 | 218 | 51 | 122 |
| 21-25 | 64 | 52 | 176 |
| 25 | 99  158 | 53 | 223 |
| 5,3-5 | 204 | 54 | 74 |
| 6,6 | 48  117 | 55 | 74 |

2코린
4,16      170
   18      39
5,10      138
8,9        84

갈라
3,28      179
5,13       89
   17     250
6,8        38

에페
3,15      138
4,15      178
  20-24    48
    24    119
5,12      124
6,14-17   216

콜로
3,9-10     48

1요한
2,15-16    39
   16     229
5,21      210

묵시
2,11      122
12,9       75
15,7      173
20,14     220
21,1      108
    8     122
22,8-9    235

**아우구스티누스**Augustinus(354~430)
북아프리카 타가스테에서 태어났다(354년). 어머니 모니카는 독실한 그리스도인이었으나, '지혜에 대한 사랑'(철학)에 매료된(373년) 청년 아우구스티누스는 진리를 찾아 끊임없이 방황하는 삶을 살았다. 한때 마니교와 회의주의에 빠지기도 했던 그는 밀라노의 수사학 교수로 임명되면서 출셋길에 올랐다(384년). 밀라노에서 접한 신플라톤 철학, 암브로시우스 주교의 설교, 수도생활에 관한 증언 등을 통해 그리스도교에 눈을 뜨기 시작했으나, 머리로 이해한 그리스도교 진리를 아직 믿음으로 받아들이지 못한 채 엉거주춤 망설이며 살아가다가, 마침내 바오로 서간을 '집어서 읽으면서'(Tolle! Lege!) 회심하였고(386년), 행복한 눈물 속에 세례를 받았다(387년). 교수직과 재산을 미련 없이 버리고 고향으로 돌아가 소박한 수행의 삶을 엮어 가던 그는 뜻하지 않게 히포 교구의 사제(391년)와 주교(395년)로 서품되었고, 40년 가까이 사목자요 수도승으로 하느님과 교회를 섬기다가 석 달 남짓한 투병 끝에 일흔여섯의 나이로 세상을 떠났다(430년). 『고백록』Confessiones을 비롯한 수많은 저술(책, 서간, 설교)과 극적이고 치열한 삶은 그리스도교 철학과 신학에 엄청난 영향을 끼쳤다. 교부들 가운데 우뚝 솟은 큰 산인 아우구스티누스는, 그리스 철학 체계 속에 그리스도교 진리를 깔끔하게 정리해 냄으로써 '서양의 스승'이라고도 불린다.

**성염**
1972년 가톨릭대학교 졸업 후, 1976년 광주 가톨릭대학교에서 신학석사, 1986년 교황청 살레시오 대학에서 라틴문학박사 학위를 취득했다. 1988~2005년 한국외국어대학교와 서강대학교 철학과 교수, 2003~2007년 주교황청 한국대사를 역임했다. 그간 우리신학연구소 소장 및 이사장, 서양고전학회 회장, 한국서양중세철학연구소 이사, 서강대 철학연구소 소장, 우리사상연구소 소장, 한국가톨릭철학회 이사 등 다양한 학회 활동과, 서울대교구 평신도사도직협의회, 한국천주교 정의평화위원회, 천주교정의구현전국연합, 천주교 인권위원회, 한국가톨릭교수회 등 각 분야의 사회 활동을 하면서 많은 저서와 주해서, 번역서, 연구논문을 발표했다. 주요 저서로는 『사랑만이 진리를 깨닫게 한다』 『님의 이름을 불러두고』 『라틴어 첫걸음』 『고전 라틴어』 『하느님을 만난 사람들』 『미사 해설』 등이, 아우구스티누스 주해서로는 『신국론』 『자유의지론』 『그리스도교 교양』 등이, 기타 고전 주해서로는 키케로의 『법률론』, 단테의 『제정론』, 피코 델라 미란돌라의 『인간 존엄성에 관한 연설』 등이, 역서로는 『신은 존재하는가? I』 『인간의 죽음』 『아시아의 해방신학』 『아시아인의 심성과 신학』 『해방신학』 외 다수가 있다. 이 밖에도 수십 편의 학술 논문과 사전 항목을 집필했다. 더 자세한 사항은 『사랑만이 진리를 깨닫게 한다』(경세원 2007) 8-15쪽을 참조하라.